왼손엔 미음그릇 오른손엔 회초리

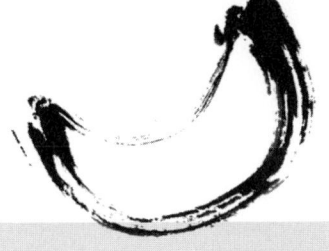

우리 인물 유적지 이야기

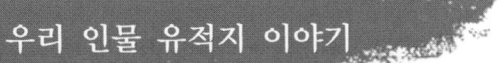

왼손엔 마음그릇 오른손엔 회초리

이신성 지음

보고사

책을 펴면서

나는 2005년 10월 3일부터 2007년 4월 30일까지 매주 5~6회씩 국제신문(國際新聞)에 「이신성의 한자여행(漢字旅行)」을 연재한 바 있다. 그 첫 성과물이 2006년 9월에 펴낸 『千金을 전하기보다 學德을 전하라』였다. 여기에는 '우리 고사성어 설화문학 여행'이란 부제(副題)를 달았다. 이 책은 2007년도 문화관광부 우수교양도서로 선정되었다. 이에 용기를 얻어 그 후속편을 세상에 내놓게 되었다.

신문에 연재된 내용은 거의 손질하지 않고 실었지만, 필요하다고 생각되는 부분은 각주(脚註)로 설명을 보태기도 하였다. 또 하나의 주제를 몇 차례에 걸쳐 나누어 쓴 글은, 신문 연재의 속성상 단회(單回)로 끝나는 형식으로 되어 있지만 내용은 이어지는 경우가 많고 중복해서 언급된 부분이 더러 있다. 이번에 다듬으면서 새로운 글을 첨가하기도 하였다.

『千金을 전하기보다 學德을 전하라』의 서문(序文)에서 책이 나오기까지의 과정을 장황하게 소개했기 때문에 여기서는 편집에 대해서만 언급하고자 한다. 앞의 책에서는 신문에 연재한 순서대로 내용을 실었지만, 이번 책에서는 인물과 유적지별로 내용을 묶었다. 인물열전(人物列傳)에도 유적지가 나오고 유적지에도 인물이 나온다. 그렇지만 이를 하나로 묶을 수는 없었다. 인물열전은 연대순으로 배치했고 효자열부(孝子烈婦) 내용은 따로 모았지만, 분류하기에 곤란한 내용은 별도로 묶었다.

이 책에서는 내용과 관련되는 사진을 많이 실었다. 발품을 팔아 직접 찍은 사진들은 정리하여 최대한 실었고, 역사적 인물이나 유묵(遺墨) 사진들은 이미 출판된 자료나 시군지(市郡誌) 등에 실린 자료를 이용했다.

「회재 이언적 기행(紀行)」, 「밀양기생 추향 이야기」, 「전주 효녀 감응설화」 등에서 '기행' 대신 '이야기', '감응설화' 등과 같이 쓴 이유는, 실존인물(實存人物)의 실화(實話)와 불특정 인물의 설화성(說話性)을 구분할 필요성이 제기되었기 때문이다.

이 책의 제목인 『왼손엔 미음그릇 오른손엔 회초리』는 서포 김만중(西浦 金萬重, 1637~1692)이 자신의 어릴 적 일을 읊은 자모지정(慈母之情)의 시에서 따왔다. '큰 애는 낭랑히 시경과 예기를 외고/ 작은애는 글 배우는데 아직 젖먹이라네/왼손엔 미음그릇 오른손엔 회초리/가르침으로 사랑 삼음에 어머니 마음 아파라.' 아비 없는 자식들을 바르게 키우고자 하는 어머니 해평윤씨(海平尹氏, 1617~1689)의 마음이 눈에 보이는 듯하여 그 중 한 구절을 뽑아 책의 제목으로 삼았다.

이 책은 국제신문사에서 나에게 지면을 제공했기 때문에 나올 수 있었다. 나와 함께 주 2회 연붕(蓮鵬)과 석음서당(惜陰書堂)을 운영해오고 있는 창파 전세영(滄波 全世營) 교수와 청학한문서당(靑鶴漢文書堂) 오재 정길연(悟齋 鄭吉連) 원장(院長)은 책이 나오는 과정을 지켜보면서 도움말을 많이 해주었고, 이우재 서성(二友齋 徐盛)과 동고 이문규(東皐 李文圭) 두 분 교수는 멀리서 책 교정과 편집 일에 자신의 일처럼 힘을 실어 주었다.

보고사 이경민(李京玟) 씨는 사진 자료가 많은 번잡한 원고를 편집에서 교정에 이르기까지 많은 수고를 해주었고, 김흥국(金興國) 사장(社長)은 어려운 출판 사정을 감수하면서 책 출판을 쾌히 허락해주었다. 이 자리를 빌려 도움을 주신 모든 분들께 감사의 마음을 전한다.

2008년 6월
한새벌 연구실에서
퇴산 이신성(退山 李愼成) 적음.

목차

✿ 고죽 최경창(孤竹 崔慶昌) 기행

✿ 동강 김우옹(東岡 金宇顒) 기행

왼손엔 미음그릇
오른손엔 회초리

병부령 김후직 기행 - ① 사냥은 사람의 마음을 미치게 하다

전렵영인심광 田獵令人心狂

✿✿✿ 『삼국사기(三國史記)』에 전하는 충신(忠臣) '김후직열전(金后稷列傳)'이다. 김후직은 신라(新羅) 지증왕(智證王)의 증손(曾孫)이다. 그는 진평대왕(眞平大王)을 섬겨 이찬(伊飡)이 되었다가 병부령(兵部令)으로 전직(轉職)하였다. 대왕이 사냥을 몹시 좋아하자 후직이 간(諫)하였다.

"옛날 임금들은 하루에도 만 가지 기미(機微)가 일어나기 때문에 반드시 깊이 생각하고 멀리 닥칠지 모를 일까지 염려(念慮)하여 좌우(左右)에 바른 선비들을 두어 바른 말을 받아들였으며, 부지런하고 꾸준히 노력(努力)하여 안일(安逸)하고 편안(便安)한 생각을 품지 않았습니다. 그렇게 한 뒤에야 덕화정치(德化政治)가 이루어져 국가(國家)를 보전(保全)할 수 있었습니다.

그런데 지금 전하(殿下)께서는 매일(每日) 광부(狂夫)와 사냥꾼들을 거느리고 매와 사냥개를 풀어 놓아 꿩과 토끼 등 짐승들을 잡기 위하여 산과 들로 뛰어 다니는 일을 그치지 않고 있습니다. 노자(老子)는 '말을 달리며 사냥하는 일은 사람의 마음을 미치게 만들어버린다'고 하였으며, 『서경(書經)』에는 '안으로 여색(女色)에 빠지거나 밖으로 사냥을 일삼는 것 중에 한 가지만 있다 해도 패망(敗亡)하지 않는 자가 없다.'고 하였습니다. 사냥은 안으로 마음을 방탕하게 하고, 밖으로 나라를 망치는 것이니 반성하지 않을 수 없습니다. 전하께서는 이를 유념(留念)하소서."

그러나 왕은 이 말을 듣지 않아 재삼 간절히 충언(忠言)했지만 받아들여지지 않았다.

경주시 황성동 소재 김후직묘(金后稷墓)

병부령 김후직 기행 – ② 전하께서는 사냥가지 마십시오

왕무거 王毋去

◉◉◉ 김후직(金后稷)은 병들어 죽을 때 세 아들에게 유언(遺言)했다.

"나는 신하로서 임금의 단점을 바로잡아 주지 못했다. 왕께서 놀고 즐기는 일을 그만 두지 않아 패망하게 될까 매우 두렵고 걱정스럽다. 죽어서도 꼭 임금을 깨우쳐 주려하니, 내 시체를 대왕의 사냥 다니는 길옆에 묻어라."

아들들은 부친의 유언대로 실행했다.

후일 왕이 사냥 가는 도중 어렴풋하게 "가지 말라!"고 하는 소리가 들리는 것 같았다. 왕이 돌아보며 물었다.

"소리가 어디서 나느냐?"

시종신(侍從臣)이 말했다.

"저것은 이찬(伊飱) 김후직의 무덤입니다."

이어서 후직이 죽을 때 남긴 말을 자세히 아뢰었다.

대왕은 눈물을 흘리면서 말했다.

"그대는 충성으로 간언(諫言)하고 죽어서도 잊지 않았으니, 나에 대한 사랑이 깊도다. 끝내 잘못을 고치지 않는다면 살아서나 죽어서나 무슨 낯으로 그대를 대하겠는가!"

왕은 마침내 다시는 사냥을 하지 않았다.

포석정 앞엔 사냥횃불 돌아가는데	鮑石亭前獵炬歸
반월성 밖엔 귀신의 말소리 들리네	半月城外鬼語飛
전하께서는 사냥가지 마십시오	王毋去
언덕 위 푸른 풀은 누구의 무덤인고	原上靑草誰家墳
병부령은 나를 깊이 사랑했으니	兵部愛我深
내 어찌 병부령의 말을 따르지 않으리	我寧不從兵部言

임창택(林昌澤, 1682~1723)이 지은 악부(樂府) 「왕무거(王毋去)」인데, 김후직의 충절(忠節)을 읊었다.

이징옥 무용(武勇)설화 – ① 호랑이는 비로소 겁이 나서 달아나다

호시겁이주 虎始怯而走

◎◎◎ 『동패낙송(東稗洛誦)』에 실려 있다. 이 이야기는 이징옥(李澄玉, ?~1453)이 어머니의 병환을 치료하기 위해 산 호랑이를 잡는 과정을 생동감(生動感) 있게 묘사했다. 이징옥의 담력(膽力)에 백수(百獸)의 왕(王)인 호랑이도 비참하리만큼 기가 죽어 있는 표현은, 통쾌감(痛快感)과 흥미를 불러일으킨다. 호랑이의 생포(生捕)로 대상적 만족(代償的 滿足, compensation)을 취한다거나 이징옥의 걸출(傑出)한 무용(武勇)을 나타내고자 한 것만은 아니다. 이징옥의 모반사(謀反事)는 그가 지닌 천부적(天賦的)인 신력(神力)이 화근(禍根)으로 작용했음을 말하고 있다.

이징옥은 북병사(北兵使)로 병란(兵亂)을 칭탁(稱託)하여 반역(叛逆)을 일으키고 스스로 대금황제(大金皇帝)라 불렀다. 부하로 있던 사람이 이징옥을 목 베어 조정(朝廷)에 바쳤다.

징옥은 젊은 시절에 어머니가 여러 해 동안 학질(瘧疾)을 앓았다. 징옥은 살아 있는 짐승을 보여서 어머니의 병든 마음을 위로할까 생각하고, 형과 함께 산에 들어가 살아있는 짐승을 잡기로 했다.

그 형은 토끼 한 마리를 생포(生捕)하여 당일(當日)에 돌아왔다. 징옥은 날이 지났어도 돌아오지 않아 식구들이 괴이(怪異)하게 생각했다. 징옥은 이틀 뒤에 산 백액호(白額虎)를 몰고 돌아왔다. 징옥은 처음 수풀 속에 누워 있는 호랑이를 일으켰는데 호랑이는 아주 큰 놈이었다. 처음에 호랑이는 노해서 징옥에게 할퀴며 달려들었다. 징옥은 크게 호랑이를 꾸짖었는데 그 소리가 우레와 같았다. 호랑이는 비로소 겁이 나서 달아났다.

이징옥 무용(武勇)설화 - ② 대호를 혹 타기도 하고 몰기도 하다

혹대호기혹구 或大虎騎或驅

◎◎◎ 이징옥은 굽이 높은 나막신을 신고 산을 넘어 골짜기를 건너 호랑이를 쫓아갔다. 낮밤을 쫓았는데 700여 리나 갔다. 사람은 피로하지 않았으나 호랑이는 먼저 피로한 기색(氣色)이 완연(宛然)했는데, 마치 서리 맞은 풀이 엉켜 있는 것 같았다. 앞에는 낭떠러지인데 호랑이는 땀이 흐르고 숨이 가빠 대가리를 수그리고 꼬리를 흔들면서 앉아서 묶이기를 기다렸다.

징옥은 호랑이 앞에 나아가 바[끈]로써 호랑이의 목을 묶으니 가만히 하는 대로 따랐다. 송아지를 길들이는 것보다 훨씬 수월했다. 징옥은 호랑이를 혹 타기도 하고 몰기도 하면서 뜻대로 가는대로 해도 호랑이는 한 번도 날뛰지 않았고 울부짖음 없이 얌전했다. 산속 길을 나아가니, 온갖 짐승이 바라보고는 놀라서 달아났다.

징옥은 어머니 앞에 당도(當到)했다. 온몸에 얼룩무늬가 있는 아주 큰 짐승이 눈을 감고 조용히 사람과 마주하여 있으니, 어머니는 처음에는 거의 숨이 막혔는데 간신히 놀라움을 진정(鎭定)하자 바로 병이 나아버렸다. 호랑이는 여러 날 뜰 아래에 서서 감히 움직일 마음을 내지 못했다. 이징옥은 이와 같은 신력을 믿어서 마침내 반역하는 일에 빠졌다고 한다.

설화자(說話者)는 이징옥의 신력(神力)을 찬탄(讚嘆)하면서도 왕위 찬탈(簒奪)로 인해 신력이 중도에 꺾인 것에 대해 애석한 심정을 표출했다. 이는 『장릉지(莊陵誌)』와 차천로(車天輅, 1556~1615)의 『오산설림초고(五山說林草藁)』 및 김시양(金時讓, 1581~1643)의 『부계기문(涪溪記聞)』 등에도 비슷하게 나타난다.

이징옥 무용(武勇)설화 – ③ 호랑이는 눈을 감고 머리를 떨어뜨리다

호합안저수 虎合眼低首

❀❀❀ 차천로(車天輅)의 『오산설림초고(五山說林草藁)』에 전한다.

이징옥은 맹호(猛虎) 쏘기를 좋아했다. 호랑이를 만나 활을 쏠 때 눈을 뚝 부릅뜨고 호통을 치면 호랑이는 눈을 감고 머리를 떨어뜨리므로 화살 한 발에 호랑이를 거꾸러뜨렸다.

징옥이 어느 날 김해부사를 찾았더니 만나주지 않았다. 귀로(歸路)에 젊은 여인이 매우 슬피 울어 까닭을 물었더니 말했다.

"남편이 호랑이에게 잡혀가 지금 대밭 속에 있습니다."

징옥은 팔을 걷어 올리고 대숲으로 가 맨손으로 호랑이를 잡아 끼고 나왔다. 그리고는 칼로 호랑이 배를 갈라 그 사람의 살을 긁어내었는데 아직 소화가 다 되지 않았다. 부인에게 남편의 살점을 싸게 하고 호랑이 가죽을 주면서 김해부사에게 말하게 했다. 부사는 크게 놀라 사람을 시켜 쫓아가 호랑이 가죽을 돌려보내고 사례했으나 징옥은 돌아보지도 않고 가버렸다.

징옥의 아내는 징옥을 배반(背叛)하고 집을 나갔지만, 징옥은 억지로 말리지 않았다. 뒤에 징옥이 영남절도사(嶺南節度使)가 되었는데 부인은 개가(改嫁)한 지 오래되었다. 징옥은 여러 고을과 합동으로 크게 사냥을 했다.

오산 차천로 묘소

그리고 그 부인 집 앞에서 사냥한 짐승을 검사하고, 남편을 오게 하여 잡은 짐승 수백 마리를 모두 다 주었다. 징옥의 이런 행위는 주매신(朱買臣)과 비슷하다. 한나라 주매신은 50세가 되도록 곤궁하게 살자 부인이 집을 나갔다. 수 년 뒤 주매신이 태수(太守)가 되었는데 그녀는 개가한 남편과 길 닦는 부역을 했다. 주매신은 이들을 데리고 와서 마소먹이는 심부름을 시켰는데, 그 부인은 목매어 자살했다.

이징옥 무용(武勇)설화

- ④ 나라에 큰 일이 있지 않으면 너를 소환치 않겠다

비극유대사 불소이야 非國有大事 不召爾也

❀❀❀ 이징옥은 18세에 강계부사(江界府使)가 되었다. 북도절도사(北道節度使) 김종서(金宗瑞, 1390~1453)가 사직하자, 세종은 후임을 그에게 물으니 이징옥을 추천했다. 세종은 징옥을 북도절도사로 삼고 말했다.

"나라에 큰 일이 있지 않으면 너를 소환치 않겠다."

절도사로 부임한 징옥은 6진(鎭) 중 오랑캐로 말 잘 타고 활 잘 쏘는 자를 모두 부하로 예속시켜 각각 편대를 만들었다. 회령 오랑캐는 흰 말에 흰 옷이요, 종성 오랑캐는 푸른 말에 푸른 옷을 입혔고 다른 오랑캐도 특색 있게 했다. 교련을 엄하게 시킨 두어 해 뒤에는 정예병(精銳兵)이 3천명이나 되었다.

세조가 등극하자 절도사를 교체했다. 징옥은 부름을 받고 가다가 '조정에 큰 일이 있어야 부른다.'고 임금이 유시(諭示)하셨는데 '지금 무사하지만 나를 교체하니 반드시 까닭이 있다.'고 여겨 도로 경성(鏡城)으로 가서 절도사에게 물어도 대답치 않았다. 징옥은 "네가 만일 말하지 않으면 목을 베겠다."고 하니, 사실을 말했지만 그를 죽여 버렸다. 그리고 군사를 이끌고 말했다.

"내 위신(威信)은 본래 산융(山戎 : 되놈)에 나타났다. 이제 강을 건너가 대금황제(大金皇帝)의 손발이 되리라. 내일 군대를 인솔하여 가기로 약속한다."

이날 밤 회령판관이 역사(力士)에게 징옥을 살해토록 했다. 역사는 징옥의 처소에 잠입하여 깊이 잠든 징옥을 찍으니 오른팔이 떨어졌다. 징옥이 놀라 일어나 칼을 빼앗아 역사를 죽이고 왼손으로 장검을 휘두르니 수십 명이 쓰러졌다. 결국 징옥은 비오듯 쏟아지는 화살 속에서 죽었다.

어계 조려 기행

- ① 호배도강(虎背渡江) 전설의 현장, 영월 청령포구(寧越 淸泠浦口)

❀❀❀ 생육신(生六臣) 조려(趙旅, 1420~1489)의 자는 주옹(主翁), 호는 어계(漁溪)이며 시호(諡號)는 정절(貞節)이다. 세종(世宗) 2년 함안조씨(咸安趙氏) 11대손인 안(安)의 아들로 태어나 학문에 뜻을 두어 단종(端宗) 원년(1453) 진사시(進士試)에 합격하여 성균관(成均館)에서 학문에 정진(精進)하였다. 이때 수양대군(首陽大君)이 군국(軍國)의 대권(大權)을 장악했고, 2년 뒤에 임금 자리를 빼앗고 말았다. 군신(君臣)의 의리(義理)를 통치질서(統治秩序)의 기본(基本)으로 삼고 있던 유교국(儒敎國)에서 이 사건은 어떠한 명분(名分)으로도 정당화(正當化)될 수 없었다. 이에 어계는 부당한 현실에 타협해가면서 영달추구(榮達追求)하기를 거부하고, 고향인 경남 함안군(咸安郡) 군북면(郡北面) 백이산(伯夷山) 밑으로 낙향(落鄕)하여 은둔(隱遁)해버렸다.

1456년 사육신(死六臣)의 상왕복위운동(上王復位運動)이 실패로 끝나고 상왕[단종(端宗)]은 노산군(魯山君)으로 강봉(降封)되어 영월(寧越) 청령포(淸泠浦)로 유배되자, 함안의 어계는 상왕의 안위(安危)를 탐문(探問)키 위해 자주 영월을 내왕했다.

1457년 10월, 17세의 단종이 죽음을 당하자 어계는 영월로 달려갔다. 청령포 강물은 불어 건너기 어려울 때, 호랑이가 어계를

어계가 호랑이 타고 청령포 건너는 모습(윤승운 그림)

등에 태워 강물을 건네주었다.

호배도강전설(虎背渡江傳說)의 현장인 청령포 선착장(船着場)이다. 청령포는 평창강이 끝나고 남한강이 시작되는 지점에 위치해 있다. 청령포 뒤쪽은 가파른 산으로 이어져 있고 앞쪽은 물살 센 강물이 갈 길을 막고 있다. 누구라도 청령포에 갇히면 빠져나가기 힘들다. 1456년 6월 28일. 천연적(天然的)인 유배지(流配地)인 이곳에 노산군이 유배되었다.

청령포

어계 조려 기행 - ② 호랑이 등 위에 비신(碑身)이 세워진 사적비(事蹟碑)

❀❀❀ 단종(端宗)의 유배지였던 영월읍 청령포(淸泠浦)는 관광객만 있으면 수시로 유람선(遊覽船)이 운행(運行)한다. 시공(時空)을 초월한 오백수십 년 전의 청령포로 상상의 나래를 펼쳤다. 남루한 옷차림에 초췌한 얼굴이지만 형형(熒熒)한 눈빛의 한 선비가 물이 불은 청령포를 건널 수 없어 애를 태우고 있다. 강물은 함안 땅에서 오백 리 길을 달려온

충신(忠臣)의 간원(懇願)과는 아랑곳없이 흘러가기만 한다.

　관광객 서너 명과 발동선에 올랐다. 배는 훌쩍 청령포에 당도했다. 환상(幻想)은 사라졌다. 편한 세상에 쉽사리 강을 건넜으니 어계의 간절(懇切)한 충절(忠節)을 어찌 알겠는가. '호랑이 등 타고 강을 건너다(호배도강虎背渡江).'의 의미를 떠올려본다.

　세조(世祖)는 청령포 나루에 통행(通行)을 금지시켜 청령포에 유폐(幽閉)된 단종을 찾는 사람이 없도록 했다. 고립(孤立)된 존재는 움직이고 생각하는 참존재가 아니라, 사고(思考)와 기동(起動)이 정지된 죽은 존재에 가깝다. 조려가 매월(每月) 단종을 문안드린 일은 단종의 고립(孤立)과 고독(孤獨)을 해소시켜 움직임과 생각을 주는 생명수(生命水) 역할을 했다. 또한 단종을 없애려는 세조의 의도(意圖)에 반하는 행위이기도 했다. 이는 임금에 대한 끝없는 충성, 바로 군신유의(君臣有義)였다.

　조려의 군신유의는 단종의 죽음 이후에도 계속되어 호랑이까지 감응(感應)하여 '호배도강(虎背渡江)'의 이적(異蹟)을 이루었다. 청령포가 내려다보이는 곳의 어계비원(漁溪碑苑)[1]에는 「호배도강전설(虎背渡江傳說)」의 주인공인 「정절공어계조려선생사적비(貞節公漁溪趙旅先生事蹟碑)」가 있는데, 호랑이 등 위에 비신(碑身)이 세워진 색다른 비(碑)이다.

정절공 어계 조려 사적비(貞節公漁溪趙旅事蹟碑)

---

1) 영월읍 방절리(芳節里).

어계 조려 기행

– ③ 의기남아(義氣男兒)의 우국단심(憂國丹心)이 서린 관란정(觀瀾亭)

🌸🌸🌸 충북(忠北) 제천역(堤川驛)에서 영월군 서면행(西面行) 버스를 탔다. 장곡리 버스 정류장에서 영월군 서면 쪽으로 300m쯤 가니 도로 오른쪽에 「원호 유허비(元昊 遺墟碑) 및 관란정(觀瀾亭)」 안내판과 그 옆 검은 돌에 원호가 지은 시조가 새겨져 있었다.

> 간밤에 우던 여울, 슬피울어 지나가다
> 이제 와 생각하니, 님이 울어 보내도다
> 저 물이 거슬러 흐르고져, 나도 울어 보내도다.

400여 미터 거리의 관란정 오르는 산길은 가파르지 않았다.

생육신(生六臣) 관란 원호(1396~1464)는 원주(原州) 출신이다. 세종 4년에 급제했고 문종 때는 집현전 직제학(集賢殿 直提學)에 이르렀다. 수양대군(首陽大君)이 황보 인(皇甫 仁), 김종서(金宗瑞) 등을 죽이고 정권을 잡자, 관란은 병을 핑계 삼아 낙향(落鄕)했고, 단종이 청령포(淸泠浦)에 유배되자 관란정에 단을 세우고 조석(朝夕)으로 청령포를 향해 절을 올렸다. 손수 가꾼 푸성귀들을 빈 박통에 담아 청령포 쪽으로 내려 보내어 단종이 잡숫도록 했다 한다.

단종이 승하(昇遐)하자 삼년상을 입은 뒤, 원주로 돌아가 두문불출(杜門不出)했다. 조카인 판서 효연(孝然)이 뵈옵기를 청해도 거절했고, 세조가 호조참의(戶曹

단종께 산머루 바치는 추익한

參議)를 제수(除授)했으나 응하지 않았다. 그는 동쪽을 향해 앉았고, 누울 때는 머리를 동쪽으로 두었는데, 단종의 장릉(莊陵)이 집 동쪽 방향에 있었기 때문이다.

어계 조려(漁溪 趙旅)는 단종 문후(問候) 차 청령포에 왔다가 관란정의 원호를 찾아 시국을 통탄하고 울분을 토로했다. 관란정 벼랑 밑 동강(東江)은 의기남아(義氣男兒)의 우국단심(憂國丹心)을 청령포로 실어 나르고 있었다.

원호가 단종이 유배된 청령포를 향해 조석으로 눈물을 흘리며 문안을 드리던 관란정

어계 조려 기행 – ④ 선돌은 우뚝한 자세로 굽히지 않는다
석입자정연불복 石立者挺然不伏

◎◎◎ 어계 조려(漁溪 趙旅)는 관란 원호(觀瀾 元昊, ?~?)의 관란정에서 유숙(留宿)하며 어린 임금[단종端宗]의 안전을 기원(祈願)했고, 치악산(雉岳山)에 올라 바람을 쏘이며 울분(鬱憤)을 풀기도 했다. 지금도 치악산의 암벽(巖壁)에는 원호·도촌 이수형(桃村 李秀亨, ?~?)과 이름이 나란히 새겨져 있어, 유구한 세월 속에서도 그 날의 의미를 떠올리게 한다.

참판 목만중(參判 睦萬中, 1727~?)이 찬한 「치악산제명록서(雉嶽山題名錄序)」가 『어계선생집(漁溪先生集)』에 수록되어 있다.

원공(元公, 원호)이 수위요, 다음은 조공(趙公, 조려)이요, 다음은 이공(李公, 이수형)이니 성명 밑에 각기 별호(別號)를 표했으며 그 밑에 '경○년 삼월 십육일(景年 三月 十六日)에 치악산 선돌에 새겼다.'고 했는데, '年' 자 위에 한 글자가 누락되었다. 눌은 이광정(訥隱 李光庭, 1552~1627)은 사육신(死六臣)이 죽음을 당하던 때라 했으니, 경태(景泰) 7년 병자년(1456)이 된다.

돌은 마멸되지 않고 우뚝한 자세로 굽히지 않기에 세 군자(君子)가 이름을 새긴 것은 돌에서 취함이 있기 때문이다. 치악산은 원주(原州)의 진산(鎭山)이며 원주는 원공의 고향이다. 그들은 산을 오르내리며 풀 위에 솥발처럼 둘러앉아 서산시(西山詩)[2]를 화답(和答)하고 굴원(屈原)의 어부사(漁父辭)를 읊었을 것이다. 그 자취와 그 심정을 생각하면 상심(傷心)치 않을 사람이 있겠는가?

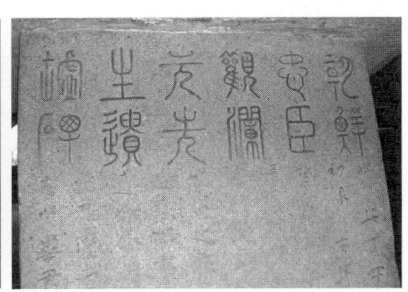

정충각(旌忠閣)에 있는 충신 관란 원선생 정충비와 관란정 경내의 유허비

아! 공신(功臣) 책봉자들은 휘황찬란하여 산언덕 돌조각에만 이름을

---

2) 백이숙제가 서산에서 읊은 시.

새기겠는가마는 서리 내리고 물이 빠진 백년 뒤에 사람들이 어루만지고 감탄하는 것은, 이 절의(節義)에 있지만, 저 부귀(富貴)에는 있지 않다.

어계 조려 기행 – ⑤ 서산서원 생육선생사적비

서산서원 생육선생사적비 西山書院 生六先生事蹟碑

❁❁❁ 서산서원(西山書院)[3]은 영남유림(嶺南儒林)들이 생육신(生六臣)의 충절(忠節)을 찬양하고 덕의(德義)를 존모(尊慕)키 위해 어계 조려(漁溪 趙旅)를 비롯하여 경은 이맹전(耕隱 李孟專), 관란 원호(觀瀾 元昊), 매월당 김시습(梅月堂 金時習), 문두 성담수(文斗 成聃壽), 추강 남효온(秋江 南孝溫) 등의 위패(位牌)를 봉안(奉安)하고 있다. 경내에는 육각형으로 된 「생육선생사적비(生六先生事蹟碑)」와 「정절공어계조선생사적비(貞節公漁溪 趙先生事蹟碑)」가 세워져 있다. 서원명(書院名)을 서산이라 한 것은 서원 동쪽에 백이산이 있고, 생육신의 절의(節義)가 백이숙제(伯夷叔齊)에 비견(比肩)되기 때문이다.

서산서원은 1703년(숙종 39)에 건립하여 1713년에 사액(賜額)되었다. 어계가 낙향하여 은둔한 지 2세기 반이 지난 뒤의 일이었지만, 대원군(大院君)의 서원 철폐령(書院撤廢令, 1865)에 의해 훼철(毁撤)되었다가 1984년에 복원(復元)했다.

함안군내(咸安郡內) 어계 유적지는 서산서원을 중심으로 해서 여러 곳에 산재(散在)해 있다. 채미정(采薇亭)과 어계천변(漁溪川邊)의 조대(釣臺)[4]가 있고, 법수면 강주리 응암(法守面 江洲里 鷹岩)에는 어계 묘소가 있다.

---

3) 경남 함안군 군북면 원북리(慶南 咸安郡 郡北面 院北里).
4) 어계가 낚시질하며 소요했던 곳.

군북면 명관리(郡北面 明館里)에는 「정절공어계조선생태지(貞節公漁溪趙先生胎地)」 표석(標石)과 어계 고택(故宅)[5]에는 부조묘(不祧廟)가 있다. 사촌리(舍村里)에는 서산서당(西山書堂)과 숙종(肅宗)이 어계의 충절(忠節)을 기려 명명(命名)한 백이산(伯夷山)이 있고, 하림리(下林里) 깎아지른 절벽은 「어계선생 고마암(漁溪先生 叩馬巖)」이라 부른다.

생육신의 충절을 추모하기 위해 세운 서산서원과 생육선생비(生六先生碑)

어계 조려 기행 – ⑥ 서산에서 캔 고사리 시냇물에 씻었네

서산미궐세우계 西山薇蕨洗于溪

◎◎◎ 서산서원(西山書院)에서 함안읍 쪽으로 2km쯤 떨어진 곳에 어계 고마암(漁溪 叩馬岩)[6]이 있다. 도로 바로 옆으로 진주선(晋州線) 철로(鐵路)가 놓여 있는데 앞뒤를 주의해서 살핀 뒤, 철길을 건너면 층암절벽(層巖絶壁)에 '백세청풍(百世淸風)' 대자(大字)가 눈에 들어온다.

---

5) 군북면 원북리(院北里).
6) 함안군 군북면(郡北面) 하림리(下臨里).

어계 석벽에 새겨진 백세청풍(百世淸風)과 서산시(西山詩)

'백세청풍' 석각(石刻) 바로 밑에는 어계 후손 조삼규(趙三奎, 1890~ 1950)가 지은 「서산시(西山詩)」가 새겨져 있다. 절벽 밑에는 맑은 시내가 흐른다. 어계 조려가 은둔(隱遁)하며 낚시질했던 곳으로 전한다.

어계 선조 산 오르신 날	漁祖登臨日
시내 산 맑고 맑구나	溪山淸復淸
후손 그 누군들 숭앙(崇仰)치 않으리오	後生誰不仰
백세토록 맑은 기풍을	百世淸風聲

조삼규는 채미정(采薇亭)[7]에 걸린 '백세청풍(百世淸風)' 글씨를 고마암 석벽(石壁)에 그대로 옮겨 새기면서 「서산시(西山詩)」도 함께 새겼다. 그는 고마암 뒷편에 서산암(西山菴)을 지어 '어계 고마암'을 소요(逍遙)하면서 어계(漁溪)의 유덕(遺德)을 추모(追慕)했다 한다.

'백세청풍' 석각(石刻)에서 왼쪽으로 30미터 가량 떨어진 절벽에 후손 조시일(趙始一, 1755~?)이 지은 「고암(叩嵒)」이라 제(題)한 시가 새겨져 있다.

---

7) 군북면 원북리(院北里).

어계 고마암에 새겨진 고암시(叩岩詩)

바위 위 맑은 바람 그 아래 시냇물	巖上淸風巖下溪
어계 선생 낚시하던 시내라네	先生當日釣魚溪
만고 강상 붙잡아 세운 뒤에	萬古綱常扶植後
서산에서 캔 고사리 시냇물에 씻었네	西山薇蕨洗于溪

고마암(叩馬巖)은 '백이숙제 고마이간(伯夷叔齊 叩馬以諫)'에서 따온 이름이다.

어계 조려 기행 – ⑦ 안개와 노을에 흠뻑 취하시며

연하고질 煙霞痼疾

◎◎◎ 어계 고마암(漁溪 叩馬巖)에는 시편(詩篇) 외에 '함안조씨일문십삼충(咸安趙氏一門十三忠)'이 제명(題名)되어 있는데, '십삼충' 관련 내용은 『함안누정록(咸安樓亭錄)』 등에도 실려 있다.

① 수천(壽千) – 중종반정공신(中宗反正功臣)

석정(石亭) 일명 두꺼비 바위

② 붕(鵬) – 임진왜란 울산전투 사절(死節)

③ 단(坦) – 임진왜란 공훈(功勳)

④ 방(坊) – 임진왜란 공훈

⑤ 종도(宗道) – 임진왜란 황석산성(黃石山城) 전투 사절(死節)

⑥ 준남(俊男) – 임진왜란 무진정상(無盡亭上) 사절

⑦ 신도(信道) – 임진왜란 한강진(漢江陣) 전투 사절

⑧ 민도(敏道) – 임진왜란 상주진(尙州陣) 전투 사절

⑨ 응도(凝道) – 임진왜란 고성진(固城陣) 전투 사절

⑩ 익도(益道) – 이괄의 난(李适亂) 평정 공훈(功勳)

⑪ 선도(善道) – 이괄의 난 평정 공훈

⑫ 형도(亨道) – 병자호란(丙子胡亂) 근왕(僅王)

⑬ 계선(繼先) – 정묘호란(丁卯胡亂) 의주(義州) 전투 사절 등.

　십삼충(十三忠) 중 7명이 임병양란(壬丙兩亂) 때 사절(死節)했다. '사절'
은 절조(節操)를 지키며 장렬(壯烈)하게 전사(戰死)했음을 의미하는데, 어
계 조려의 충절(忠節)이 후손들에게 이어졌음이다. 조종도와 그 부인의
황석산성 사절(死節)은「황석산성사적비(黃石山城事蹟碑)」와 서산서원(西
山書院) 채미정(采薇亭) 앞 쌍충각(雙忠閣) 안에 담겨져 있다.

조은 한몽삼(釣隱 韓夢參, 1589~1662)은 원북리 섬암(蟾巖, 두꺼비 바위)에 어계 추모시 「석정(石亭)」을 새겼다.

샘물과 돌 좋아하시고	泉石膏肓
안개와 노을에 흠뻑 취하시며	煙霞痼疾
세상사(世上事) 귀 밖에 두시고	漱石枕流
밭 갈고 낚시질하셨네	耕雲釣月

청주한씨 종친회(清州韓氏 宗親會)에서는 매년 4월 5일 이곳에 와서 제사를 지낸다고 한다.

단종 장릉과 단종대왕 장릉비

어계 조려 기행 - ⑧ 사람들은 그 충심(忠心)을 몰랐도다

충막인지 忠莫人知

○○○ 충남 공주(忠南 公州) 계룡산록 동학사(鷄龍山麓 東鶴寺) 경내(境內)

에 있는 인재문(仁在門)을 들어서면 숙모전(肅慕殿)이다. 숙모전은 원사(冤死)한 유주(幼主) 단종의 영혼(英魂)과 세조(世祖)에게 죽음과 불사(不仕)로 항거(抗拒)한 충신열사(忠臣烈士)의 혼을 모신 곳으로 전(殿)과 동무(東廡) 및 서무(西廡)로 구성되어 있다.

숙모전(肅慕殿)

세조 2년(1456) 6월 사육신이 상왕 복위(上王 復位)를 꾀하다가 거사(擧事)가 발각되어 죽자, 매월당 김시습(梅月堂 金時習)은 노량진에 버려진 사육신의 시신(屍身)을 수습하여 암장(暗葬)하고 동학사 삼은각 옆에 제단(祭壇)을 만들어 사육신을 초혼(招魂)하여 제사를 지냈는데, 이것이 숙모전의 효시(嚆矢)이다. 세조 3년(1457) 10월 24일 단종이 배소(配所)인 영월 청령포에서 승하(昇遐)했지만 시체를 거두는 자 없었다.

그때 영월호장 엄흥도(寧越戶長 嚴興道)가 단종의 시신을 거두어 암장하고 어포(御袍)를 모시고 망명(亡命) 길에서 김시습을 만나 공주 동학사

에 이르러 조상치(曺尙治), 조려(趙旅), 성희(成熺), 송간(宋侃), 이번(李蕃),
정지산(鄭之産)과 함께 육신단상(六臣壇上)에 다시 품자형(品字形) 단을 만
들어 어포(御袍)를 올려놓고 김시습이 찬한 제문으로 제사지냈다.

　동학서원(東鶴書院) 「어계선생추향봉안문(漁溪先生追享奉安文)」이다.

아름다운 어계 선생은	有美漁溪先生
진실한 지사로다	信乎志士
성균관을 하직하니	黌堂揖歸
서산이 저기 있네	西山在彼
구일등고시 읊으며	登高有詩
복희헌훤 생각하고	義軒之思
절의로써 스스로 편안했으나	義以自靖
사람들은 그 충심(忠心)을 몰랐도다	忠莫人知

영월호장 엄흥도 정려판

어계 조려 기행 – ⑨ 가인을 그리워하는 마음 잊을 수 없네

회가인혜불능망 懷佳人兮不能忘

◉◉◉ 『어계선생집(漁溪先生集)』에는 수십 편의 시가 실려 있는데 그 중 140자 칠언 장편한시(七言長篇漢詩)인 「구일등고(九日登高)」는 어계의 절의(節義)와 밀접한 관련이 있고 인구(人口)에 회자(膾炙)된 시이다.

어계 고택과 고택 대문 위에 세워진 정려판(군북면 원북리)

구월 구일 중양절에	九月九日是重九
좋은 시절 읊고파 높은 산에 올랐네	欲酬佳節登高崗
흰구름 흘러가고 기러기 떼는 남쪽의 손님이 되고	白雲飛兮鴈南賓
난초는 아름답고 국화꽃은 향기롭네	蘭有秀兮菊有芳
〈중략〉	
머리 돌려 강산 저무는 모습 바라보니	回頭擧目江山暮

땅은 넓고 하늘은 높아 생각이 아득하네	地闊天高思渺茫
복희(伏羲) 헌원(軒轅) 멀어지니 슬픔은 얼마나 지극한가?	羲軒遠矣悲何極
요순(堯舜) 시절 못 만나니 자연히 마음이 상하네	華勛不見心自傷
붓 들고 시를 생각하니 천지가 넓고	沈吟筆下乾坤濶
술동이 앞에 흠뻑 취하니 세월이 길도다	爛醉樽前日月長
슬프다! 늙은 몸 늦도록 고심하는 것은	嗟哉潦倒生苦晚
가인을 그리워하는 마음 잊을 수 없음이네	懷佳人兮不能忘

어계의 깊은 뜻이 담긴 작품이다. '복희 헌원(伏羲 軒轅) 멀어지니 슬픔이 얼마나 지극한가? 요순 시절 못 만나니 자연히 마음 상하네'는 백이숙제의 서산 채미가(西山採薇歌)와 같은 의미를 담고 있으며, '가인(佳人)을 그리워하는 마음 잊을 수 없음이네'는 어계의 단종에 대한 충정(忠情)이 진하게 묻어난다.

어계 조려 기행 – ⑩ 한 집안 자손들도 알지 못하다
일가자손역유미급지자 一家子孫亦有未及知者

◎◎◎ 어계 조려(漁溪 趙旅)의 5대손 임도(任道, 1585~1664)가 쓴 「구일등고시발(九日登高詩跋, 1617)」이다. '공은 지인(至人)[8]이었다. 흉금(胸襟)이 깊고 은미(隱微)하여 자취를 볼 수 없어 공의 숨은 절의(節義)를 알지 못했다. 이제 와서 보니 후세인(後世人)만 몰랐던 것이 아니라 당시 사람들도 몰랐으며 외부인(外部人)만 몰랐던 것이 아니라 한 집안 자손들도 몰랐으니, 아! 공은 참으로 지인이었다.

---

8) 덕이 높은 사람.

그러나 마음속 뜻은 외면(外面)에 나타나 은폐(隱蔽)치 못함이 있으니 공의 유고(遺稿) 중「구일등고(九日登高)」를 상고(詳考)하면 시(詩)에 공의 본심(本心)을 노출(露出)시키지 않을 수 없었다. 좋은 계절(季節) 등림(登臨)은 기쁜 마음으로 흥겹게 노닐기 위함이지 괴로운 마음으로 개탄(慨嘆)키 위함이 아니다.

어계비원 (영월읍 방절리)

그러나 평소 옛날을 생각하고 현실을 비관(悲觀)하여 세상을 슬퍼한 공의 뜻이 시를 읊는 순간 저절로 발로(發露)되었다. 옛날 백이(伯夷)가 수양산(首陽山)에서 고사리를 캐며 지은 노래에 "신농우하(神農虞夏) 몰(歿)했으니 내 갈 곳이 어디인가?" 하였으니 공이 읊은 시맥(詩脈)은 이 노래에 근거(根據)한 것이 아니겠는가.

어계는 겉으로 세사(世事)를 잊은 듯했지만, 우세충군(憂世忠君)의 충정(衷情)은 가실 길 없었고, 여러 시편(詩篇)을 통해 평소 회포를 소견(消遣)했다. 특히 「구일

어계 태생지에 세워진 태지(胎地) 표지석
(군북면 명관리)

등고」 시는 단순히 시인들의 추사·추흥(秋思·秋興)을 표현함이 아니고, 백이숙제(伯夷叔齊)의 「서산채미가(西山採薇歌)」와 같은 취지(趣旨)와 단종(端宗)을 그리는 충심(衷心)을 보였다. (어계비원(漁溪碑苑)의 「사적비(事蹟碑)」 참조)

어계 조려 기행 – ⑪ 북쪽 버들과 남쪽 매화에도 봄이 움틉니다

한류매춘의암동 寒柳梅春意暗動

◉◉◉ 『어계선생문집(漁溪先生文集)』에 실려 있는 서간문(書簡文)이다. 답장(答狀)인데 상대방과 쓴 연대 등은 미상(未詳)인데, 서울서 보낸 편지인 듯하다. 편지를 받고 기뻐하는 모습, 안부와 자신의 건강 상태, 선물에 대한 고마움, 답신 희망 등 풍부한 내용을 담고 있다. 최근 조선조 말기에 엮은 『동국명현유묵집(東國名賢遺墨集)』에서도 어계 친필 서간문 1편이 발견된 바 있다. 서간문 2편 모두 초서(草書)이다.

섣달그믐께(薄歲) 보내주신 당신의 편지가 정초에야 도착하였습니다(寵牘寒春始到). 받들어 읽어 보니 위로가 되고 감동을 받아(擎讀慰感怳) 서로 대면한 듯합니다(若相展). 요즈음 바람이 쌀쌀한데 몸이 편안하신지 궁금합니다(未審風峭動靖神相珍瑟憧憧). 북쪽 버들과 남쪽 매화에도 봄이 움트는 이때(寒柳梅春意暗動此時), 흥취(興趣)와 정서(情緒)를 참기 어려우니(興緒想盆難佳) 더욱 당신이 생각납니다(尤爲之奉念).

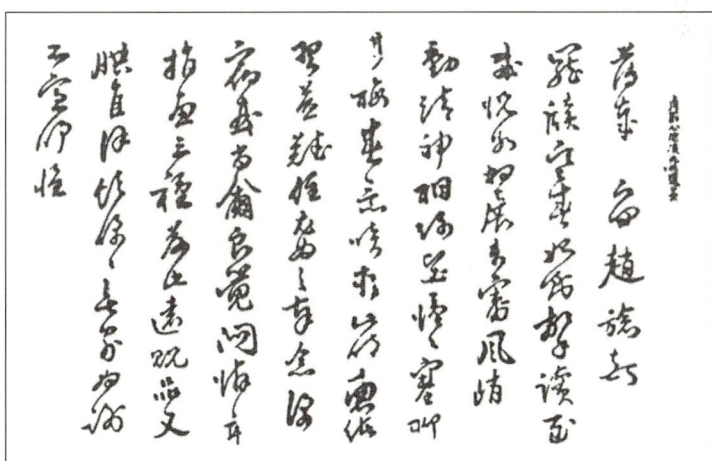

어계 친필 서간문

저는 오랜 감기가 아직 그러하니(僕宿感尙爾) 참으로 민망할 뿐입니다
(良覺悶憐憐耳). 보내주신 세 가지 선물은 멀리서 보내신 것도 감사하온데
(捐惠三種荷此遠) 품질 또한 좋고 아름답습니다(貺品又腆佳). 엎드려 한없
이 칭송드립니다(拜頌僕僕). 사례할 길이 없습니다(無容爲謝). 답장마저
뜻을 다 적지 못합니다(不宣仰惟). 회답 주시기를 바랍니다(下回).

조려 올림(趙旅 頓)

공근 이숙기 기행 – ① 말년을 잘 마치고 전쟁에 공로가 있다

관락령종 갑주유노 寬樂令終 甲冑有勞

◎◎◎ 김천시 구성면 상원리(金泉市 龜城面 上院里) 이철응(李哲應) 구성 농협조합장 사저(私邸)에는 불천위(不遷位) 사당(祠堂)인 관락사(寬樂祠)가 있다. 불천위란 나라에서 큰 공훈(功勳)이 있는 사람에게 영구(永久)히 사당에 모시는 것을 허락한 신위(神位)이다. 관락사의 주인공은 이숙기(李淑琦, 1428~1489)이고 조합장은 이숙기의 18대 종손(宗孫)이다.

불천위 사당(구성면 상원리)

사당 정문(正門)은 '모로문(慕勞門)'이라 현액(懸額)했고 사당 현판은 '관락사(寬樂祠)'라 했다. '모로문'과 '관락사'란 명칭은 이시애(李施愛, ~1467)의 난(亂) 평정에 참전(參戰)한 이숙기와 밀접한 관련성이 있다.

이숙기는 연안이씨(延安李氏) 연성부원군(延城府院君) 이말정(李末丁, 1395~1461)의 아들인데 김천 구성에서 태어났다. 이숙기는 '이시애의 난'을 평정하여 적개공신 일등훈(敵愾功臣 一等勳)을 받고 성종 3년(1472)에 좌리공신 4등훈(佐理功臣 四等勳)을 받았다. 이시애의 난은 1467년(세조 13) 5월에서 8월 사이에 함경도 함흥과 길주 일원에서 일어났다가 평정되었다.

이시애는 대대로 이 지역에서 세력을 일구어온 전형적인 토호출신(土豪出身)이었다. 세조는 즉위 후 중앙집권화 정책(中央集權化 政策)을 적극적으로 추진하면서 북도(北道) 출신 수령(守令)의 비율을 점차 줄이고 경관(京官) 출신을 북도 수령으로 파견해나갔다. 또 호패법(號牌法)을 실시하고 이를 바탕으로 보법(保法)을 시행하여 군역자원(軍役資源)을 철저히 확보하려 하였다. 이시애는 길주를 근거로 한 대표적인 호족(豪族)이었는데 이러한 세조의 정책으로 인하여 지방에서 자신의 입지가 좁아지게 되자 비슷한 처지의 호족과 함경도 도민들을 선동하여 난을 일으켰다.

이숙기는 이시애의 난과 여진족(女眞族) 토벌에 공을 세우는 등 무인(武人)으로서만이 아니라 문무겸전(文武兼全)의 장상(將相)감이었다. 정양(靖襄)이란 시호(諡號)가 내려졌고 좌찬성이 증직(贈職)되었으며 '특시부조지전(特施不祧之典:불천위의 恩典이 내려졌다는 뜻)'이 주어졌다.

사당 안 벽감(壁龕) 위에는 붉은 색 바탕에 쓰여진 교지(教旨)가 걸려 있었다.

공근 이숙기 교지

교지 말미에 쓰인 시장(諡狀)의 문장은 '관락령종왈정 갑주유로왈양 (寬樂令終曰靖 甲胄有勞曰襄)' 12자였다. '나라에 큰 공을 세운 선조(先祖)를 추모하는 문'이란 뜻의 '모로문(慕勞門)'은 '甲胄有勞曰襄'에서, '말년을 잘 마치는 뜻'을 담은 '관락사(寬樂祠)'는 '寬樂令終曰靖'에서 따온 명칭이었다. 이숙기의 시호(諡號) 정양(靖襄)은 '말년을 잘 마치고[靖], 전쟁에 공로가 있다[襄]'는 뜻이다.

공근 이숙기 기행 – ② 한편으로는 기쁘고 한편으로는 두렵다
일칙희 일칙구 一則喜 一則懼

관락사(寬樂祠) 안에는 수백 년 되었을 여러 종의 현판이 보관되어 있었다. 그중 희구재(喜懼齋)라 쓰인 현판이 눈에 "쏙" 들어왔다. 당호(堂號)로 애일당(愛日堂)이라 현액(懸額)한 곳은 보았으나 '희구재'란 현판은 처음 보

희구재와 애일헌

았기 때문이다. 『논어(論語)』「이인편(里仁篇)」의 구절이 떠올랐다. 공자께서 "부모의 연세(年歲)는 알지 않으면 안 된다. 한편으로는 기쁘고 한편으로는 두렵기 때문이다(孔子曰 不可不知也 一則喜 一則懼)."라고 말씀하셨다.

'희구재'는 부모의 연세를 항상 기억하고 있으면 장수(長壽)하시는 부모가 기쁘고[喜], 노쇠하신 부모가 두려워[懼] 섬길 수 있는 날짜가 적음을 안타까워하여 하루라도 더 정성껏 봉양하려는 '애일지성(愛日之誠)'의 의미가 담겨 있다. '희구재'의 주인이 누구인지 알 길이 없었다.

농암 석각(聾巖 石刻). 애일당(愛日堂) 아래쪽에 있다.　　농암 이현보 선생의 농암시비

애일당을 찾아나서기로 한다. 안동(安東) 도산서원(陶山書院) 주차장 건너편의 조그만 석비(石碑)는「어부가(漁父歌)」를 지어 강호문학(江湖文學)의 벽두(劈頭)를 장식한 농암 이현보(聾巖 李賢輔, 1467~1555)를 기리는 시비(詩碑)이다. 시비 아래쪽으로 난 길을 내려가면 '농암선생정대구장(聾巖先生亭臺舊庄)'이란 글이 4개의 큰 돌에 세월의 무게를 한 아름 안고 음각(陰刻)되어 있다.

애일당(愛日堂)

농암석각(聾巖石刻)에서 위쪽으로 난 계단을 오르면 애일당(愛日堂)이 있다. 농암이 1512년에 지었으나 조선조 후기에 개건(改建)했고 1975년 안동댐 건설로 이곳에 옮겼다. 농암은 이 집을 짓고 94세의 노부(老父)가 연로(年老)하심을 안타까워하여 '하루하루를 아낀다' 뜻에서 집 이름을 愛日堂이라고 했다. 농암은 애일당에서 사림(士林)들과 교유하면서 「어부가」, 「농암가」 등을 창작했다. 애일당에는 농암의 「농암애일당」 원운(原韻)과 모재 김안국(慕齋 金安國, 1478~1543), 회재 이언적(晦齋 李彦迪, 1491~1553), 퇴계 이황(退溪 李滉, 1501~1570) 등의 차운시(次韻詩)가 걸려 있다.

유자광(柳子光) 기행 - ① 뿌리는 구천에 서리고 기세는 삼한을 누르네
근반구원 세압삼한 根盤九原 勢壓三韓

❀❀❀ 유자광(柳子光, ?~1572)은 감사(監司) 유규(柳規)의 아들로 첩(妾)의 소생(所生)이었다. 자광은 전라도 남원(南原)에서 살았는데 어려서부터 재기(才氣)가 넘쳐흘렀다.

어느 날 규는 깎아지른 듯 자태(姿態)가 빼어난 암석(巖石)을 보고 자광에게 시를 지어라고 하자마자, '뿌리는 구천에 서리고(根盤九原)/기세는 삼한을 누르네(勢壓三韓).'라고 읊었다. 규는 시를 듣고 자광을 몹시 기특(奇特)하게 생각하면서 후일에 반드시 크게 될 인물이라 여겼다. 자광에게 한서(漢書) 등 서책(書冊)을 주어 날마다 일정량을 읽게 하였고, 매일 가까운 시냇가에 가서 마리 수를 정해 물고기를 잡도록 했는데, 자광은 그 일을 어김없이 수행(修行)하였다.

자광은 장성(長成)하여 문장에 능통(能通)했지만 고을사람들은 "네가 비록 문장을 잘 짓지만, 서얼(庶孼)에게는 벼슬길이 막혀 있으니 어찌하겠는가?"고 하면서 비웃었다. 서민(庶民)들 중에서도 자광을 멸시(蔑視)하면서 거만(倨慢)하게 굴었다. 당시 강정대왕(康靖大王)[9]이 비 윤씨(妃尹氏)를 폐위(廢位)시키려 하자, 유자광은 상소(上疏)하여 극간(極諫)했으나 윤허(允許)치 않았다.

연산군(燕山君) 즉위(卽位) 후, 자광에게 과거보는 일을 허락하였다. 자광은 석갈(釋褐)[10]하여 병조좌랑(兵曹佐郎)이 되었다. 여러 차례 관직을 옮겨 고관(高官)[11]에 이르렀다. 연산군이 무도(無道)하자 성희안(成希

---

9) 성종(成宗)의 시호(諡號).
10) 미천한 사람이 입고 있는 옷을 벗어버린다는 뜻인데, 처음으로 벼슬함을 말함.
11) 고품대관(高品大官)의 준말.

顔)과 유순정(柳順汀) 등이 반정(反正)[12]을 은밀히 의논하여 거사(擧事) 직전에 어떤 사람이 '유자광에게 알리지 않는 것은 옳지 못하다.'고 했다. 유몽인(柳夢寅)의 어우야담(於于野談, 1621)에 전한다.

유자광(柳子光) 기행 – ② 일이 급한데 조패는 불가하오
사급불가조패 事急不可造牌

◎◎◎ 반정(反正 : 중종반정) 모의자(謀議者)들은 역사(力士)를 선발하여 역사에게 소매 속에 쇠몽둥이를 넣게 하고 계칙(戒飭)했다.

"유자광(柳子光)의 장모는 대비전(大妃殿) 시녀(侍女)이니 자광이 밀의(密議)를 듣고 들어가 처자(妻子)를 보면 쇠몽둥이로 쳐서 죽이도록 하고, 그렇지 않으면 그와 함께 거사(擧事)토록 한다."

역사는 유자광을 찾아가서 좌우를 물리치고 반정 일에 관해 말했더니, 자광은 크게 기뻐하면서 말안장을 갖추어 급히 출발하려 했다. 역사가 말했다.

"위태로운 일이라서 생사(生死)를 알 수 없습니다. 어째서 처자(妻子)께 결별(訣別)치 않으십니까?"

"전혀 그렇지 않네. 큰일은 아녀자(兒女子)에게 알리면 안 된다네."

자광은 종에게 큰 유지(油紙)[13]를 가져오게 하여 소지(所持)한 뒤 출발했다.

네 명의 대신(大臣)과 거사(擧事)를 논의하는데, 한 대신이 말했다.

"군대를 나눌 때 전령패(傳令牌)[14]가 없으면 불가(不可)하오. 속히 판자

---

12) 난세를 바로잡아 태평한 세상이 되게 함. 중종반정(中宗反正)을 의미한다.
13) 기름을 먹인 종이.

를 잘라 패를 만듭시다.”

유자광이 말했다.

“일이 급한데 패 만드는 것은 타당치 않습니다.”

자광은 가지고 온 유지(油紙)를 조각조각 잘라 서명(署名)한 뒤, 나누어 가지게 했다. 또 대신이 말했다.

“칠흑 같은 밤에 횃불이 없으니 속히 사람들에게 횃불 하나씩 나누어 줍시다.”

자광이 말했다.

“일이 급한데 횃불 묶을 겨를이 없습니다. 대궐문 밖 사복시(司僕寺)[15]에 쌓인 짚이 산 같으니, 횃불 하나로 그것을 불사르면 대궐 안이 온통 밝아질 것입니다.”

이와 같이 그의 임기응변(臨機應變)은 출중(出衆)했다. (『어우야담(於于野談)』)

유자광 기행 – ③ 봉분을 만들지 말고, 석물을 세우지 말아라
불기분 물수석물 不起墳 勿樹石物

❁❁❁ 거사(擧事 : 中宗反正)가 안정된 뒤, 조정에서 공훈(功勳)을 논할 때, 공신(功臣)들이 구사(丘史)[16]를 스스로 선택케 했다. 유자광(柳子光)은 수훈(首勳)에 속했다. 그는 남원(南原)에서 평소 자신에게 거만하게 굴고 자신을 업신여겼던 노비들을 선택했다.

---

14) 좌우포도대장(左右捕盜大將)이 가지는 네모로 된 패로, 명령을 전할 때 사용함. 한쪽 면은 ‘전령(傳令)’, 또 한쪽 면에는 좌변 또는 우변포도대장이라고 표기함.

15) 궁중의 여마(輿馬), 구목(廐牧)에 관한 일을 맡아보던 관청.

16) 종친(宗親)이나 공신들에게 내려주던 지방의 관노비(官奴婢).

함양군 함양읍에 있는 학사루(學士樓)

점필재 김종직(佔畢齋 金宗直) 문하생(門下生)들은 함양 학사루(咸陽 學士樓)에 유자광이 건 현판(懸板)을 보고 "자광이 어떤 놈인데 감히 여기에 현판을 걸었느냐?"고 하고는 하졸(下卒)을 시켜 현판을 부수어버렸다. 점필재는 노산(魯山 :단종端宗)을 위해 조의제문(弔義帝文)[17]을 지었고 문인(門人) 탁영(濯纓) 김일손(金馹孫, 1464~1498)이 주를 달았다.[18] 자광은 이를 폭로하여 점필재 문인들을 죽였고, 점필재의 무덤을 파고 관을 꺼내 시신을 베었다[부관참시(剖棺斬屍)]. 선비들은 유자광의 처사를 통분(痛憤)했다.

---

17) 이 글은 점필재 김종직(佔畢齋 金宗直, 1431~1492)이 초회왕(楚懷王)을 조상하는 내용이다. 그러나 「조의제문」은 단종이 영월로 유배되어 승하한 직후에 지어졌고, 그 죽음이 초나라 회왕의 죽음과 매우 비슷한 면을 지녔기 때문에, 단종을 폐위(廢位)시키고 왕위를 찬탈한 세조를 비난할 의도로 지어졌다는 견해가 일반적이다.

18) 탁영 김일손은 점필재의 나이 52세 때 문하생(門下生)으로 들어온 만년(晩年) 제자이다. 탁영은 스승으로부터 역사기록(歷史記錄)이나 시문(詩文)을 통해서 불의(不義)를 고발하고 후세를 경계(警戒)함을 선비의 사명(使命)으로 삼았기에, 「조의제문(弔義帝文)」을 사초(史草)에 넣었고, '이우충분(以寓忠憤:충의에서 일어난 울분을 빗대어 풍자함)'이라는 사평(史評)을 가했다.

유자광은 사후(死後)에 자신도 이 같은 일을 당할 줄 알고 자신의 모습을 닮은 자를 구하여 노비로 삼고 관대(寬大)하게 대접했다. 노비가 죽자 말했다.

"이 자는 우리 집에 살면서 공로가 많아 후하게 장사지내야 한다."

자광은 비단 채색옷을 죽은 노비에게 입히고 장례를 한 뒤 무덤에 석물(石物)을 빠짐없이 구비해주었다. 유자광이 죽을 때 처자(妻子)에게 유언(遺言)했다.

"평장(平葬)하고 봉분(封墳)을 만들지 말고, 석물을 세우지 말아라. 만약 조정에서 사람을 보내 내 무덤을 묻거든 노비 아무개 무덤을 가르쳐 주어라."

그가 죽자 가족은 그의 말대로 했다.

그 후 조정에서는 자광이 사림(士林)에게 화를 입히고 무고한 사람을 죽인 죄를 물었다. 의금부(義禁府)에서 유가족이 가르쳐 준 노비 무덤을 파헤치고 부관참시(剖棺斬屍)했기에 유자광의 무덤은 아무런 우환(憂患)이 없었다. (『어우야담(於于野談)』)

○ 내 실수이지 당신 잘못이 아니오

아지실야 비가인과야 我之失也 非家人過也

◎◎◎ 교리(校理)[19] 정붕(鄭鵬, 1469~1512)은 선산(善山)에 살았는데 품행(品行)이 방정(方正)하고 고결(高潔)하여 절조(節操)를 지켰다. 당시 유자광(柳子光, ?~1572)은 탐욕(貪慾)하고 방자(放恣)하여 그 기세(氣勢)가 조

---

19) 조선조 세종(世宗) 때 집현전(集賢殿)에 둔 정5품 학사(學士).

정(朝廷)을 휩쓸었다. 정붕은 유자광의 외가(外家) 친척(親戚)이었으므로 문안(問安) 드리는 예는 폐하지 않았다. 그러나 정붕은 계집종이 유자광의 집에 갈 때는 반드시 삼끈으로 종의 팔을 단단히 묶었고, 묶은 자리에는 표를 해서 보냈다가 돌아오면 풀어주었다. 묶인 곳이 아파서 유자광의 집에 오래 머물지 않고 계집종을 빨리 돌아오게 하려는 의도(意圖)였다.

하루는 정붕이 숙직(宿直)하러 대궐(大闕)에 들어갔다. 집에 양식이 떨어져 부인은 유자광에게 양식을 꾸어 달라 했다. 유자광은 매우 흐뭇해하면서 말했다.

"친척의 의리(義理)는 어려울 때 서로 돕는 데 있는 것이지요. 그런데 정교리는 너무 강직(剛直)하고 괴팍하더군요. 그렇다고 내 어찌 정교리를 괄시(恝視)하겠습니까?"

유자광은 쌀을 자루에 가득 넣고 장을 항아리에 담아 노새에 실어 보냈다. 정붕이 숙직 후 집에 돌아오니 부인이 상을 차려 내오는데 쌀밥이 사발에 수북이 담겨 있었다. 정붕은 부인에게 쌀을 구해온 곳을 물었다. 부인이 사실대로 말하자, 상을 밀치고 일어나면서 말했다.

"내가 숙직하러 들어가던 날, 부인이 비지를 사다가 죽을 쑤어 주었는데 그때 양식이 떨어진 줄 알았다오. 그런데도 내가 아무런 조처를 취하지 않았습니다. 이는 나의 실수이지 당신의 잘못이 아니라오."

정붕은 바로 쌀을 변통하여 유자광에게서 빌려온 쌀을 돌려보냈다. 이와 같이 정붕은 궁핍(窮乏)하면서도 절조를 변치 않았다. (『기문총화(記聞叢話)』)

회재 이언적 기행 – ① 이언적에게 알려지지 않도록 부디 조심하라

신물령이언적지지 愼勿令李彦迪知之

◎◎◎『대동기문(大東奇聞)』에「이언적은 미리 김안로가 나라 망칠 사람으로 알다(이언적예지안로오국 李彦迪預知安老誤國)」란 제목으로 실려 있다. 이언적(李彦迪, 1491~1553)의 본관(本貫)은 여흥(驪興, 여주)으로 자(字)는 복고(復古), 호는(號)는 회재(晦齋) 혹은 자계옹(紫溪翁), 자옥산인(紫玉山人)이라 하였다.

초명(初名)은 적(迪)인데 중종(中宗)이 명하여 언(彦) 자를 덧붙였다. 중종 계유년(癸酉年, 1513) 생원과(生員科)[20]에 합격하고 갑술년(甲戌年, 1514) 문과(文科)[21]에 급제(及第)했다.

회재가 사간원(司諫院) 사간 때 김안로(金安老, 1481~1537)는 벼슬에서 쫓겨나 있었다. 심언광(沈彦光, 1487~?)이 회재에게 물었다.

회재가 태어난 양동 마을 전경

---

20) 유생(儒生)에게 경서(經書)를 시험 보여 생원을 뽑음.
21) 문관 자격 시험인데, 과목은 제술(製述), 경서강론(經書講論), 대책(對策) 등임.

"김안로가 소인(小人)인 줄 어찌 아셨소?"

"안로는 경주부윤(慶州府尹)으로 있을 때 나는 경주의 훈도(訓導)였는데, 그 마음 씀과 하는 일을 보니, 정말 소인배(小人輩)의 심보였소. 이런 인간이 뜻을 이루게 되면 필시 나라를 망칠 것이오."

언광이 노하여 조정(朝廷)에 말을 퍼뜨렸다.

"이 아무개가 조정에 있는 한 안로는 복귀할 수 없다."

그 뒤 결국 이언적은 탄핵(彈劾)을 당하여 파직(罷職)되어 고향으로 돌아갔다. 서울로 돌아온 김안로는 회재가 자신을 공박(攻駁)했다는 말을 들었지만 성을 내지 못했다. 김안로는 경주 사람이 뇌물을 바쳐 벼슬을 구하려고 하면, '이언적에게 알려지지 않도록 부디 조심하라.'고 당부하곤 했다.

회재 이언적 기행
- ② 인군(人君)의 귀와 간언(諫言)을 막아 국왕(國王)을 고립시키다

❂❂❂ 회재 이언적(晦齋 李彦迪, 1491~1553)은 아버지 번(蕃)과 어머니 손씨부인[溪川君 孫昭의 딸, 1433~1484] 사이의 장남으로 태어났다. 10살 때 부친을 여의어 모친 훈도(訓導)로 컸고, 명망(名望) 있는 외가[22] 외숙(外叔)인 우재 손중돈(愚齋 孫仲暾, 1463~1529)의 임지(任地)[23]를 다니면서 가르침을 받았다.

회재가 살았던 16세기 전반 조선조 사회는 누적된 모순이 통치질서(統治秩序)에 동요와 변화가 일어났던 시기이다. 즉 국가 공신과 왕실 인연

---

22) 외조부 손소는 세조 때 무인(武人)으로 이시애난(李施愛亂) 평정 공신.
23) 양산, 김해, 상주(尙州) 등.

의 훈척신(勳戚臣 : 勳舊派)들은 '위로는 인군(人君)의 귀와 아래로는 간언(諫言)을 막아' 국왕을 고립시킨 후, 사림(士林)을 배격하고 당파를 조성하고 권력을 남용하여 온갖 부정과 횡포를 저질렀다. 김안로(金安老, 1481~1537)의 방종, 사치, 수탈과 윤원형(尹元衡, ?~1565)의 횡포와 부조리는 극에 달했다. 훈구파와 사림파의 정치적 충돌은 무오사화(戊午士禍)[24], 갑자사화(甲子士禍)[25], 기묘사화(己卯士禍)[26], 을사사화(乙巳士禍)[27] 등으로 인해 사림파(士林派)는 참극(慘劇)을 당했다.

양동마을 손중돈의 별장 관가정 현판과 본채

회재는 정치적 환멸로 낙향(落鄕)했으나, 1546년 9월에 윤원형이 '이언적은 사론(邪論)에 유혹되어 중종을 배반했고, 역적(逆賊) 구하는 일을

---

24) 조선조 10대 연산군 4년(1498) 유자광(柳子光)을 중심으로 한 훈구파와 김종직(金宗直)을 중심으로 한 사림파 사이에 일어난 사화.

25) 연산군 10년(1504)에 일어난 사화. 연산군은 생모 윤씨가 폐위된 사실을 알고 성종의 후궁들과 왕자들을 죽이고, 폐위 사건에 관련된 윤필상(尹弼商)과 이극균(李克均)·김굉필(金宏弼) 등 10여 명의 신하들을 학살하고 이미 죽은 한명회(韓明澮)·정창손(鄭昌孫) 등을 부관참시(剖棺斬屍)하였다.

26) 중종 14년(1519)에 일어난 사화. 홍경주(洪景舟)·남곤(南袞)·심정(沈貞) 등 사장파(詞章派)의 훈구재상(勳舊宰相)이, 이상정치(理想政治)를 주장하던 조광조(趙光祖)·김정(金淨) 등 젊은 신진파(新進派)를 몰아낸 사건.

27) 조선조 13대 명종 1년(1545)에 명종의 외숙(外叔) 윤원형(尹元衡)이 12대 인종의 외숙 윤임(尹任)과 그 일파를 몰아낸 사건.

많이 했다.'고 모함하여 삭탈관직(削奪官職)되었고, 1547년 양재역 벽서 사건(良才驛 壁書事件)[28]에 연루(連累)시켜 평안도 강계로 유배되었다. 적소(謫所)에서 생을 마치니, 아들 이전인(李全仁, 1516~1568)이 시신(屍身)을 고향으로 운구(運柩)했다.

회재 이언적 기행 – ③ 화죽(花竹)을 심고, 날마다 시를 읊조리다

식이화죽 일소영유 植以花竹 日嘯詠遊

◇◇◇ 『명종실록(明宗實錄)』의 회재 이언적(晦齋 李彦迪, 1491~1553) 졸기(卒記)이다. '졸'은 대부(大夫)나 대부만큼 대접할 만한 사람의 죽음을 말하고, '기'는 사실(事實)을 그대로 적은 것인데, 한문(漢文) 문체(文體) 중의 하나이다.

이달에 급제(及第)[29] 이언적이 졸(卒)하였다. 남달리 영오(穎悟)하였고 타고난 자질이 도에 가까웠다. 효성(孝誠)이 지극(至極)하였고, 성현(聖賢)의 학문에 뜻을 두어 잠심(潛心)·역행(力行)하였으며, 예가 아니면 행하지 않았고 과묵(寡默)한 성품에 힘써 재능(才能)을 숨겼다.

젊었을 때 급제하여 조정(朝廷)에 있었으나 어떤 인물인지 몰랐다. 중년(中年)에 발탁(拔擢)되었으나, 김안로(金安老)의 미움을 받아 파직(罷職)되어 전리(田里)에서 지냈다. 평소 고상(高尚)한 아취(雅趣)가 있어서 경주(慶州) 북쪽 자옥산(紫玉山) 속에서 기괴(奇怪)한 바위와 깨끗한 시내를 사랑하며 집을 지어 7~8년간 살았다. 주위에 꽃과 대나무를 심고 날마

---

28) 조선 명종 때의 정치적 옥사(獄事). 당시 외척으로서 정권을 잡고 있던 윤원형(尹元衡) 세력이 반대파 인물들을 숙청한 사건이며, 정미사화라고도 불린다.
29) 삭탈관직(削奪官職)되어 유배(流配) 중이어서 급제라 했음.

다 시를 읊조리며, 고기를 낚으면서 세상만사(世上萬事)를 사절(謝絶)하는 한편, 방안에 단정(端正)히 앉아 좌우에 도서(圖書)를 쌓아 놓고 읽으며 정신을 가다듬고 생각을 깊이 하니, 공부가 전일(前日)에 비해 더욱 깊어져서 참으로 정밀하게 터득(攄得)한 묘(妙)가 있었다. 〈중략〉

문장(文章)이 붓끝에 나오면 교훈(敎訓)되는 말이 후세(後世)에 전해져 동방(東方)에서 찾아보면 비견(比肩)할 사람이 드물었다. 영의정(領議政)에 추증(追贈)하였고, 시호(諡號)는 문원(文元)이라 하였다.

회재 이언적 필적

회재 이언적 기행 – ④ 삼생(三牲)의 성찬(盛饌) 있지만 봉양할 곳 없네

수유삼생무양지 雖有三牲無養地

◎◎◎ 내[회재 이언적]가 친산(親山)[30]에 전석(奠石 : 立石)하고 비감(悲感)하여 시를 읊었다. 앞 연구(聯句)에 야은 길재(冶隱 吉再, 1353~1419)의 「방별가(放鼈歌)」[31]를 인용하였다. 그날 밤 꿈에 친구가 자라를 주면서

---

30) 부모 산소.

31) 자라야 자라야   鼈乎鼈乎
　　어미를 잃었느냐   汝亦失母乎
　　내 너를 삶아 먹을 줄 알지만   吾知其烹汝食之也
　　어미 잃음이 나와 같기로   汝之失母猶我也
　　너를 놓아준다.   是以放汝也

'어버이를 봉양하라.'고 했다. 처음에는 매우 기뻐하였다가 '어버이가 계시지 않으니 자라를 어디에 쓸 것인가?'라고 생각하고는 마침내 자라를 시내에 놓아 주고 나도 모르게 크게 울음을 터뜨렸더니, 곁에 있는 사람이 놀라 나를 깨웠다. 이에 「방별가」를 지어 슬퍼했다.

남쪽 시내에는 자라가 어미를 이별하였고	南澗有鼈離母
서쪽 개울에는 고기가 눈물을 머금었네	西溪有魚含索
아버지 어머니는 나를 기다리지 아니하시니	父兮母兮我不待
의탁할 곳 없는 이 몸은 슬프고 슬퍼라	哀哀此身靡所托
삼생(三牲)[32]의 성찬(盛饌) 있지만 봉양할 곳 없으니	雖有三牲無養地
솥과 두터운 요는 누구와 함께 즐길꼬	列鼎重茵誰與樂
어버이 봉양하는 사람들에게 당부하노니	寄語世間養親者
부모 계실 적 효양 다 하여라	孝養須盡親在時
자라야 자라야 너를 놓아 보내니	鼈乎鼈乎放爾去
넓고 넓은 창파에 어미 자식 한곳에 살아라	浩浩蒼波同母兒

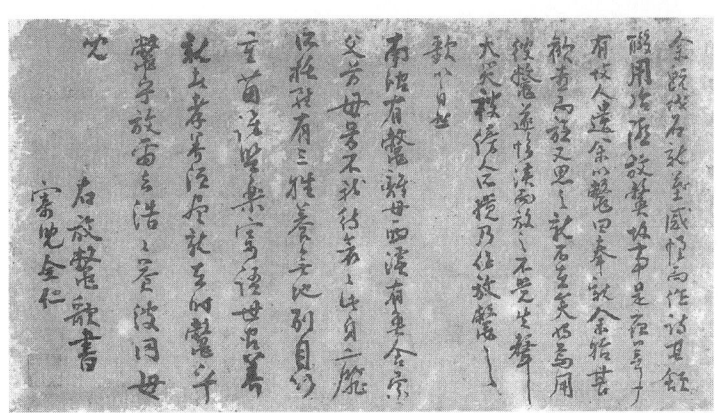

방별가(放鼈歌)

---

32) 소, 양, 돼지.

노래 끝에 '기아전인(寄兒全仁)[33]'이라 적었다. 「방별가」 중 '西溪有魚含索'의 '索'은 『장자(莊子)』의 '색연출체(索然出涕)[34]'에서 나온 말이다.

회재 이언적 기행 – ⑤ 깊은 못에 다다른 듯 엷은 얼음을 밟는 듯

임심이박 臨深履薄

◎◎◎ 『회재선생문집(晦齋先生文集, 권6)』에 전하는 원조오잠(元朝五箴) 서문(序文)이다.

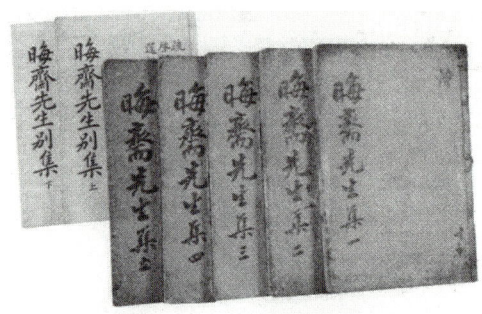

회재선생문집

내가 세상에 태어난 지도 27년이 되었다. 행실은 규칙에 맞지 않고 말은 법도에 어긋남이 많으며 학문은 매우 힘썼지만 도(道)에 이르지 못하고 나이는 장성해도 덕(德)은 진취(進就)되지 않으니, 성현(聖賢)의 지경에 이르지 못하고 범인(凡人)으로 돌아갈 것이 명백하다. 아! 오늘은 원조(元朝)[35]이다. 해가 바뀌었는데 나 홀로 옛 모양대로 이니, 덕을 새롭게 하지 않을 수 없다. 오잠(五箴)을 지어 종신지우(終身之憂)[36]를 삼으려 한다.

---

33) 아들 전인에게 부친다.
34) 외롭고 쓸쓸하게 눈물 흘리다.
35) 새해 아침.
36) 군자(君子)가 성인(聖人)이 되는 데 뜻을 두고 인(仁)과 예(禮)를 실천하면서 그 경지에 도달키 위해 항상 근심함.

원조오잠³⁷⁾ 중 경신잠(敬身箴)이다.

　부모와 천지에서 품수(稟受)된 몸은 지극히 귀중하고 삼재(三才 : 天地人)에 참여했으니 만물의 으뜸인데 어찌 감히 공경치 않겠는가? 공경은 몸가짐을 바르게 함이다. 용모는 엄숙하고 의관은 단정하며 견문(見聞)은 법칙에 맞고 언동은 법도(法度)가 있어야 한다. 예법에 어긋난 자리와 부정한 장소는 가지 말고, 진퇴(進退)와 주선(周旋)은 도리에 부합하고, 출처 행장(出處行藏)은 한결같이 정의(正義)로서 결정한다. 부귀에 마음을 움직이지 않고 빈천(貧賤)에도 지조(志操)를 변치 않아 탁연(卓然)히 중립(中立)하여 도에만 의지한다〈중략〉.

　성실하고 공손하여 깊은 못에 다다른 듯 엷은 얼음을 밟는 듯하다. 성심 수덕(誠心修德)은 성현의 훈계이다. 나는 감히 이 말로써 종신지우(終身之憂)를 삼으려 한다.

중종이 회재에게 하사한 향단(香壇)과 향단 경내의 향나무

---

37) 외천잠(畏天箴), 양심잠(養心箴), 경신잠(敬身箴), 개과잠(改過箴), 독지잠(篤志箴)

회재 이언적 기행 – ⑥ 벗이 먼 곳에서 온다면, 즐겁지 않겠는가

유붕자원방래 불역락호 有朋自遠方來 不亦樂乎

◎◎◎ 회재(晦齋)의 생가(生家)는 성종 15년(1484)경 건축된 서백당(書百堂)[38]이다. 이 집은 회재의 외조부(外祖父)인 손소(孫昭)가 살았던 월성손씨(月城孫氏) 종택(宗宅)으로 중종(中宗) 때 손중돈(孫仲暾)과 그의 생질인 회재 이언적이 출생했던 곳이다.

옥산서원(玉山書院)[39]은 회재 사후(死後) 19년이 지난 1572년에 건립(建立)되었는데, 계류(溪流)를 끼고 서향(西向)으로 배치되어 있다. 신문(神門 : 정문)인 ①역락문(亦樂門)[40]을 들어서면 2층 누각인 ②무변루(無邊樓)[41]가 있다. 문루 맞은편 중앙에는 강당(講堂)인 ③구인당(求仁堂)이 있다. 구인당 정면에는 ④옥산서원(玉山書院)이란 편액이 걸려 있고, 대청

옥산서원 역락문(亦樂門)

옥산서원 구인당(求仁堂)

옥산서원(玉山書院) 편액

---

38) 경주시 강동면 양동리(慶州市 江東面 良洞里) 223, 중요민속자료 제23호.

39) 경주시 안강읍(安康邑) 옥산리, 사적(史蹟) 154호.

40) 논어(論語)의 '有朋自遠方來 不亦樂乎, 벗이 있어 먼 곳으로부터 온다면, 어찌 즐겁지 않겠는가'에서 따온 명칭.

41) 풍월무변(風月無邊)의 준말.

안에도 ⑤옥산서원 편액이 있다. ①②③은 석봉 한호(石峰 韓濩, 1543~
1605), ④는 추사 김정희(秋史 金正喜, 1786~1856), ⑤는 아계 이산해(鵝溪
李山海, 1538~1609)의 글씨이다.

구인당 서북편에는 고봉 기대승(高峯 奇大升, 1527~1572)이 찬한 신도비
(神道碑)와 구인당 뒤편 언덕 위에는 사당(祠堂)인 체인묘(體仁廟)가 있다.

경각(經閣)과 문집판각(文集板閣)은 어서(御書), 어찰(御札), 문집판본(文
集板本), 수적(手迹) 등을 보관해 왔는데, 1972년에 신축한 유물관인 청분
각(淸芬閣)에 『삼국사기(三國史記)』(보물 525호) 등 유물들을 옮겨 수장(收
藏)하고 있다.

양동마을 회재의 생가 서백당(書百堂)

회재 이언적 기행
- ⑦ 옥산정사 대청(大廳)에서 나무 창살을 통해 바라본 계류(溪流)

●●● 옥산서원에서 서북쪽 약 700m 지점에는 오대(五臺)[42] 반석(盤石)

---

42) 징심(澄心), 탁영(濯纓), 관어(觀魚), 세심(洗心), 영귀(詠歸).

과 사산(四山)[43]으로 둘러싸인 독락당(獨樂堂, 보물 413호)이 있다. 이는 회재 이언적(晦齋 李彦迪)의 복거지(卜居地)이자 서재(書齋)였다.

독락당은 옥산정사(玉山精舍) 안의 당호(堂號)이다. 옥산정사는 사묘(祠廟), 어서각(御書閣), 양진암(養眞菴), 계정(溪亭) 등의 부속건물을 거느리고 있지만, 현재 독락당은 옥산정사를 통칭하는 이름으로 알려져 있고, 안내판도 독락당으로 되어 있다. 옥산정사 오른쪽 담장에 설치된 나무창살은 대청에서 이 창살을 통해 계류(溪流)를 바라볼 수 있게 되어 있다. 자연친화적인 특별한 공간구성이라 할 수 있다.

독락당은 회재가 사간(司諫) 벼슬 때 중종과 사돈(査頓)인 김안로(金安老)의 중용(重用)을 반대하다가 그들 일당(一黨)들에 의해 파직(罷職, 1531)된 후 향리(鄕里)에 돌아와 이듬해 모옥(茅屋)을 지어 별장(別莊)과 서재(書齋)로 썼다. 그 뒤 모옥을 헐고 계정, 양진암, 옥산정사 등을 지었다. 옥산정사(玉山精舍) 현판 글씨는 퇴계 이황(退溪 李滉)이, 내측(內側) 독락당(獨樂堂)은 아계 이산해(鵝溪 李山海)가 썼다.

옥산정사(玉山精舍)와 담장에 설치한 나무 창살

43) 화개(華蓋), 자옥(紫玉), 무학(舞鶴), 도덕(道德).

독락당 내 어서각(御書閣)에는 『해동명적(海東名蹟, 보물 526호)』, 「이
언적선생수필고본일괄(李彦迪先生手筆稿本一括, 보물 586호)」, 「정덕계유
사마방목(正德癸酉司馬榜目, 보물 524호)」 등의 유물들을 소장하고 있는
데, 그 모본(模本)과 자세한 내용 해설은 2003년에 신축한 회재유물전
시관(晦齋遺物展示館)에서 만날 수 있다.

회재 이언적 기행 – ⑧ 선생을 경모(敬慕)함이 늙을수록 더욱 깊어

❀❀❀ 노계 박인로(蘆溪 朴仁老, 1561~1642)가 지은 「독락당(獨樂堂)」은
노계가사(蘆溪歌辭) 중 가장 긴 123절에 255구(句)이다. 저작 시기는 임
진왜란에 종군(從軍)하고 전쟁이 끝난 뒤 도학(道學)에 정진(精進)하여 깊
은 경지에 이르렀을 때의 작품으로 보인다.

> 자옥산(紫玉山) 명승지에 독락당 있단 말을/들은지 오래로되 이 몸이
> 무부(武夫)로서/해변(海邊)일 하도 많아 일편단심 떨쳐나서/창을 들고 말
> 을 몰아 여가 없이 분주타가/선생을 경모(敬慕)함이 늙을수록 더욱 깊어/
> 대지팡이 짚신으로 오늘에사 찾아왔네/봉만(峰巒)[44]은 수려(秀麗)하여 무
> 이산(武夷山)[45]이 되어 있고/유수(流水)는 반회(盤回)하여 후이천이 되었
> 도다/이러한 명구(名區)에 임자 어이 없었던고/ 일천년 신라(新羅)와 오백
> 년 고려(高麗)에/현인군자(賢人君子)들이 많이도 지냈건만/하늘 땅이 감
> 추어서 우리 선생께 끼쳤도다/물건마다 제각기 주인은 있게 마련/이 자리
> 를 탐내어 다툴 사람 있을소냐. 〈중략〉

---

44) 높이 솟은 산봉우리들.
45) 중국 복건성(福建省) 주자(朱子)의 강학소(講學所)가 있는 산.

퇴계가 휘호한 자옥산   독락당 계정(溪亭)

　　사마온공 독락원이 아무리 좋다한들/그 속의 참된 낙 이 독락에 미칠런
가/산수구경 두루 하고 양진암(養眞菴)에 돌아들어/바람을 쏘이면서 조용
히 바라보니/퇴계 선생(退溪先生) 쓴 글이 진품(珍品)임을 알겠구나/관어
대(觀魚臺) 내려오니 깎은 듯한 반석 위에/선생의 지팡이와 신발자리 보이
는 듯. 〈하략〉

회재 이언적 기행 – ⑨ 다른 사람과 다투면 부모님이 근심하느니라
물여인투 부모우지 勿與人鬪 父母憂之

　　✸✸✸ '외출할 때는 반드시 부모님께 말씀드리고, 돌아와서는 반드시
부모님 면전(面前)에서 아뢴다(出必告之 返必拜謁).' '다른 사람과 다투지
말아라. 부모님이 근심하느니라(勿與人鬪 父母憂之).' '오늘 배우지 않아
도 내일이 있다고 말하지 말라(勿謂今日不學而有來日).' '짧은 시간이라도
가볍게 여기기 말아라(一寸光陰不可輕).' '새벽닭이 울면 일어나서 반드
시 세수하고 양치질한다(鷄鳴而起 必盥必漱).' '예절(禮節)이 아니면 보지

도 듣지도 말하지도 행동하지도 말아라(非禮勿視勿聽勿言勿行).'

　2006년 10월 3일은 구름 한 점 없는 청명(淸明)한 날씨였다. 옥산(玉山) 독락당(獨樂堂) 대청(大廳)에 걸린 칠판에는 인성교육(人性敎育)을 위한 한문장(漢文章)들이 가득 채워져 있었다. 울산 중구청(蔚山 中區廳) 관내 학생(學生)들이 얼마 전에 이곳을 다녀갔는데 그때 교재(敎材)로 쓴 내용이라고 독락당 주인인 회재(晦齋) 18대 종손(宗孫) 이해철(李海轍, 1949년생) 씨가 말했다.

　그는 판서(板書)된 글들을 가리키면서 이곳을 방문한 학생들에게 한자와 한문공부의 필요성을 이야기했다고 역설(力說)했다. 요사이 학생들은 한문을 잘 알지는 못하지만, 귀담아 들어야 할 좋은 말들은 옛분들이 다 말씀하셨고 그 말씀들은 한문으로 기록된 책에 많이 실려 있으니 알 필요가 있다고 했다. 그는 독락당 수호 관리(守護管理)의 어려움을 호소하기도 했다.

회재 18대 종손(宗孫) 이해철 씨(앞)

유물전시관 개관. 가운데 갓쓴 분이 종손 이해철 씨

퇴계 휘호 옥산서원 오대와 용추

회재 이언적 기행 – ⑩ 독락당 너머 우뚝 솟은 정혜사지 13층석탑

●●● 독락당을 보고 지척(咫尺)에 있는 통일신라시대(統一新羅時代)의 정혜사지 십삼층석탑(淨惠寺址 十三層石塔, 국보國寶 제40호)을 지나칠 수 있다. 독락당 정문(正門)에서 왼쪽으로 난 독락당 토담길은 조용하고 안정감 넘치는 다시없는 산책로(散策路)이다. 담장 안으로 우거진 고목(古木)들이 시원스레 하늘 높이 솟아있고 독락당 후면(後面)에서 고풍스런 독락당 공간을 훔쳐볼 수 있는 맛이 특별나기 때문이다.

담장이 끝난 지점에서 왼쪽으로 난 오솔길 50여m 지점 전답(田畓) 가운데 특이(特異)한 양식의 화강암(花崗巖)으로 축조(築造)한 석탑이 서 있다. 이 탑은 보기 드물게 13층이며 탑의 기단(基壇)은 다듬지 않은 돌을 사용하여 흙으로 축대를 쌓아 일반적인 탑 기단부(基壇部)의 통례(通例)를 따르지 않았고, 1층을 크게 부각시키고 2층부터 크게 체감(遞減)시켜 전체적으로 안정된 조화를 보여준다고 안내판에 적혀 있으나 절이 언제 없어졌는지에 대한 기록은 보이지 않았다.

정혜사는 절터에 탑만 서 있지만, 옥산서원(玉山書院)과 밀접한 관련이 있는 사찰이었다. 정조(正祖)는 회재 이언적(晦齋 李彦迪)의 학덕(學德)을 선양(宣揚)키 위해 옥산서원에서 초시과(初試科)를 보이게 했고, 태학생(太學生)[46]들에게 옥산과(玉山科)를 치르게 했다. 서책(書冊)은 만권이 넘어 서원과 독락당에 모두 보관할 수 없어 정혜사에 나누어 수장(收藏)하여 승려들이 지키게 했다. 서원에는 원근(遠近)에서 찾아드는 사림(士林)들과 서책 발간 사업으로 그 규모가 방대하여 인근의 정혜사(淨惠寺)와 도덕사(道德寺)를 서원으로 예속(隷屬)시켰다.

정혜사지 13층 석탑

---

46) 성균관에서 공부하는 생원과 진사.

잠계 이전인 기행 – ① 학문에 뜻 둔 자가 취할 바 아니다

비지학자지소가취야 非志學者之所可取也

◦◦◦ 회재의 아들 이전인(李全仁)의 『잠계집(潛溪集)』에 실린 호설(號
說)이다. 내 어찌 호(號)가 있었겠는가? 신유년(辛酉年, 1561) 가을 도산
(陶山 : 퇴계 이황) 선생을 뵈오니 "그대는 호가 있는가?"라고 하셨다. 나
는 호를 사양하며 지을 수 없다고 했더니, 선생께서 "망설일 것 없다."
고 하셨다. 나는 선생께 재배(再拜)하고 물러나왔다.

세초(歲初)에 옥계(玉溪)와 옥봉(玉峰)을 써서 선생께 서신(書信)으로 여
쭈었더니 답하셨다.

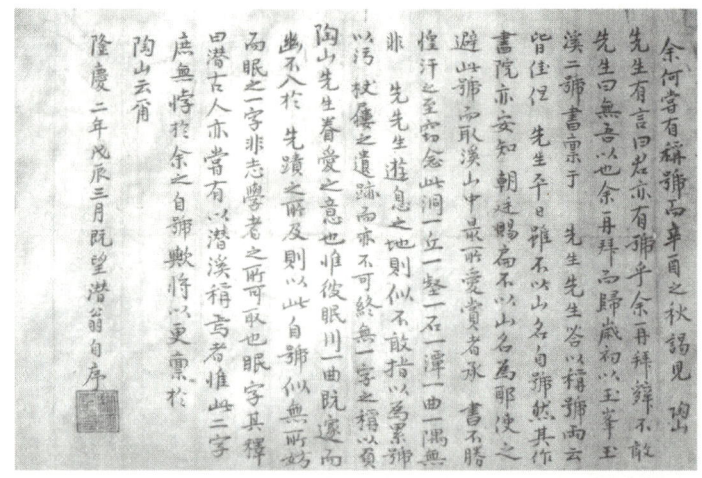

잠계호설

"옥계와 옥봉은 호로서 다 좋네. 그렇지만 회재(晦齋) 선생께서 평소
산명(山名)으로 자호(自號)치 않으셨으나, 그곳에 서원(書院)을 짓게 되면
조정(朝廷)에서 사액(賜額)[47]할 때 산명으로 할지 모르니 이 두 가지는
호로 적합하지 않네. 계산(溪山) 가운데 좋아하는 곳을 취하도록 하게."

---

47) 임금이 서원 등에 이름을 지어 내림.

나는 글을 받들고 지극히 황한(惶汗)⁴⁸⁾했다. 이 고을 일구일학일석일수일곡일우(一丘一壑一石一樹一曲一隅)는 모두 선생께서 유식(遊息)⁴⁹⁾하시지 않은 곳이 없는데 감히 호 때문에 장구(杖屨)⁵⁰⁾의 유적을 더럽혀서는 안 되는 일이요, 또한 한 글자라도 칭하지 않으면 도산 선생 권애(眷愛)⁵¹⁾의 뜻을 저버리는 행위가 된다. 오직 저 면천(眠川) 한골은 깊숙해서 선적(先蹟)에 들어가지 않으니 이것으로 호를 삼으면 무방할 것 같다. 그러나 면자(眠字)는 학문에 뜻을 둔 사람이 취할 바가 아니다. '면(眠)'은 '잠(潛)'으로 해석하고 고인(古人) 중에 잠계(潛溪)로 칭한 이가 있으니 내 자호(自號)에 거스름이 없으리라 본다. 곧 다시 도산 선생께 이를 여쭈었다.

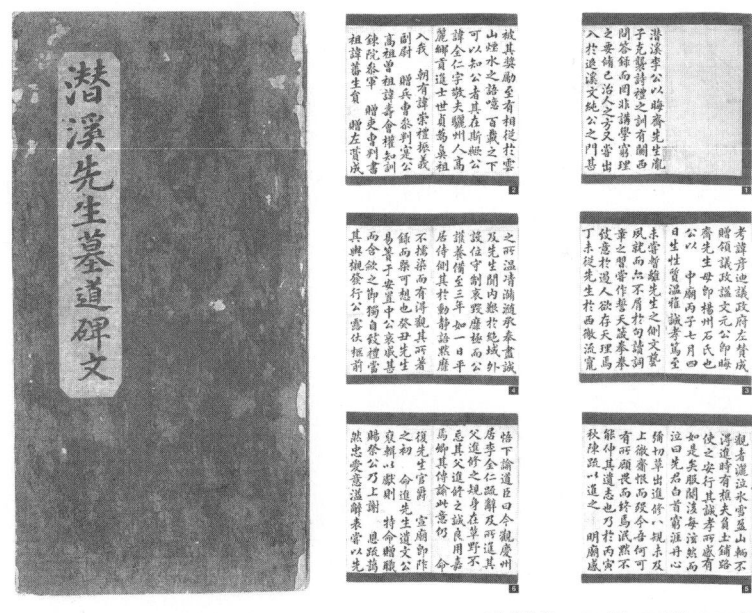

잠계선생 묘도비문 표지와 묘도비문

---

48) 황송해 땀이 남.

49) 편안히 쉼.

50) 머무른 자취.

51) 보살피며 사랑함.

잠계 이전인 기행 - ② 너는 과연 내 아들이니라

여과아자야 汝果我子也

❀❀❀ 『기문총화(記聞叢話)』에 전한다. 회재 이언적(晦齋 李彦迪)은 젊은 시절에 정을 둔 기생(妓生)이 있었다. 그녀가 임신(姙娠)한 지 몇 달이 되지 않아 지사(知事)[52]로 있던 조윤손(曺潤孫)이 그녀를 보고 마음이 들어 자신의 첩으로 삼았다.

해산달이 되어 아들을 낳자, 조윤손은 이름을 '옥결(玉缺)'이라 지었고, 장성(長成)하자 후사(後嗣)로 삼고 집과 논밭, 노비(奴婢)들을 문서(文書)로 작성하여 주었다. 이언적이 조윤손에게 장난삼아 말했다.

"첩(妾)이야 공이 마음대로 가지지만, 아들놈은 어째서 돌려보내지 않습니까?"

조윤손은 그저 한 차례 웃을 뿐이었다.

조윤손이 죽자 조옥결은 장례를 치르고 여묘(廬墓)살이를 하는데, 이언적의 아들이라는 소문이 파다했다. 어머니한테 물으니, '너는 사실 회재 선생의 아들이니라.'고 했다.

"저는 조씨댁의 두터운 은혜를 입었으니 의리상 상례(喪禮)를 마치겠습니다."

옥결은 상례를 마치고 물려받은 문서를 조윤손의 자제들에게 주었다. 그리고 경주(慶州)에 가서 회재 부인에게 그 사실을 아뢰었다. 부인은 감격의 눈물을 흘리며 이언적의 유배지(流配地)에 가보라고 했다. 옥결이 강계(江界) 유배지로 회재를 찾았더니, '너는 과연 내 아들이니라.' 하고는 이름을 전인(全仁)으로 고쳐 주었다.

---

52) 지중추부사(知中樞府事) 등 정2품부터 지사간원사(知司諫院事) 종3품까지의 벼슬.

잠계 이전인을 봉향(奉享)하던 장산서원(章山書院)과 묘당(廟堂) 현판

이전인(1516~1568)은 호를 잠계(潛溪)라 하였는데 세상에 알려지지 않은 도학자(道學者)로 천거(薦擧)를 받아 벼슬이 예빈시정(禮賓寺正)[53]에 이르렀다.

잠계 이전인 기행
― ③ 석비(石非)를 낳아 길러 데리고 있음이 명백하옵니다
석비을산 장솔축적지시백 石非乙産 長率畜的只是白

❁❁❁ 관비(官婢) 족비(足非, 45세)는 '아뢰옵니다. 저는 지난 병진년(丙辰年, 1496)에 만호(萬戶) 석귀동(石貴童)에게 첩(妾)으로 들어가 석비(石非)를 낳아 길러 데리고 있었음이 명백하옵고, 아울러 다른 사람의 첩소생(所生)을 석귀동의 자식인 것처럼 거짓으로 아뢰었다가 이후에 밝혀지는 경우에는 저를 다시금 심문하여 처리하실 일입니다.'라고 했다.

이는 독락당(獨樂堂) 회재 선생 유물 전시관(晦齋先生遺物 展示館)에 소장하고 있는 「양주석씨속량입안(楊州石氏贖良立案)」이란 문서(보물 제1473-33호)에 적힌 내용이다. 이 문서는 중종 12년(1517)에 장례원(掌隸院)에서 가선대부(嘉善大夫) 석귀동의 천첩(賤妾) 소생인 석비(石非)를 속신(贖身)해주면서 발급해준 입안이다. 이 입안은 1517년 3월 17일에 우

─────────
53) 빈객에 대한 연향(宴享)을 맡아보던 관아인 예빈시의 정3품 당하관(堂下官).

승지(右承旨)[54] 윤희인(尹希仁)이 중종(中宗)에게 계문(啓聞)[55]하고 윤허(允許)를 받아내어 모든 속신 절차를 마치게 되었다. 속신은 조선조 시대 노비에게 대가를 받고 그들의 신분을 풀어주어 양인(良人)이 되게 하던 제도로 속량(贖良)이라고도 한다.

이때 잠계 이전인(潛溪 李全仁, 1516~1568)의 모친인 석씨부인(石氏夫人)은 천인(賤人)의 신분에서 양인(良人)으로 새롭게 태어나게 되었다. 속량 당시 석씨부인은 22살이었고, 아들 전인은 돌을 지나지 않은 때였다.

이전인은 회재 이언적과 모친 석비(石非) 사이의 소생이고, 외조부(外祖父)는 석귀동이며 외조모(外祖母)는 족비(足非)이다.

잠계 이전인 유필(遺筆) 및 유고(遺稿)

54) 조선조 때 승정원(承政院)에 딸려 임금 명령의 출납(出納)을 맡아보던 정삼품 당상관(堂上官)으로, 예조의 관계사무를 분장하는 예방승지(禮房承旨)를 말한다.
55) 계품(啓稟)이라고도 한다. 관찰사(觀察使), 절도사(節度使) 또는 지방에 출장 중인 봉명사신(奉命使臣)이 임금에게 아뢰는 문서이다.

잠계 이전인 기행
– ④ 노친 걱정 덜어드리고 강녕(康寧)케 한 공로가 매우 크다

노친면양강승 공로심대 老親免恙康勝 功勞甚大

○○○ 회재 이언적은 조정(朝廷)의 부름을 받고 또 1545년 인종(仁宗)의 국상(國喪)으로 인해 집에 돌아가지 못했다. 잠계 이전인의 어머니 석씨부인은 남편 회재 이언적이 부재(不在) 중 시어머니인 손씨부인(孫氏夫人)을 지극정성(至極精誠)으로 봉양(奉養)했다. 회재가 모친 봉양에 힘쓴 석씨부인(石氏夫人)에게 전답과 노비를 나누어 준 분재기(分財記, 보물 1473-53호)가 전한다.

가정(嘉靖) 25년 병오년(丙午年, 1546) 9월 13일 첩 석군(石君)에게 허여(許與)한다.

아래와 같이 허여문기(許與文記)를 작성해주는 뜻은 네가 평소 노친 봉양을 진심으로 하였을 뿐만 아니라 지난 여름에 조정의 부름을 받고 나갔다가 국상을 만나게 되어 해가 지나도록 돌아오지 못하여 노친을 모시지 못해 먼 곳에서 수심(愁心)이 깊었다. 네가 매일 밤 노친을 위로하고 봉양하면서 아침저녁으로 맛있는 반찬을 올렸으니 노친으로 하여금 걱정을 덜어드리고 강녕토록 하였다. 너의 공로가 매우 크니 내가 어찌 감히 있겠는가.

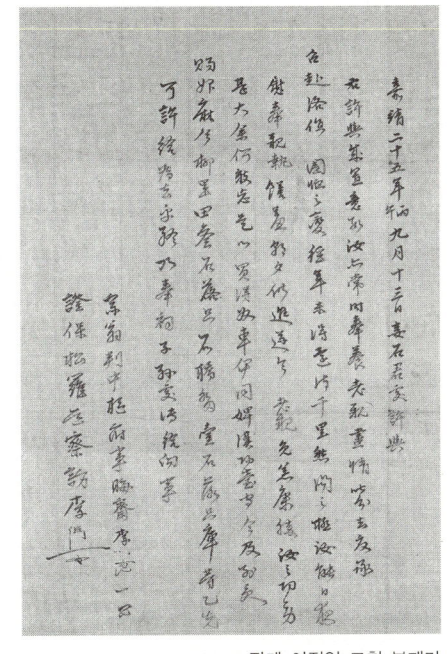

잠계 이전인 모친 분재기

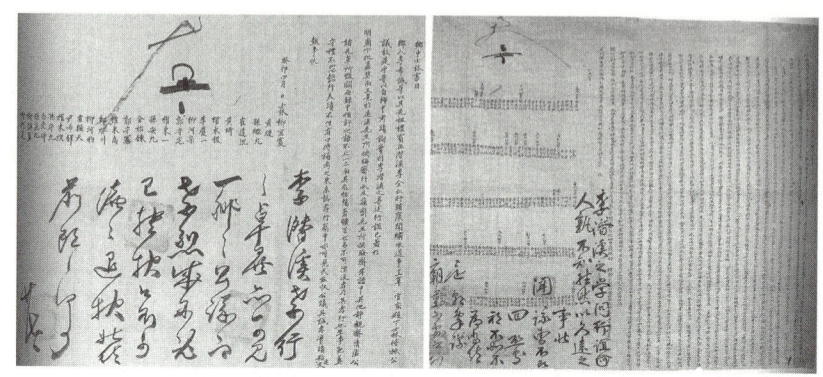

이전인(李全仁) 효행사실(孝行事實) 서목(書目)　　　잠계 학문행의포장상서(學文行誼褒獎上書)

이에 매득(買得)한 사내종 거이(車伊)와 매득한 계집종 한양대(漢陽臺), 수금(守今) 및 특별히 하사(下賜)받은 계집종 마금(麻今) 그리고 유리(柳里)에 있는 밭 3섬지기, 석교(石橋)에 있는 논 1섬지기인 곳을 우선 허급(許給)하므로 오래도록 봉사하는 자손에게 전해주도록 할 일이다.

잠계 이전인 기행
– ⑤ 위안이 되게 받들지 못하고 다만 민망하여 울 뿐이다
부득공직위열 지절민읍이이 不得供職慰悅 只切悶泣而已

❀❀❀ 회재 이언적은 1547년 「양재역 벽서사건(良才驛 壁書事件)」에 연루(連累)되어 강계로 유배(流配)되었고, 아들 잠계 이전인은 7년 동안 배소(配所)에서 아버지를 시측(侍側)하게 된다. 이 기간은 부자에게 닥친 시련기였지만 시련을 학술(學術)로 승화(昇華)시켜 나갔다. 더욱이 잠계는 이 기간에 대유(大儒) 회재를 아버지와 스승으로 모셔 학문에 더욱 정진하여 그 깊이를 심화시켰는데 그 내용은 부자의 학문적인 문답록인 『관서문답록(關西問答錄)』을 통해 살필 수 있다.

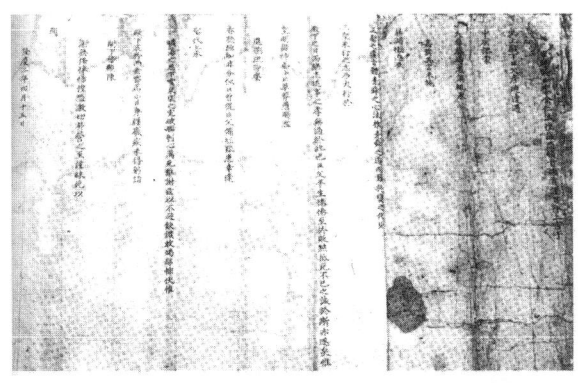

이전인 친필 상소문

『관서문답록』은 부자간의 사적인 대화뿐만 아니라 회재의 경학관(經學觀), 시의(時宜)에 대한 문제, 예제(禮制) 등에 관한 내용 등이 담겨 있어서 회재를 연구하는 데 귀중한 자료로 평가되며, 이 책은 나아가 이전인이 이언적의 혈자(血子)이고 학문적 계승자임을 드러내고 있다.

아버지께서 정미년(丁未年, 1547) 가을부터 서요(西徼)[56]에서 귀양살이를 하시게 되었는데 익년(翌年) 6월 18일에 대부인(大夫人)[57]이 하세(下世)하셨다. 아버지께서는 수천 리 밖에서 부음(訃音)을 들으시고 유의복(遺衣服)[58]을 영위(靈位)로 모시고 조석 상식(朝夕 上食)과 삭망전(朔望奠)에 정성을 극진히 하시고 피눈물로 기년(期年)을 넘기셨는데 몸이 날로 쇠약하기만 하셨다. 전인(全仁)이 비록 곁에서 모시고 있었으나 위안이 되게 받들지 못하고 다만 민망하여 울 뿐이었다(『관서문답록』 참조)

'가정(嘉靖) 32년 계축년(癸丑年, 1553) 8월 초 6일 첩자(妾子) 이전인에게 주는 허여문기(許與文記)'는 회재가 유배생활을 하는 동안 자신을 곁

---

56) 서쪽 먼 지역이라는 말인데 여기서는 강계(江界)를 일컫는다.
57) 여기서는 회재 이언적의 모친을 말한다. 잠계 이전인의 조모(祖母)이다.
58) 죽은 사람이 남기고 간 의복

에서 극진히 모신 아들 전인을 가상히 여겨 재산을 나누어준 「효성별급
분재기(孝誠別給分財記, 보물1473-55호)」이다.

잠계 이전인 기행 – ⑥ 선생에게 아들이 있다고 이를 만하다
선생가위유자의 先生可謂有子矣

❀❀❀ '잠계가 없었다면 회재도 없다[無潛溪無晦齋]'라는 말과 같이 회재
이언적의 신원(伸寃)과 현양사업(顯揚事業)은 아들 잠계에 의해 빛을 보
게 된다. 회재는 적소(謫所)에서 향년(享年) 63세로 생을 마감하였고, 잠
계는 혈혈단신(孑孑單身)으로 수천 리를 운구귀장(運柩歸葬)했다. 잠계는
회재의 유문(遺文)을 수습하여 1559년에 퇴계 이황(退溪 李滉, 1501~1570)
에게 질정을 부탁했는데, 이 때 퇴계는 회재의 학문을 경모(敬慕)해 마
지않았고, 「회재행장(晦齋行狀)」을 찬술(撰述)하면서 회재를 동방이학(東
方理學)의 으뜸으로 추앙(推仰)하고 '선생에게 아들이 있다고 이를 만하
다.'고 잠계를 크게 칭찬했다. 회재의 비문(碑文)은 고봉 기대승(高峰 奇
大升, 1527~1572)이 지었다.

특히 잠계가 1566년(명종 21)에 올린 회재의 「진수팔규(進修八規)[59]의
소(疏)」는 명종(明宗)과 조정(朝廷)으로부터 커다란 반향(反響)을 불러왔
다. 회재는 전력을 다해 작성한 '「진수팔규소(進修八規疏)」가 성상(聖上)
께 전해지면 죽어도 후회가 없다.'고 했다. 잠계는 이 소(疏)에, 홀로
부친 시신(屍身)을 강계에서 경주까지 운구하며 겪은 시련을 회상하고

---

59) 진수는 진덕수업(進德修業)을 말한다. 팔규는 나라를 다스리는 여덟 가지 법도인데 ①명
　도리(明道理) ②입대본(立大本) ③체천덕(體天德) ④법왕성 제왕지학(法往聖 帝王之學)
　⑤광총명(廣聰明) ⑥시인정(施仁政) ⑦순천심(順天心) ⑧치중화(致中和)이다.

부친의 유지(遺志)를 임금께 올리는 감회를 애절(哀切)하게 표현했다.

잠계의 회재 현양사업은 계속 아들 구암 준(求菴 浚, 1540~1623)에게
로 이어져 당대의 명사(名士)들에게 회재의 행장(行狀), 묘갈명(墓碣銘),
옥산서원 기문(記文), 회재집(晦齋集) 서문(序文) 등 각종 현양문자(顯揚文
字)를 받게 된다. 구암은 유성룡(柳成龍), 정구(鄭逑), 장현광(張顯光), 정
경세(鄭經世), 윤근수(尹根壽), 윤두수(尹斗壽), 김시양(金時讓), 심희수(沈
喜壽), 이호민(李好閔), 이안눌(李安訥), 이산해(李山海), 이시발(李時發) 등
과 폭넓은 교유관계를 가졌다. 독락당(獨樂堂)에 보관된 명사들의 친필
유묵(遺墨)은 당시 긴밀했던 교우(交友)의 구체물이다.

잠계 이전인 묘소

송강 정철 기행 – ① 홀로 우뚝 서 바른 말하네

독립감언 獨立敢言

⊙⊙⊙ 정철(鄭澈, 1536~1593)은 본관(本貫)이 연일(延日)이고 자는 계함(季涵)이며 호는 송강(松江)이다. 신유년(明宗 辛酉年, 1561)에 진사과(進士科)에 합격하고 임술년(壬戌年, 1562) 문과(文科)에 올라 직제학(直提學)[60]이 되었다. 당시 조정(朝廷)에 동인(東人)과 서인(西人)의 당파(黨派)가 있었는데, 정철은 동인들이 가장 기피(忌避)하는 인물이었다.

이 일로 벼슬을 그만두고 낙향(落鄕)했다. 이조판서(吏曹判書)를 제수(除授)받자 박근원

충북 진천 송강사(松江祠) 소재
정철신도비(松江鄭澈神道碑)

(朴謹元, 1525~?), 홍여순(洪汝諄, 1547~1609), 허봉(許篈, 1551~1588) 등을 귀양 보낼 것을 주청(奏請)하자, 동강 김우옹(東岡 金宇顒, 1540~1603) 등이 불가(不可)함을 간쟁(諫爭)하고 정철을 탄핵(彈劾)하자 임금이 말했다.

"정철은 마음이 곧고 행실은 바르나, 다만 말이 곧아 당대(當代)에 용납되지 못해 사람들로부터 미움을 샀노라. 그러나 직무에 충실했고 충직한 절의(節義)는 초목(草木)조차 그 이름을 기억한다. 정말 백관(百官) 중의 독수리요 대궐의 맹호(猛虎)라 할만하다. 이런 사람을 죄주면 주운(朱雲)[61] 같은 충신을 목 베어야 한다는 말과 같다."

---

60) 집현전(集賢殿)의 종3품, 예문관(藝文館)과 홍문관(弘文館) 및 규장각(奎章閣)의 정3품 벼슬.
61) 한(漢)나라 충신.

그리고는 대사헌(大司憲)[62]에 임명하고 손수 '외로이 충성을 감당하고, 홀로 우뚝 서 바른 말하네(孤忠自許 獨立敢言).'라 써서 하사(下賜)했다. (문청공 정철 신도비(文淸公鄭澈神道碑) 참조)

송강 정철 기행 - ② 누가 강가에서 사미인곡을 부르는가

강두수창미인사 江頭誰唱美人詞

◎◎◎ 정철은 세자 책봉(世子冊封) 발언으로 평안도 강계(江界)로 귀양 갔다. 임금은 임진왜란(壬辰倭亂) 피난길에 개성(開城)에서 군대와 백성을 위문했는데 그들은 입을 모아 정철의 석방을 요청했다. 소환된 정철은 임금을 의주까지 호종(扈從)했으며 체찰사(體察使)[63]에 임명되었다.

사람들이 고봉 기대승(高峰 奇大升, 1527~1572)에게 "세인(世人) 중 산수(山水)와 비길 만한 사람이 있는가?"라 물으면 "다만 정철이 그러하지."라고 대답했다. (문청공 정철 신도비(文淸公鄭澈神道碑))

영조 때 동소 남하정(桐巢 南夏正)이 저술한 『동소만록(桐巢漫錄)』에 전한다. 이 책은 붕당(朋黨)에 관한 것으로 1379년 이성계(李成桂)의 일화(逸話)로부터 시작하여 영조(英祖) 전반기인 1740년대까지의 이야기를 실었다.

누가 강가에서 사미인곡을 부르는가	江頭誰唱美人詞
바로 외로운 배에 달 지는 때	正是孤舟月落時
구슬피 님 그리는 끝없는 심사(心事)를	怊悵戀君無限意
세상에 알아 줄 이 저 색시뿐이네	世間惟有女娘知

---

62) 문무백관의 기강을 바로잡고 임금의 잘못을 간하고 풍속을 바로잡는 벼슬.
63) 지방에 군란(軍亂)이 있을 때 임금 대신으로 지방의 일반 군무를 총찰(總察)하는 임시벼슬.

정송강사(鄭松江祠) 소재 사미인곡비

    정철은 속요(俗謠)를 잘 지었는데 「사미인곡(思美人曲)」과 「권주가(勸酒歌)」는 맑고도 장엄(莊嚴)해서 들을 만하다. 혹자는 정도에서 벗어났다 해서 배척하지만 풍류(風流)와 시의 멋마저 덮어버릴 수는 없다. 이안눌(李安訥)이 강가에서 사미인곡 노랫소리를 듣고 읊었다.

송강 정철 기행 - ③ 명성이 나에게는 짝할 수 없네

성명도아불상모 聲名到我不相伴

    오산 차천로(五山 車天輅, 1556~1615)의 『오산설림초고(五山說林草藁)』에 전한다. 을유년(乙酉年, 1572)에 사암 박순(思菴 朴淳, 1523~1589)은 영황각(領黃閣 : 領議政)이 되고, 소재 노수신(蘇齋 盧守愼, 1515~1590)과 임당 정유길(林塘 鄭惟吉, 1515~1588)은 좌우대(左右台 : 좌의정과 우의정)가 되고, 송강 정철(松江 鄭澈, 1536~1593)과 청천 심수경(聽天 沈守慶, 1516~1599)은 동벽(東壁 : 좌찬성과 좌참찬)에 앉게 되었다. 모두 장원급제자(壯元及第者)였는데 계를 만들어 '정부용두회축(政府龍頭會軸)'이라 이름했다.

송강이 읊었다.

오학사 모두 장원급제하고 보니	五學士爲五壯頭
명성이 나에게는 짝할 수 없네	聲名到我不相伴
다만 호사가(好事家)들이 분별없이	秖應好事無分別
당시에 제일류라고 말하더라	等謂當時第一流

남봉 정지연(南峯 鄭芝衍, 1527~1583)이 재상이 되자 송강은 호남 안찰사(湖南按察使)가 되었다. 송강은 정공에게 사의(辭意)를 표하며

"방금 남도를 사찰하니 조심스러운 것과 군사일이 매우 많다는데 저 같은 백면서생(白面書生)이 어찌 적임자가 되겠습니까?"

"그대는 선비의 절개가 있는데 그 절개를 꺾지 않으면 어디에 간들 못하겠습니까?"

송강이 웃으며 말했다.

"공명부귀((功名富貴)는 상공께서 다 하시고 홀로 괴로운 선비의 절개를 맡기시면, 제가 어떻게 이겨내겠습니까?"

송강의 이 말을 들은 당시 사람들은 명언(名言)이라 했다.

송강 정철 기행 – ④ 함께 죽을 텐데 영결은 무슨 영결입니까?
동귀우진 하위영결 同歸于盡 何爲永訣

○○○ 송강 정철(松江 鄭澈)은 우스갯소리를 잘하였다. 임진왜란(壬辰倭亂)이 일어나 거가(車駕)[64]는 평양(平壤)에 머물고 있었다. 송강은 서애

유성룡(西厓 柳成龍, 1542~1607)과 악록 허성(岳麓 許筬, 1548~1612) 및 파곡 이성중(坡谷 李誠中, 1539~1593) 등 여러 사람들과 연광정(練光亭)[65]에 모였다.

평양 연광정

멀리 소나무에 왜적들이 놓은 불이 번쩍였고, 총소리가 그치지 않았다. 서애가 울면서 말했다.

"생사(生死)는 조석간에 달렸고, 이 모임은 영결 자리라 하지 않을 수 없습니다."

그러자 송강이 말했다.

"필경 우리들은 함께 죽을 텐데 영결은 무슨 영결입니까?"

서애가 웃으며 말했다.

"새로 지은 정자에서 어찌 청담(淸談)[66]이 없을 수 있겠습니까?"(『기문총화(記聞叢話)』)

정철이 강원도 관찰사(江原道 觀察使)로 있을 때 민간 풍속이 우매(愚

---

64) 임금이 탄 수레, 곧 임금.
65) 평양에 있는 정자.
66) 명리(名利)를 떠난 청아(淸雅)한 이야기.

昧)함을 보고 「관동별곡(關東別曲)」을 지어 기생(妓生)들에게 연회(宴會)에 부르게 하고, 백성들을 구경토록 했다. 그런 뒤 비로소 풍속이 온화하고 즐겁게 바뀌었다.

그로부터 삼백년 뒤 계전 신응조(桂田 申應朝, 1804~1899)가 강원도에 부임했는데 곡조(曲調: 관동별곡)가 없어졌다는 말을 듣고 수소문하여 곡을 아는 강릉(江陵)의 한 늙은 기생을 불러다 연회에 재현(再現)케 하여 민풍(民風)을 선양(宣揚)했다. 그러나 지금 그 곡을 아는 자가 없고, 다만 「관동별곡」이 있음을 알 따름이다. (『해동죽지사(海東竹枝詞)』)

송강 정철 기행 – ⑤ 우리 모두 귀밑털이 반백이로세

구시빈모반 俱是鬢毛班

◎◎◎ 장빈 윤기헌(長貧 尹耆獻)의 『장빈거사호찬(長貧居士胡撰)[67]』에 전한다. 송강(松江)이 암행어사(暗行御史)가 되어 관북지방을 순시(巡視)하다가 돌아오는 길에 철령(鐵嶺)을 넘지 않고 미복(微服)으로 합포(合浦)로부터 시중대(侍中臺)에 오르고, 통천(通川)에 이르러 다시 총석정(叢石亭)에 올라 자칭 정진사(鄭進士)라 하고, 그 고을 군수(郡守)와 실컷 술을 마셨다.

다음날 동침(同寢)한 기생에게 말했다.

"10년 후에는 감사(監司)가 되어 다시 오리라."

"감사는 귀하고 높은 자리이기는 하나 그보다 찰방(察訪)이 더 얻기 쉽고 빨리 오실 수 있지 않겠사옵니까?"

---

67) 호찬은 잡찬(雜撰)을 일컫는다.

통천 총석정(叢石亭)

그로부터 11년 뒤, 송강은 과연 강원감사로 순시했는데, 그때 그 기생이 여전히 그곳에 있어서 절구(絶句) 한 수를 지어 주었다.

십년 전에 언약할 때	一十年前約
감사냐 찰방이냐 했는데	監司察訪間
내 말이 비록 맞았으나	吾言雖或中
우리 모두 귀밑털이 반백이로세	俱是鬢毛班

이 이야기는 지금껏 관동지방(關東地方)에 미담(美談)으로 전해오고 있다.

나(윤기헌)는 송강과 금강산(金剛山)을 유람(遊覽)했는데 송강이 지은 시이다.

화천관에서 술잔 기울이던 밤	花川館裏逃觴夜
풍악산[금강산]에서 달을 대하던 때	楓嶽山中對月時
이런 좋은 일들 세상에서 다시 만나기 어려운데	勝事世間難再遇
소상강의 작은 배야, 가는 곳이 어디냐	瀟湘一葉竟何之

송강 정철 기행 – ⑥ 내 이미 뽕밭 속 기쁨을 나누고 있네

아이유상중지희야 我已有桑中之喜也

◎◎◎ 기축년(己丑年, 1589)에 종묘적(宗廟賊 : 逆賊) 이산(李山)의 옥사(獄事)에 좌상(左相) 송강(松江)은 위관(委官)[68]이 되고, 상국(相國) 유홍(兪泓, 1524~1594)은 판금오(判金吾 : 義禁府 判官)로 옥사를 다스리게 되었다. 하루는 승지(承旨)가 논죄서(論罪書)를 가지고 대궐로 들어간 뒤 어명(御命)을 기다리고 있는데 겨울밤이 깊었으나 나오지 않자, 유공이 말했다.

"우스갯거리를 공께 제공코자 합니다. 어떤 양반의 하인 딸이 아주 예뻤는데 양반집에 자주 드나들었고 어느덧 이팔청춘의 그 딸은 봄바람에 나부끼는 꽃과 같았습니다. 양반이 부인에게 말했습니다. '몸이 늙고 쇠약해 창녀(娼女)는 가까이 할 수 없소. 총명한 하인 딸이 있는데 금침(衾枕)을 거두게 하면 어떻겠소.' '영감을 모실 사람이 없어서야 되겠소. 외인(外人)을 가까이 하길 원치 않으시니, 그렇게 하시지요. 제가 택일(擇日)하여 데려 오겠습니다.' 양반은 시기심(猜忌心) 없는 부인을 보곤 매우 기뻐하며 성례일(成禮日)을 고대했습니다.

며칠 뒤 악장(岳丈 : 丈人)이 왔는데 부인이 말했습니다. '영감이 하인 딸로 자리걷이를 시키고자 하는데 좋겠습니까?' 장인이 '그게 무슨 말이냐? 그건 안 될 일이다. 내 벌써 그녀와 상중(桑中)[69]의 기쁨을 나누고 있는 터인데…'라 하였더니, 양반은 얼굴이 빨개져 어쩔 줄 몰라 한 마디도 못했다 합니다." (오산설림초고(五山說林草藁)).

부녀(父女)가 사위[남편]의 외도시도(外道試圖)를 무산(霧散)시킨 소화(笑話)이다.

---

68) 죄인 추국(推鞫) 때 임시 재판장.
69) 남녀가 불의(不義)로 즐김.

송강 정철 기행 – ⑦ 석양에 홀로 정자에 올랐네

사일독등정 斜日獨登亭

❀❀❀ 퇴계(退溪 先生, 1501~1570)가 벼슬을 버리고 남쪽 고향으로 갈 때, 송강이 뒤따라갔으나 배는 이미 떠났고 강가에서 전별시(餞別詩)를 지었다.

안위는 아랑곳없이 조정(朝廷)을 떠나는 날	安危去國日
풍우를 무릅쓰고 성을 나가는 사람이 되었도다	風雨出城人
떠나는 마음 봄풀 같이	離思如春草
강남 곳곳마다 새로웠으리	江南處處新
뒤따라 광릉까지 와보니	追至廣陵上
신선이 탄 배는 어디 갔는지 아득하구나	船舟已杳冥
봄바람에 한없는 생각을 안고	春風無限思
석양에 홀로 정자에 올랐네	斜日獨登亭

명종·인순왕후릉인 강릉(康陵)

송강이 암행어사(暗行御史)가 되어 북쪽 변방(邊方)으로 갈 때 단가(短歌)를 지었는데 오래지 않아 명종대왕(明宗大王)이 승하(昇遐)했으니, 그 노래가 참서(讖書)⁷⁰⁾였던 모양이다.

계미년(癸未年, 1583) 봄에 관찰사(觀察使)로 순찰 도중 길주(吉州)에서 만난 늙은 기생이 그 단가를 불렀다. 술이 취해 한 수를 읊었다.

스무 해 앞에 노래한 새하곡이	二十年前塞下曲
어느 해 이 기생들 속에 떨어졌는가	何年落此妓林中
외로운 신하 죽지 못해 먼 하늘가에 짓는 눈물	孤臣未死天涯淚
강릉 바라보며 새벽바람에 뿌려볼까 하노라	欲向康陵灑曉風

(『오산설림초고(五山說林草藁)』).

강릉(康陵)은 명종과 인순왕후(仁順王后) 심씨(沈氏)의 능을 말한다.

송강 정철 기행 - ⑧ 늙어가는 몸이 봄맞이에 발광하고 싶네
노거봉춘욕발광 老去逢春欲發狂

◎◎◎ 계미년(癸未年, 1583) 봄에 번호(藩胡)⁷¹⁾가 쳐들어와 경원부(慶源府)가 함락(陷落)되었다. 그 때 부사 김유(金濡)와 판관(判官) 양사의(梁士毅)만이 홀로 화난(禍難)을 면했다. 임금이 선전관(宣傳官)⁷²⁾을 파견하여 이들을 토벌(討伐)했는데, 그때 이제신(李濟臣, ?~1583)은 북문을 지키고, 김우서(金禹瑞)는 남도병정(南道兵丁)을 장악(掌握)하고 있었다.

송강 정철은 함경감사(咸鏡監司)로 함경도에 들어간 지 3일 만에 덕원(德源) 도중(途中)에서 비로소 이에 대한 자세한 보고를 받았다. 조정(朝

---

70) 앞날의 좋고 나쁨을 미리 들어서 하는 말들을 적은 책.
71) 함경도 변방에 살던 오랑캐.
72) 군호(軍號), 취타(吹打), 시위(侍衛), 전령(傳令), 부신(符信)의 출납을 맡아보던 선전관청에 소속된 벼슬.

廷)에서는 정언신(鄭彦信, 1527~1591)을 함경도 관찰사(咸鏡道觀察使) 겸 순찰사(巡察使)로 임명했고, 송강은 체임(遞任)[73]되어 예조참판(禮曹參判) 발령(發令)을 받았다.

송강사(松江祠) 소재 송강정철선생시비

송강은 서울로 돌아오는 길에 마천령(磨天嶺) 원수대(元帥臺)에 올랐다. 그 고을 사람들에게 술을 가져오도록 했다. 술이 한 순배쯤 돌아가자 괴로움이 사라져 마침내 절구(絶句) 한 수를 읊었다. (『오산설림초고(五山說林草藁)』)

천 길 산머리에서 한 잔 술 마시니	千仞岡頭一杯酒
북쪽 구름은 다 날아가고 바다는 넓기만 하도다	朔雲飛盡海芒芒
대장이 승전(勝戰)을 보고함은 어느 때쯤 되겠는지	元戎奏捷知何日
늙어가는 몸이 봄을 맞으니 발광이라도 하고 싶네	老去逢春欲發狂

송강 정철 기행 – ⑨ 술 속에 묘리 있다지만 나는 알지 못해
주중유묘오부지 酒中有妙吾不知

○○○ 송강의 음주(飮酒)는 조정에서도 탄핵(彈劾)했고, 선조가 이를 변호한 내용이 『선조실록(宣祖實錄)』에 보인다.

"정모의 음주는 과인(寡人)이 알고, 그 또한 자인(自認)한다. 그가 음주하는 이유는 심회(心懷)를 풀 곳이 없기 때문이다. 불쌍하니 그를 책하지 마시오[某之飮酒 予固知之 渠亦自言之矣 蓋其飮亦緣無遺懷 可哀也 不可嫉也]."

---

73) 직무가 바뀜.

송강집

송강은 대인관계나 세상사(世上事)가 자신의 의지와는 거리가 커서 술을 통해 이를 잊고자 했으나, 술은 잠깐 현실에 대한 근심걱정을 잊게 할 뿐이었다.

한 잔(盞) 먹새근여 또 한 盞 먹새근여
곳것거 산(算)노코 무진무진(無盡無盡) 먹새근여
이몸 주근후(後)면
지게우해 거적더퍼 주리혀 매여가나
유소보장(流蘇寶帳)의 만인(萬人)이 우러녜나. 〈하략〉

「장진주사(將進酒辭)」는 송강의 호방(豪放)한 풍류(風流)를 엿볼 수 있는 것 같지만, 세상과의 괴리(乖離)에서 오는 서글픈 심회를 읊고 있다.

그대에게 묻노니 어찌하여 술을 끊었나   問君何以已斷酒
술 속에 묘리 있다지만 나는 알지 못해   酒中有妙吾不知
병진년에서 신사년에 이르기까지   自丙辰年至辛巳
날마다 아침저녁 술을 마셨지만   朝朝某某金屈卮
지금껏 마음 속 수성(愁城)을 깨뜨리지 못했나니   至今未下心中城

술 속에 묘리 있다지만 나는 알지 못해.   酒中有妙吾不知

(『송강집(松江集)』)

송강은 '술 속에 묘리 있다지만 나는 알지 못해[酒中有妙吾不知]'를 되풀이 읊었지만, 결국 '이단주(已斷酒)'는 빈말이 되고 말았다.

송강 정철 기행 – ⑩ 친한 자는 슬퍼하고 소원(疎遠)한 이는 침을 뱉는다
친자애지 소자타지 親者哀之 疎者唾之

◉◉◉ 송강(松江)이 1557년 4월 17일에 쓴 「계주문(戒酒文)」[74]이다.

술은 불평스러울 때, 흥겨운 자리에, 손님을 접대할 때, 권하면 거절키 어려울 때에 즐겨 마신다. 그러나 심사(心思)가 편안치 못하면 달리 소일(消日)하고, 흥겨운 자리에는 휘파람을 불거나 글을 읊고, 손님 접대는 정성과 신의로 하고, 억지로 술을 권해도 굳은 의지로 내 뜻을 빼앗기지 않으면 이를 극복(克服)할 수 있다.

술을 마시지 않을 방도가 있는데 이를 버리고, 시종(始終) 일생을 그르치게 한 것은 무엇 때문인가. 내가 벼슬에서 물러나 쉴 때 다섯 번 은지(恩旨)[75]를 받아, 할 수 없이 병든 몸을 일으켜 소(疏)를 올려 물러가기를 빌고자 했다.

내 뜻이 구학(丘壑)[76]에 있으니 문을 닫고 자취를 거두어 언동(言動)을 삼가야 하는데, 술을 마셔 떳떳하지 못한 동정(動靜)과 마땅치 못한 말과 천만가지 사념(邪念)에 싸여 있다. 취했을 땐 달게 여겨 행하고는 술 깬

---

74) 술을 경계하는 글.
75) 임금의 뜻.
76) 속세를 떠난 곳.

뒤에는 지난 일이 아득하여 깨닫지 못한다. 남이 혹 일러주면 처음엔 믿어지지 않았으나 그렇게 한 짓이 드러나면 부끄러워 죽고 싶을 뿐이다. 오늘도 이러하고 내일도 이러하여 허물과 뉘우침이 산 같이 쌓여 이를 고쳐볼 겨를이 없다.

친밀한 자는 내 술버릇을 슬퍼하고 소원(疏遠)한 이는 침을 뱉는다.

〈중략〉

마음은 잡기 어렵고 의지는 잃기 쉽다. 주인옹(主人翁)은 항상 깨우치고 깨우칠지어다.

『선조실록(宣祖實錄)』에 '정철은 강화도에 우거하다가 병주(病酒 : 술병)로 졸했다.' 했으니, 「계주문(戒酒文)」으로 자신을 경계했을 법하다.

송강 정철 기행 – ⑪ 창계(蒼溪)에서 용이 승천(昇天)하는 꿈을 꾸다

창계용천몽 蒼溪龍天夢

✿✿✿ 송강 정철은 서울 장의동(藏義洞 : 現 三清洞)에서 태어났으나 10세 때 을사사화(乙巳士禍, 1545)로 가화(家禍)를 입어 자형(姉兄) 계림군(桂林君)과 백형(伯兄)은 죽고 중형(仲兄)과 부친은 귀양 갔다. 5년 뒤 부친은 해배(解配)되자 선산(先山)이 있는 창평 분토동 당지산(昌平 粉土洞 唐旨山)[77]으로 이거(移居)했다. 창평은 송강이 출사(出仕)하는 27세 때까지 학문과 창작의 터전이었고, 삭탈관직(削奪官職) 때의 낙향지(落鄉地)였다. 16세 소년 송강은 부친 심부름으로 을사사화로 순천(順天)에서 은거(隱居)중인 중형을 찾아가는 길에 석저촌(石底村)[78] 환벽당(環碧堂) 밑 창계

---

77) 현 담양군 고서면 원강리(潭陽郡 古西面 院江里).

천(蒼溪川)에서 목욕했다. 환벽당주인 사촌 김윤제(沙村 金允悌, 1501~
1572)가 낮잠을 자다가 창계에서 용이 승천(昇天)하는 꿈을 꾸었다.

놀라 깨어난 사촌은 사동(使童)에게 창계에 가 보게 했으나 용 대신
소년만 보고 왔다. 송강을 면대(面對)한 사촌은 비범한 소년임을 직감
(直感)하고 환벽당에 머물면서 학문을 닦게 했을 뿐만 아니라 창평 유곡
리(維谷里)에 사는 외손녀 문화유씨(文化柳氏)와 혼인케 하여 외손녀서(外
孫女壻)로 삼았다.

광주 북구 충효동 소재 환벽당

환벽당 오르는 창계천변 조대석비(釣臺石碑)에 송강의 「성산별곡(星山
別曲)」 중에서 환벽당 주변 경치와 창계를 읊은 내용을 새겨 놓았다.
녹음 짙은 여름 아닌 정월(正月)인데도 노송(老松)들이 길손을 맞이하여
환벽(環碧)[79]의 풍취(風趣)를 느끼기엔 손색이 없었다.

78) 현 광주시 북구 충효동.
79) 사방이 푸르다는 의미.

송강 정철 기행 - ⑫ 환벽당(環碧堂) 용소(龍沼)가 배 앞에 다다랐느냐

◎◎◎ 2007년 1월 29일. 따사롭게 내려앉는 햇살은 완연히 봄을 맞이한 듯했다. 수십 개 계단 위에 우뚝 자리 잡은 환벽당(環碧堂)은 경내(境內) 공간을 널찍하게 기와담장이 둘러싸고 있었다. 우암 송시열(尤菴 宋時烈, 1607~1689)의 환벽당 휘호(揮毫)와 석천 임억령(石川 林億齡, 1496~1568)과 조자이(趙子以)의 시판(詩板)들이 환벽당의 체취(體臭)를 물씬 풍겼다.

환벽당주인 사촌 김윤제(沙村 金允悌)는 '창계용천몽(蒼溪龍天夢)'으로 16세 소년 정철(鄭澈)과 인연(因緣)을 열었다. 창계천 건너편 성산(星山) 기슭의 식영정(息影亭)이 환벽당 눈높이에서 또렷이 다가왔다.

삼면으로 열린 방안엔 먼지를 뒤집어 쓴 채 『정송강 배경적 고찰(鄭松江 背景的 考察, 鄭松江遺蹟保存會編)』이란 소책자가 놓여 있었다. 책에는 송강 유적 화보(畵報)와 송강의 전기적(傳記的) 사상적(思想的) 배경을 약술(略述)하고 부편(附編)으로 송강가사(松江歌辭)를 담았다.

> 짝마즌 늘근솔란 죠대에 셰여두고[80]
> 그 아래 배를 띄워 갈대로 더져두니[81]
> 홍뇨화(紅蓼花) 백빈쥐(白蘋洲) 어느사이 지나관대[82]
> 환벽당 용(龍)의 소(沼)히 배앏패 다핫나니[83]

조대석비(釣臺石碑)에 새겨진 송강의 「성산별곡(星山別曲)」 일부인데, 환벽당과 조대 주위의 풍광(風光)을 그렸다.

---

80) 짝지어 서 있는 노송(老松)은 조대(釣臺) 위에 세워두고
81) 그 아래 배를 띄워 배 가는대로 내버려두니
82) 붉은 뀌꽃과 흰 마름꽃이 핀 물가를 어느 사이에 지냈길래
83) 환벽당 용의 소가 배 앞에 다다랐느냐.

송강 정철 기행 – ⑬ 나무그늘에 피하니 그림자가 없어지다

취수음하 영홀불견 就樹陰下 影忽不見

◈◈◈ 행정 구역상으로 창계천(蒼溪川)을 사이에 두고 환벽당(環碧堂)은 광주광역시 북구 충효동(光州市 北區 忠孝洞)에 속하고 식영정(息影亭)은 담양군 남면 지곡리(潭陽郡 南面 芝谷里)에 위치한다. 성산(星山)의 중심 식영정 아래에는 가사문학관(歌辭文學館)이 건립되었고, '송강 정철 가사의 터'라 새긴 비가 세워져 있다.

식영정은 명종 15년(1560)에 서하당 김성원(棲霞堂 金成遠)이 창건(創建)하여 장인(丈人)인 석천 임억령(石川 林億齡, 1496~1568)에게 쉬도록 한 정자(亭子)로 정철의 「성산별곡(星山別曲)」 산실(産室)이기도 하다. 임억령은 을사사화(乙巳士禍, 1545) 때 금산군수(錦山郡守)였는데 동생 임백령(林百齡)이 소윤일파(小尹一派)에 가담하여 사림(士林)들을 추방하자 자책(自責)하여 벼슬을 사퇴했다. 그 후 백령이 형에게 원종공신(原從功臣)의 녹권(錄券)을 보내오자 분격(憤激)하여 이를 불태우고 해남(海南)에 은거(隱居)해버렸다.

담양군 남면 지곡리에 있는 식영정

서하당은 석천에게 정자 이름을 요청했다. 석천은 '어떤 사람이 그림자가 두려워 죽을 힘을 다해 달아났으나 쫓아오는 그림자를 피할 수 없다가 나무 그늘 아래로 피신했더니 그림자가 없어졌다.'는 장자(莊子)의 이야기에서 식영정을 떠올렸지만, 을사사화 등 복잡한 속사(俗事)로부터 초탈(超脫)하고픈 자신의 심지(心地)를 드러낸 이름으로 보였다. 석천의 「식영정기(息影亭記)」에 정자명(亭子名)에 대해 상세한 내용을 적었는데, 옹서간(翁壻間)[84]의 격조(格調) 높은 대화체(對話體)가 정감(情感)있게 다가왔다.

송강 정철 기행 – ⑭ 일백일을 피고 지는 백일홍꽃

화능주백일 花能住百日

◉◉◉ 식영정에서 석천 임억령(石川 林億齡), 서하당 김성원(棲霞堂 金成遠), 제봉 고경명(霽峰 高敬命), 송강 정철(松江 鄭澈)이 교유(交遊)하면서 음풍농월(吟風弄月)의 풍류생활(風流生活)을 즐겼다 해서 이들을 '식영정 사선(息影亭 四仙)'이라 불렀고, 식영정을 사선정(四仙亭)이라고도 했다.

성산(星山)은 식영정의 뒷산인데 '식영정 사선'을 비롯한 당시 시인들이 식영정에 모여 별뫼[성산星山]와 앞에 흐르는 자미탄(紫薇灘)[85]을 주제로 시가(詩歌)를 읊었다. 그러나 자미탄은 광주호 축조(光州湖 築造, 1976)와 도로확장공사(1981)로 매몰(埋沒)되고 말았다.

　　　　일백일을 피고 지는 백일홍꽃　　　　　　　　　花能住百日

---

84) 장인과 사위 사이.
85) 백일홍꽃 핀 여울.

그래서 물가에 심었던가	所以水邊栽
봄꽃이 다 진 뒤에 잇달아 피니	春後有如此
동군[봄바람]이 시기하는 일 없을지	東君無乃猜

석천의 「식영정제영(息影亭題詠 : 식영정을 시제로 읊다)」과 제봉의 「식영
정이십영(息影亭二十詠 : 식영정을 읊은 스무 수)」에 대해 송강이 「식영정잡
영차운(息影亭雜詠次韻 : 식영정을 시제로 읊은 글에 화답하다)」에서 읊은 「자
미탄」이다.

어떤 지나가는 손이 성산에 머물면서
서하당 식영정 주인아 내 말을 들어보시오
인생 세간에 좋은 일 많지만
어찌 한 강산[성산]을 갈수록 좋게 여겨
적막 산중에 들어가 나오지 않으시는고

식영정 경내에 「성산별곡」을 새긴 비문에 발길을 멈추니 서장(序章)
이 눈 안으로 들어왔다.

송강정

송강 정철 기행 – ⑮ 하늘을 이고 살면서 하늘 보기 어려워라

대천난견천 戴天難見天

◎◎◎ 송강(松江)이 함경감사(咸鏡監司)로 갔을 때 고죽 최경창(孤竹 崔慶昌, 1539~1583)은 경성(鏡城)에서 와병(臥病) 중이었다. 고죽은 귀경(歸京)키 위해 송강에게 역마(驛馬)를 빌려달라는 편지를 보냈으나 역마가 도착하기 전에 숨을 거두었다.

송강은 다음과 같은 만시(輓詩)를 지었다.

한 필 말이 운중(雲中 : 鏡城)에 들어와	一馬入雲中
봄바람 부는 어디에서 우는가	春風何處嘶
장군은 병영[86]에 누웠으니	將軍臥細柳
다시는 구름다리 오를 길 없네	不復上雲梯

송강은 강계(江界)에 유배(流配)되었다. 어느 날 의금부도사(義禁府都事)가 달려 들어오니 부인(府人)들이 놀라고 겁냈으나, 송강은 태연히 목욕하고 단정히 앉아 왕명(王命)을 기다리면서 그곳 유씨(柳氏) 여인에게 "정대감위리위리(鄭大監危理危理)"라 하였다. '위리'는 '위급하다'의 방언(方言)인데, 자신이 위리안치(圍籬安置)[87]되어 있음을 해학적으로 말했다.

세상에 살면서 세상일 모르고	居世不知世
하늘을 이고 살면서 하늘 보기 어려워라	戴天難見天
다정한 것은 오직 백발이니	多情唯白髮
나를 따라 또 한 해를 넘기는구나	隨我又經年

송강은 비록 온후(溫厚)하지는 못했으나 지조(志操)만은 뚜렷하여 죽

---

86) 세류는 지명인데 병영을 설치했기에 병영의 뜻으로 전이(轉移)됨.
87) 탱자나무 울타리 안에 죄인을 가두어 둠.

고 사는 일에 동요됨이 없었으며, 시 또한 맑고 산뜻하고 호방(豪放)하여 티끌세상을 벗어난 운치가 있었다. (『장빈거사호찬(長貧居士胡撰)』)

송강 정철 기행 – ⑯ 아첨과 총애가 아닌 명백한 증거이다
불첨미고총지명험 不詔媚固寵之明驗

◉◉◉ 송강의 인물평은 다양한데 종합하면, '강직(剛直)하면서 협애(狹隘)[88]하고 자파이익(自派利益)을 위해 극렬히 투쟁하여 원수(怨讐)가 많았으며, 높은 벼슬할 자질이 결여되었고, 충효생활을 일관했으며, 기주(嗜酒)[89]했으나, 불후(不朽)의 문학 생산자였다.'로 요약할 수 있다. (권영철, 정철론 참조)

『선조수정실록(宣祖修正實錄)』 26년 12월 1일자 송강 졸기(卒記) 중 소인론(小人論)이다. 소인은 고총(固寵)[90]하고 첨미(詔媚)[91]하며 부회(府會)[92]하는 자이다. 정철이 적소(謫所)

송강 정철 종택 관동재(寬洞齋) 현판

에서 소환되어 빈청(賓廳)[93]에 있을 때, 참판 구사맹(具思孟)과 지중추(知

---

88) 너그럽지 못하고 좁음.
89) 술을 즐김.
90) 변치 않는 총애.
91) 아첨하고 영합함.
92) 억지로 이치를 붙임.
93) 궁중의 비변사(備邊司) 회의실.

中樞) 신잡(申襍) 등이 앉아 있었다.

별감(別監)이 주찬(酒饌)을 가지고 와 "안에서 재상들이 함께 잡수시라 하셨습니다."라고 꾸며 말했지만, 구사맹과 신잡은 대궐과 인척이어서 귀인(貴人)[94]이 둘만 있는 줄 알고 음식을 사사로이 보냈다. 이성중(李誠中)이 음식을 정승에게 드리도록 하자, 정철이 "이 음식은 구참판과 신 지사만 먹어야지."하고는 나가버렸다. 그가 아첨과 총애가 없었던 명백한 증거이다.

이발(李潑)과 이산해(李山海)는 권세를 장악했던 자들로 정철의 오랜 친구였다. 정철의 재주로 조금만 비위를 맞추었더라면 어찌 낭패를 당하여 종신토록 곤고(困苦)한 신세가 되었겠는가? 그런데도 그는 한 번도 기꺼이 굽히려 하지 않았다. 이는 그가 부회(附會)치 않았던 증거이다.

충북 진천군 문백면 봉죽리 소재 정송강사(鄭松江祠)

---

94) 종1품 내명부 봉작(封爵).

송강 정철 기행 - ⑰ 면전에서 권귀를 가리지 않고 꾸짖다

면질불피권귀 面叱不避權貴

〇〇〇 정철은 결백성(潔白性)이 지나쳐 의심(疑心)이 많고 용서하는 마음이 적어 일을 처리해 나가는 지혜(智慧)가 없었다. 이것이 그의 평생 단점(短點)이었다. 만일 그를 강호산야(江湖山野)에 두었더라면 잘 처신(處身)했을 것이다.

지위(地位)가 삼사(三司)[95]에 오르고 몸이 장상(將相)을 겸했으나, 그에게 맞는 벼슬이 아니었다. 정철은 중년(中年) 이후, 주색(酒色)에 병들어 자신을 제대로 단속치 못한 데다가 탐사(貪邪)[96]한 사람을 미워하여 술이 취하면 면전(面前)에서 권귀(權貴)를 가리지 않고 꾸짖었다.

송강 정철 묘소(충북 진천군 문백면 봉죽리)

편벽(偏僻)된 의논(議論)을 극력 고집하면서 척리(戚里)[97]의 진부(陳腐)

---

95) 언론(言論)을 담당한 사헌부(司憲府), 사간원(司諫院), 홍문관(弘文館)을 가리키는 말.
96) 탐욕(貪慾)과 사악(邪惡)함.
97) 임금의 외척(外戚).

한 사람들을 믿었다. 그의 처신은 정말 지혜롭지 못했다 하겠다. 그러나 권간(權奸)과 적신(賊臣)으로 지목(指目)함은 문제가 있다. 정철은 조정(朝廷)에서 앉은자리가 따스해질 겨를도 없이 정승이 된지는 겨우 1년 남짓했다. 명주(明主)[98]가 스스로 팔병(八柄)을 행사했고, 정철은 이산해(李山海), 유성룡(柳成龍)과 아울러 정승 지위에 있는 상황에서 이산해가 특히 은총(恩寵)을 입고 있었으니 어떻게 권세(權勢)를 부릴 여지가 있었겠는가. 이는 변론(辯論)할 여지없는 자명(自明)한 사실이다. (『선조수정실록(宣祖修正實錄)』, 졸기(卒記))

　팔병(八柄)은 임금이 신하들을 거느리는 8가지 권병(權柄)을 말하는데, 작(爵), 녹(祿), 여(予), 치(置), 생(生), 탈(奪), 폐(廢), 주(誅)이다.

---

98) 밝은 임금.

고죽 최경창 기행 - ① 귀국에 인물이 번성함을 널리 알리겠다

이창귀국인물지성야 以彰貴國人物之盛也

○○○ 최경창(崔慶昌, 1539~1583)은 해주최씨(海州崔氏)로 자는 가운(嘉運)이고 호는 고죽(孤竹)이다. 1561년에 진사과(進士科)에 합격하고 1568년 문과(文科)에 올랐으며 관직은 부사(府使)에 그쳤다.

천품(天稟)이 호탕하고 툭 트여 보는 사람마다 황홀해 하며 신선(神仙)처럼 여겼다. 약관(弱冠)이 못되어 율곡 이이(栗谷 李珥, 1536~1584), 귀봉 송익필(龜峰 宋翼弼, 1534~1599), 간이 최립(簡易 崔笠, 1539~1612) 등 재자(才子)들과 무이동(武夷洞)에서 시를 수창(酬唱)하니 그들을 팔문장(八文章)이라 불렀다. 송강 정철(松江 鄭澈, 1536~1593), 만죽 서익(萬竹 徐益, 1542~1587) 등 명사들과 삼청동(三淸洞)에서 교유(交遊)해 이십팔수(二十八宿)라 불려졌다.

타고난 재주가 비상하고 활을 잘 쏘았다. 임금이 문관(文官)들의 재주를 시험할 때, 활 잘 쏘는 사람이 고죽을 꺼리는 기색을 보이자 고죽은 웃으며 "걱정하지 말게. 오늘 몸이 좋지 않네."라 하더니 일부러 한 발을 그릇 쏘았다.

그는 거문고와 피리 솜씨가 신묘(神妙)했다. 전라도 영암(靈巖)에서 살 때, 을묘왜란(乙卯倭亂, 1555)[99]으로 갑자기 적이 들이닥쳐 배를 타고 피했으나 적에게 포위당했다. 경창이 밝은 달빛에 옥피리를 낭랑히 부니, 적들은 향수(鄕愁)에 젖어 '포위된 사람 가운데 틀림없이 신선이 있다.' 하며 한쪽을 터주어 탈출했다. 명나라 한림학사(翰林學士) 주지번(朱之蕃)이 사신으로 왔다가 그의 시를 보고는 탄복하며, "중국에 가면 귀국에 인물이 번성함을 널리 알리겠다."고 말했다. (『대동기문(大東奇聞)』)

---

99) 원문(原文)에는 임진란(壬辰亂)으로 잘못 표기되어 있어서 을묘왜란(乙卯倭亂)으로 고쳤음.

고죽 최경창 기행 – ② 초췌하고 수심어린 눈썹은 첩의 몸임을

초췌수미시첩신 憔悴愁眉是妾身

◉◉◉ 만력 계유년(萬曆 癸酉年, 1573) 가을에 내가 북평사(北評事)[100]로 막부(幕府)에 나아갔더니, 홍랑(洪娘)이 따라와 막중에 있었다. 다음해 봄 내가 서울로 돌아가게 되니, 홍랑이 쌍성(雙城)까지 따라왔다 이별하고 돌아가다가 함관령(咸關嶺)[101]에 이르러 날이 어둡고 비가 많이 내렸다. 홍랑이 노래 한 수를 지어 보냈다.

　홍랑이 버들가지와 함께 고죽에게 보낸 시조는 번방곡(飜方曲)으로 한역(漢譯)했다.

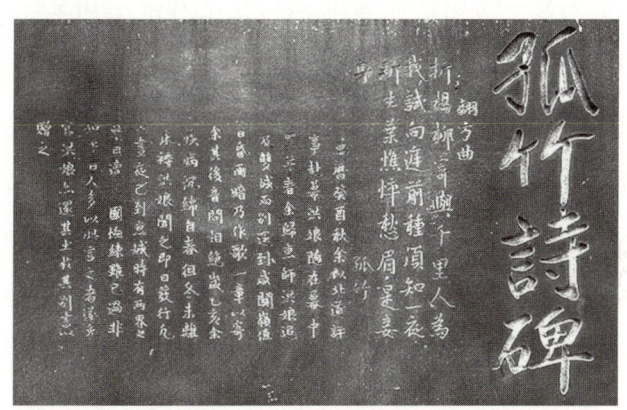

파주시 소재 최경창 묘소 앞의 고죽시비

묏버들 꺾어 천리 먼 곳 님에게 부치오니	折楊柳寄與千里人
나를 위해 시험삼아 뜰 앞에 심어보소서	爲我試向庭前種
밤 사이 새잎 돋아나면 알아주소서	須知一夜新生葉
초췌하고 수심어린 눈썹은 첩의 몸임을	憔悴愁眉是妾身

---

100) 평사는 병마절도사의 보좌관.
101) 함경도 함주군(咸州郡)과 홍원군(洪原郡) 사이의 고개.

나는 을해년(1575)에 질병침면(疾病沈綿)[102]하여 봄부터 겨울까지 누워 있었다. 홍랑이 이 소식을 듣자 바로 출발해서 칠주야(七晝夜) 만에 서울에 당도했으나, 양계의 금령[兩界之禁][103]과 국상(國喪)[104]을 만나 소상(小祥 : 一周忌)은 비록 지났으나 평상시와 같지 않았다.

이 일을 말하는 자가 많아 결국 파직(罷職)을 당했고, 홍랑도 본고장으로 돌아가게 되었다. 만력 병자년(萬曆 丙子年, 1576) 여름 이별할 때, 병석(病席)에 있는 고죽이 썼다. (『고죽집(孤竹集)』)

고죽 최경창 기행 – ③ 이번에 멀리 떠나면 언제쯤 돌아오려는고
차거천애기일환   此去天涯幾日還

❀❀❀ 홍원(洪原)[105] 기생(妓生) 홍랑(洪娘)은 자태(姿態)가 아름다운데다가 절개(節槪)를 사랑하였다. 고죽 최경창(孤竹 崔慶昌, 1539~1583)이 북평사(北評事)로 가 있을 때 홍랑을 사랑하였다.

고죽이 임기를 마치고 돌아갈 때, 홍랑은 쌍성(雙城)까지 따라와서 작별(作別)하였다. 최경창이 함관령(咸關嶺)에 이르자 날이 저물고 어두워졌는데 비까지 내렸다. 고죽은 노래 한 편을 지어 홍랑에게 부쳤다.

그 뒤 최경창이 앓고 있다는 소문을 듣고 홍랑은 곧바로 길을 떠나 밤낮을 가리지 않고 달려 7일 만에 서울에 도착했다. 그러나 나라에서 방금(邦禁)[106]하여 홍랑은 최경창과 함께 있을 수 없었다. 최경창은 병

---

102) 병이 오래도록 낫지 않음.
103) 중국과 국경을 맞댄 함경도와 평안도를 양계라 했고, 양계인은 도성 출입을 제한했음.
104) 명종비 인순왕후상.
105) 함경남도(咸鏡南道)에 있는 고을.
106) 조정(朝廷)에서 하지 못하도록 말리는 일.

이 낫자 홍랑을 보내면서 난초와 함께 시를 지어 주었다.

맥맥(脉脉)[107]히 마주보며 난초를 선물하고　　　相看脉脉贈幽蘭
이번에 멀리 떠나면 언제쯤 돌아오려는고　　　此去天涯幾日還
함관령에서 예전에 불렀던 노래는 부르지 말라　　莫唱咸關舊時曲
이제까지 구름 끼고 비 내려 푸른 산이 어둡네　　至今雲雨暗靑山
　　　　　　　　　　　　　　　　　　　(『기문총화(記聞叢話)』)

　　고죽 최경창은 시와 문장 및 서화(書畵)에 뛰어났으며, 당풍(唐風) 지향의 시(詩)를 진작(振作)시켜 옥봉 백광훈(玉峰 白光勳, 1537~1582)과 손곡 이달(蓀谷 李達)과 함께 삼당시인(三唐詩人)으로 일컬어졌다.

고죽 최경창 기행
- ④ 고죽유고(孤竹遺稿)를 짊어지고 다녀서 병화(兵火)를 면하다

❀❀❀ 이능화(李能和, 1869~1943)의 『조선해어화사(朝鮮解語花史, 1927)』에 전한다. 기생(妓生)으로 시사(詩詞)에 능한 자가 있고, 변설(辨說)에 능한 자가 있다. 절개(節槪)가 있는 자로는 진주기생(晋州妓生) 논개(論介), 함흥(咸興) 기생 김섬(金蟾), 평양(平壤) 기생 계월향(桂月香)이 있고, 의리(義理)가 있는 자로는 홍원(洪原) 기생 홍랑(洪娘), 효성(孝誠)이 있는 자로는 함흥기생 만향(晩香), 지혜(智慧)가 있는 자로는 진주의 늙은 기생이 있었으니, 이는 실로 드문 일이다.
　　홍랑은 홍원의 관기(官妓)이다. 소시 적에 시인인 고죽 최경창의 사랑

---

107) 정(情)을 품고 바라보는 모양.

을 받았다. 최경창이 도성으로 돌아와 병이 깊어지자, 밤낮 7일을 걸어 서울에 와 고죽의 병환을 간호했다. 최경창이 죽은 뒤, 몸을 단장하는 일 없이 파주(坡州)에서 무덤을 지켰다. 임진왜란 때는 고죽의 시고(詩稿)를 등에 짊어지고 다녀서 겨우 병화(兵火)를 면했다. 홍랑이 죽자 고죽의 무덤 아래 장사지냈다.

파주시 소재 홍랑 묘소 앞의 홍랑가비

의리기(義理妓) 홍랑의 최경창에 대한 지극(至極)한 사랑은 고죽 사후(死後)에도 변치 않고 그대로 이어져 고죽(孤竹)의 문적(文籍)이 오늘에까지 전해져 빛을 발휘(發揮)할 수 있게 했다.

'해어화'는 '선비의 글을 아는 꽃'인데 기생을 뜻한다. 『조선해어화사』는 천류(賤流)로 취급받던 기생을 주제로 해서 연정(戀情), 치정(癡情), 색정(色情), 음행(淫行), 정렬(貞烈), 시문(詩文) 등에 걸쳐 생활상과 주변에 관한 자료를 집대성했다. 『조선여속고(朝鮮女俗考, 1927)』와 더불어 여성사(女性史)의 개척적인 저서이다.

고죽 최경창 기행 - ⑤ 산속 객관(客館)에 나무만 울창하네

산재유수림 山齋有樹林

◎◎◎ 전남 영암군 군서면 동구림리(靈巖郡 郡西面 東鳩林里)엔 도갑사 창건주(道岬寺 創建主) 도선국사(道詵國師) 전설이 전한다. 구림마을 최씨집 정원에 매우 큰 참외가 열렸는데 이 집 딸이 몰래 따먹더니 임신하여 아들을 낳았다. 그녀의 부모는 부끄럽게 여겨 아기를 대숲에 버렸더니 비둘기가 와서 아기를 날개로 덮어 보호했다. 다시 아기를 데리고 와 길렀는데 뒤에 머리를 깎고 이름을 도선이라 했다.

회사정(會社亭)[108] 인근(隣近)에 있는 동계사(東溪祠)는 고죽 최경창을 비롯한 해주최씨(海州崔氏) 오위(五位)의 신위(神位)를 모셔 놓았다. 사당 앞「고죽시비(孤竹詩碑)」앞면에는 홍랑(洪娘)의 시조(時調)와 이를 한역(漢譯)한「번방곡(飜方曲)」이, 뒷면에는「고봉산재(高峰山齋, 고봉군 산속 객관에서)」의 원문(原文)과 번역문을 새겨 놓았다.

오래된 군이라 성곽은 없어지고　　　　古郡無城郭
산속 객관에 나무만 울창하네　　　　山齋有樹林
관원도 백성도 흩어져 쓸쓸한데　　　　蕭條人吏散
시내 저편에서 들려오는 다듬이소리　　隔水搗寒砧

자취만 남은 산성과 오랜 역사를 간직한 나무들이 산 속 객관을 에워싸고 있다. 저녁이 되니 사람들은 다 떠나가고 인가(人家)에서 다듬이소리만 들린다.

---

108) 구림 대동계 집회소.

영암 동계사(東溪祠) 앞 고죽시비

고봉군은 원래 고봉군(高烽山)[109]이고 현 경기도 고양군인데 고구려 때부터 있어온 유서깊은 고을이다. 연산군 때 군을 혁파하면서 놀이터로 삼았다가 중종 때 복군(復郡)되었다. (『신증동국여지승람(新增東國輿地勝覽)』)

고죽 최경창 기행 - ⑥ 어찌 전날의 은혜를 생각했으리

영부고전은 寧復顧前恩

○○○ 박세채(朴世采)의 「고죽시집후서(孤竹詩集後敍)」의 일부분이다. 율곡(栗谷)이 선조(宣祖)의 지우(知遇)를 받자 그때 이발(李潑)과 같은 무리들이 들떠서 사모하며 따랐다. 공은 이발의 성격이 음험하고 교활하여 믿기 어려움을 알아 「양호사(養虎詞)」를 지어 풍자했다. 공이 죽은 뒤 율곡은 어려움을 당했고, 이발도 역모죄에 연루되어 죽었다. 사람들은 공의 선견지명(先見之明)을 탄복했다.

---

109) 고봉은 봉화를 피웠던 산.

공은 시적(詩的) 재능이 매우 뛰어났고, 반드시 성당(盛唐)으로 모범을 삼았다. 고죽의 「양호사(養虎詞)」[110]이다.

산옹이 호랑이 새끼를 얻어	山翁得乳虎
동산에 놓아 길렀네	養之置中園
길들여 날로 자라니	馴擾日己長
친하기가 자식보다 가까웠다네	狎近如家豚
아내는 호랑이가 사납다 했으나	妾言虎性惡
늙은이는 성내며 더욱 사랑했네	翁怒愛愈敦
마침내 늙은이를 물어 죽이니	畢竟噬翁死
어찌 전날의 은혜를 생각했으리	寧復顧前恩
남들은 늙은이 어리석다 웃지만	人皆笑翁愚
나 홀로 늙은이를 위해 원통해 하네	我獨爲翁寃

율곡은 이발을 천거하여 전랑(銓郎)이 되게 했지만 이발은 서인(西人)들과 사이가 벌어져 동인(東人)의 선봉장이 되어 서인을 공격했다. 이발은 정여립 모반(鄭汝立謀叛)에 연루(連累)되어 문초받던 중 죽었다. 산옹은 율곡 등 서인을, 호랑이는 이발을, 자식과 아내는 율곡의 문인이나 지인(知人)들을 암시한다.

고죽 최경창 기행
- ⑦ 새벽 꾀꼬리 한없이 우는 것은 이별의 정 때문이네

효앵천전위이정 曉鶯千囀爲離情

◉◉◉ 조선조(朝鮮朝) 중엽(中葉)의 명기(名妓) 홍랑(洪娘)은 사백수십 년

---
110) 호랑이를 길렀던 노래.

◇壬亂전 戀書

1574년(선조7년) 기생 홍랑이 연인이던 최경창을 떠나보내며 쓴 한글 시조(왼쪽)와 이듬해 홍랑과 잠깐 재회하고 다시 떠나보내며 최경창이 써준 답시 '송별'(위쪽). 이들 시와 가람의 발문, 최경창 집안에 내려오는 편지 등이 담긴 서첩이 공개됐다.
/金擇무기자 jpkim@chosun.com

조선중엽 名妓 홍랑의 시조
'묏버들…' 원본 첫공개

조선일보 기사(2000.11.14)

뒤인 2000년 11월에 되살아났다. 홍랑의 시조(時調) '묏버들…' 원본(原本)과 최경창(崔慶昌)의 답시(答詩)인 송별(送別) 및 이를 증빙할 만한 가람 이병기(嘉藍 李秉岐, 1891~1968)가 쓴 고증자료(考證資料)인 발문(跋文, 1936) 등이 담긴 서첩(書帖)이 언론에 공개되었기 때문이다. (2000.11.14, 조선일보 기사 참조)

이 서첩은 서화 감식가(書畵 鑑識家) 위창 오세창(葦滄 吳世昌, 1864~ 1953)의 집안에 내려오던 것인데, 가람은 위창 집을 방문(1936년 1월 3일)하여 서첩을 보고 이에 대한 발문을 썼는데 그 내용의 일부이다.

이는 그 원가(原歌)가 번방곡(飜方曲)이란 한시(漢詩)보다도 낫게 되었다. 간곡(懇曲)하고 심절(深切)한 그 석별(惜別)의 뜻이 언사(言辭)에 넘친다. 종래(從來) 시가(詩歌)에도 증절류(贈折柳)와 같은 것이 없는 건 아니나 이건 그런 걸 그대로 답습(踏襲)한 것이 아니고 새로운 한 작품(作品)이다. 우수(優秀)한 것이다. 한 보배이다.　　을해년 동(乙亥年 冬) 가람서(嘉藍書)

옥 같은 뺨에 두 줄기 눈물로 봉성[111]을 나서는데　　玉頰雙啼出鳳城
새벽 꾀꼬리 한없이 우는 것은 이별의 정 때문이네　　曉鶯千囀爲離情
비단 적삼에 명마 타고 하관 밖에서　　羅衫寶馬河關外
풀빛 아스라한데 홀로 길을 전송하네　　草色迢迢送獨行

시첩에 전하는 「송별(送別)」 시이다.

---

111) 서울의 미칭(美稱).

'悲戀의 주인공' 최경창과 妓生시인 홍랑

파주에 나란히 묻혀 '못다한 사랑' 꽃피우네

조선 문헌 '회은집' 후일담 전해

조선시대 최고의 러브 스토리로서 정절과 의리의 주인공으로 전해오고 있는 16세기 '묏버들 골해 것거…'의 기생 홍랑(洪娘)과 당대 문장가였던 고죽(孤竹) 최경창(崔慶昌·1539~1583) 사이에는 아들이 하나 있었으며, 두 사람의 묘소는 후에 자손들에 의해 같은 장소에 모셔졌던 것으로 밝혀졌다. 이들의 묘소는 현재 경기도 파주시 교하면 다율리 산 114에 있는 것으로 본지 취재 결과 밝혀졌다.

둘 사이에 아들 있었다

홍랑의 '묏버들…' 원본과 최경창의 답시 원본 등이 보도된 지난 11월14일자 본 후 한양대 정민 교수(국문과)는 조선 중기 학자 남학명(南鶴鳴·1654~?)의 문집 '회은집(晦隱集)'에서 홍랑·최경창 관련 내용을 발굴, 그동안 알려지지 않았던 두사람 후일담을 소개했다. 지금까지 두 사람 관계에 대해서는 홍랑이 1574년 봄 함관령(咸關嶺·함흥과 홍원 사이에서 최경창을 이별하며 '묏버들 골해 것거…'란 한글 시조를 지었고, 아들에 최경창이 와병 중이란 것을 듣고 일주일 밤낮을 걸어 상경해 만났다는 것까지만 알려져 왔었다.

그러나 정 교수가 공개한 자료에 따르면 최경창은 그로부터 7년 후 함경도에 비슷을 제수받아 부임 중 객관에서 죽었는데 홍랑이 그의 시신을 좇아 서울로 왔고, 파주에 있는 무덤을 지킨 것으로 밝혀졌다. 정 교수가 공개한 '회은집'에는 홍랑의 행적이 이렇게 묘사돼 있다. '고죽의 후손에게 들으니 홍랑은 고죽

이 죽은 뒤에 스스로 얼굴을 지저분하게 하고 파주에서 묘를 지켰다 한다. 임진왜란 중에는 고죽의 시고(詩稿) 등을 등에 지고 피난을 가서 병화(兵火)에 소실됨을 피할 수 있었다. (또 그들에게는) 아들 하나가 있었다(有一子). 홍랑이 세상을 뜨자 고죽의 산소 아래 장사를 지냈다.'

한편 현재 경기도 파주시 교하면 다율리에 있는 해주 최씨 선산에는 최경창의 본처 선산(善山) 임씨의 합장 묘가 있으며 그 바로 아래 홍랑의 묘가 있는 것으로 확인됐다. '시인 홍랑지묘'의 비문에는 "고죽 후외 종성 부사로 함경도로 파견됐으나 부임과 함께 경성 객관에서 돌아가시자 홍랑은 영구를 따라와 시묘했다. 이어 홍랑이 죽자 문중이 함의해 고죽 선산 묘 앞에 부장했으니 홍랑의 인품을 가히 알지니라"

홍랑, 최경창 세상뜨자 묘 지켜

그러나 취재 결과 최경창 부부 또나 홍랑의 묘는 원래 다른 곳에 모셔졌다가 이곳에 이장해 온 것으로 밝혀졌다. 고죽의 다율리에서 얼마간 떨어진 월롱면 영태리에서 태어났으며 묘소 역시 그 곳에 마련됐다. 지난 1969년 정부가 영태리 고죽의 무덤 자리를 군용지로 선정하면서 현재의 위치로 이장한 것이다.

●경기도 파주시 교하면 다율리 해주 최씨 선산에 아래위로 위치한 기생 홍랑과 고죽 최경창의 묘. '시인 홍랑지묘'라 쓰여진 아래쪽 비석 앞의 무덤이 홍랑의 것이다. 위쪽에 보이는 비석에는 고죽과 그의 본처 이름이 함께 쓰여있다. /全澔昱기자 gibong@chosun.com

파주가 고향인 홍승희(洪承憙·56) 시인은 "원래 묘소가 있던 영태리에는 지금 미군부대가 들어와있다"고 말했다.

최씨 문중 "함께 모시자"

고죽의 후손으로 묘소 인근 청석 초등학교 교장인 최은호(崔殷鎬·59)씨는 "이장에 참여했던 부친으로부터 홍랑의 무덤에서 옥으로 된 복렴이, 반지, 귀고리, 옷 등이 나왔다는 얘기를 들었다"며 "아마도 인부들이 가져갔는지 유물들은 최씨 집안에 전해지지 말는다"고 했다. 묘소로부터 100m쯤 떨어진 동네 입구에는 전국국어교학 시가비건립동호회가 세운 홍랑의 시비(詩碑)가 세워져 있다.

/李知炯기자 jihyung@chosun.com

고죽 최경창 기행
- ⑧ 시인 홍랑지묘(詩人洪娘之墓)에서 만난 연인(戀人)들

●●● 해주최씨 묘역(海州崔氏 墓域)112)이다. 이곳에는 고죽 최경창(孤竹 崔慶昌) 부부(夫婦)의 합장묘(合葬墓)가 있고, 그 아래에 홍랑(洪娘)의 무덤이 있다. 홍랑 사후(死後), 해주최씨 문중(門中)에서는 홍랑을 최씨 문중 사람으로 대접하여 고죽 묘 곁에 무덤을 만들어 주었다.

「증이조판서 행종성부사 고죽 선생 해주최공휘경창지묘 증정부인

112) 경기도 파주시 교하면 다율리.

선산임씨 부좌(贈吏曹判書 行鍾城府使 孤竹先生 海州崔公諱慶昌之墓 贈貞夫人 善山林氏 祔左)」라는 고죽의 긴 묘표(墓表)와는 달리 홍랑 무덤 오른쪽 묘비(墓碑)에는 「시인홍랑지묘(詩人洪娘之墓)」라 간명(簡明)하게 새겼다. 그리고 마치 '시인 홍랑'임을 증명(證明)하고자 하는 듯이 그 구체물(具體物)로 「홍랑가비(洪娘歌碑)」가 세워져 있는데, 앞면에 또렷이 박혀있는 한글 표기의 '묏버들…' 시조가 길손의 눈길을 끌었다.

'묏버들…'은 1574년(선조 7) 홍랑이 연인(戀人) 최경창을 떠나보내며 쓴 시조(時調)였다. 이듬해인 1575년에 두 사람은 다시 잠깐 재회(再會)했고 최경창은 홍랑을 떠나보내면서 송별시(送別詩)를 써 주었다. 임진왜란(壬辰倭亂) 전에 읊조렸던 연시(戀詩)였다. 두 연인(戀人)이 봉분(封墳)을 가르고 현형(現形)했다. 순간적인 환상(幻想)이었다.

증직(贈職)은 사후(死後)에 내리고, 행(行)은 벼슬을 역임(歷任)했음을 뜻한다. 정부인(貞夫人)은 정2품 및 종2품 문무관(文武官)의 처(妻)에게 주는 위호(位號)이다. 부좌(祔左)는 좌합장(左合葬)이다.

파주시 탄현면 청석동의 고죽 묘소. 고죽과 부인 임씨의 합장 묘가 상부에 있고 아래에는 홍랑의 묘가 배치되어 있다.

동강 김우옹 기행 – ① 이 쇠방울에게 죄를 짓지 말아라
무득죄어차자야 無得罪於此子也

❀❀❀ 경북 성주(星州)의 '양강 선생(兩岡先生)'은 동강 김우옹(東岡 金宇顒, 1540~1603)과 한강 정구(寒岡 鄭逑, 1543~1620)를 말한다. 같은 지역과 동시대(同時代)에 생존(生存)했던 양강은 퇴계(退溪)와 남명(南冥)의 문인(門人)으로 학덕(學德) 높은 유학자(儒學者)였다. 동강은 퇴계를 직접 찾아 배운 적은 없지만 과거 응시 길에 퇴계를 찾아뵙고 집지(執贄)[113]하여 제자가 되었다.

동강김우옹신도비

남명은 소년시절 여색(女色)을 탐하다가 크게 깨우친 바가 있었다. 남명 조식(南冥 曹植, 1501~1572)이 동강 김우옹과 한강 정구에게 말했다.

"천하에 제일 통과하기 어려운 관문은 화류관(花柳關)[114]이다. 너희들은 이 관문을 통과할 수 있겠는가?"

또 이어서 농담(弄談)했다.

"이 관문은 쇠와 돌도 녹이니, 내가 짐작컨대 너희들이 평소 지킨다고 하는 것들이 이 화류관에 이르면, 녹아 흩어져 남음이 없으리라 본다."

남명은 항상 성성자(惺惺子)[115]라는 쇠방울을 차고 다니면서 때때로 이것을 흔들어 정신을 환기(喚起)시키곤 했다. 동강이 처음으로 남명을

---

113) 폐백을 갖추어 제자의 예를 차림.
114) 화류는 정숙(貞淑)치 못한 여자를 지칭하는데 노류장화(路柳墻花)와 같은 의미.
115) 마음을 일깨우는 물건.

알현(謁見)했을 때, 남명은 성성자를 주면서 말했다.

"이 물건이 네 몸과 띠 사이에 있으면 몸을 움직일 때마다 울려서 경계하고 꾸짖으므로 매우 공경하고 두려워하게 될 것이니, 너는 경계하여 이 쇠방울에게 죄를 짓지 말아라."

"이것은 옛분들이 옥을 차고 다니던 뜻이 아닙니까?"

"참으로 그러하다. 그러나 이 뜻은 더욱 간절하여 옥을 차는 것에만 한정하지 않는다."

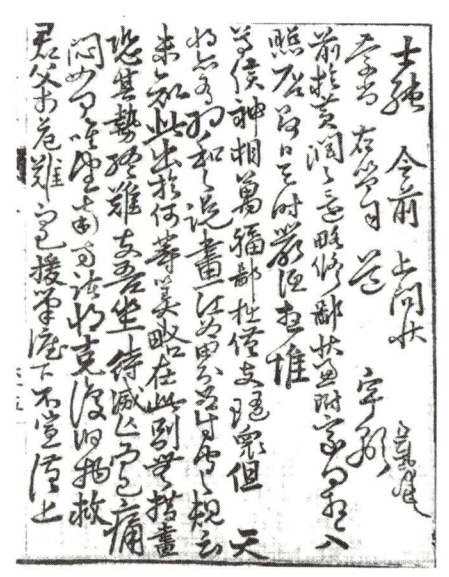

동강김우옹 필적

동강 김우옹 기행 - ② 흐트러진 마음을 잡는 공부입니다

구방심지공 求放心之工

◎◎◎ 『대동기문(大東奇聞)』에 「김우옹은 얼음항아리나 가을 달처럼

맑고 티가 없다(김우옹 빙호추월 金宇顒 氷壺秋月)」란 제목으로 실려 있다. 김우옹은 의성김씨(義城金氏)로 자는 숙부(肅夫)이고 호는 동강(東岡)이다. 남명 조식(南冥 曺植)의 고제(高弟)[116]이자 그의 외손녀서(外孫女壻)[117]이기도 했다.

명종(明宗) 무오년(戊午年, 1558) 진사과(進士科)에 합격하고, 정묘년(丁卯年, 1567) 문과(文科)에 올라 독서당(讀書堂)[118]에 뽑혀 들어갔다.

동강은 사람됨이 해맑고 티가 없어 얼음항아리나 가을 달 같았다. 남명 조식(南冥曺植)은 동강을 매양 어질다고 칭찬했으며, 맑은 밤 소쩍새가 조용히 앉아있는 것 같고, 봄 이슬 젖어든 꽃밭에 대빗자루를 들고 조용히 서 있는 것이 그대의 본디 직분이라고 말하기도 했다.

동강이 경연관(經筵官)[119]이 되었을 때, 선조(宣祖)가 물었다.

"조식의 학문은 어떠하오?"

"실천궁행(實踐躬行)하는 공부가 매우 독실(篤實)하고 그 정신과 기백이 사람을 감동시킵니다. 신은 가르침 받은 지는 오래되었으나 재주가 노둔(魯鈍)해서 한 가지도 얻은 것이 없사옵니다."

선조가 또 물었다.

"조식이 그대에게 가르친 바가 무엇이오?"

"흐트러진 마음을 잡고 경(敬)을 주로 하는 공부 방법이옵니다."

---

116) 뛰어난 제자.
117) 외손녀남편.
118) 젊은 문관(文官) 중에서 재주가 뛰어난 사람을 골라 휴가를 주어 학문을 닦게 했는데 서울 강변의 경치 좋고 한적한 동호(東湖)에 독서당이 있어서 동호독서당이라 했고 줄여서 호당(湖堂)이라 했음.
119) 왕과 더불어 경서(經書)를 강론하는 벼슬.

동강 김우옹 기행

– ③ 올바른 사람이 정권을 맡아 기강(紀綱)을 바로 잡아야 한다

●●● 경북 성주(星州) 사월리(沙月里) 출신 칠봉 김희삼(七峰 金希參, 1507~1560)은 삼가(三嘉)[120] 계부당(鷄伏堂)[121]으로 남명(南冥)을 찾았다. 이때 경상우도(慶尙右道) 지방에 보기 드문 흉년(凶年)이 들자 조정에서 그 실상을 파악하기 위해 칠봉을 경차관(敬差官)[122]으로 보냈다. 김희삼은 나중에 남명의 외손서(外孫壻)가 된 동강 김우옹의 아버지인데 평소 남명을 흠모(欽慕)했다.

남명은 큰 외손녀의 혼기(婚期)가 가까워지자 칠봉에게 혼기 찬 외손녀가 있다는 사실을 은근히 말했다. 평소 젊은 제자 김우옹을 마음에 두고 있었기 때문이다. 칠봉이 외손녀에 대해 물으니, 남명은 '족히 군자의 배필이 될 만하다.'고 했다. 이 말을 듣고 필봉은 아들의 혼사(婚事)를 결정하게 되었다.

남명은 김희삼의 강직성(剛直性)을 알고, '조정에 돌아가 올바른 사람이 정권을 맡아 기강을 바로 잡고, 왕실의 사치를 막아 세금을 적게 거두며 토지 조사로 탈세한 권력자들의 토지를 몰수하여 백성들이 사람다운 삶을 영위토록 건의해 달라.'고 했다. 칠봉은 남명의 부탁 내용과 견문(見聞)을 종합해서 상소(上疏)했으나 받아들이지 않았다. 외척(外戚) 윤원형(尹元衡, ?~1567)[123] 일파가 정권을 농락하고 임금은 허수아비와 다를 바 없었으니 직언(直言)이 용납될 리 없었다.

---

120) 현 합천군 삼가면.
121) 닭이 알을 품어 병아리가 부화하듯 차분히 침잠하여 학문과 인격을 함양하는 곳.
122) 어떤 지역에 일이 있을 때 조정에서 임시로 파견하는 관원.
123) 명종의 외숙(外叔)이며 소윤(小尹)의 우두머리로 을사사화(乙巳士禍)를 일으킴.

동강 김우옹 기행 – ④ 남명(南冥)의 높은 기풍 특별히 존경했네

산해고풍특지흠 山海高風特地欽

◎◎◎ 문정공(文貞公) 동강 김우옹(東岡 金宇顒, 1540~1603)은 서애 유성룡(西厓 柳成龍, 1542~1607), 학봉 김성일(鶴峰 金誠一, 1538~1593) 등과 가까워 정치적으로도 입장을 같이하는 동인(東人)에 속했다. 1589년(선조 22) 10월에 정여립(鄭汝立, ?~1589)이 역모(逆謀)를 꾀했다고 하여 동인과 서인(西人)간의 정쟁(政爭)이 일어났는데 이른바 기축옥사(己丑獄死)였다.

동강은 남명 조식(南冥 曺植, 1501~1572)의 문하(門下)에서 정여립과 함께 수학했다는 이유로 함경도 회령(咸鏡道 會寧)에 유배(流配)되었다. 유배 도중 조씨(趙氏)라는 자가 물었다.

"공은 지금 후회하지 않소?"

동강은 정색(正色)하여 말했다.

"공론(公論)이 후세(後世)에 정해질 것인데, 내 어찌 후회하겠소?"

동강은 유배지에서 자신에게 화를 덮어씌울 음모(陰謀)가 꾸며지고 있는 것도 모르고 매일 시골 노인과 바둑으로 소일했다. 갑자기 금오랑(金吾郎, 義禁府都事)이 회령부(會寧府)에 들이닥치자 모두 동강을 잡으러 온 줄 알고 매우 걱정했다. 그러나 동강은 옷깃을 여미고 정좌(正坐)한 채 태연히 말하고 웃곤 했다. 예상과 달리 금오랑이 부의 판관(判官)을 체포(逮捕)해 가버렸는데, 공은 안도(安堵)하는 얼굴빛을 나타내지도 않았다.

동강이 죽었을 때, 한강 정구(寒岡 鄭逑)는 만사(輓詞)에서, '퇴계의 바른 맥을 종신토록 흠모했고, 산해[남명 南冥]의 높은 기풍 특별히 존경하였네(퇴도정맥종천모 산해고풍특지흠 退陶正脈終天慕 山海高風特地欽).'라고 했다.

동강 김우옹 기행 - ⑤ 도학으로 동방의 유종(儒宗)이 되다

이도학위동방유종 以道學爲東方儒宗

   ooo 경북 성주군 대가면 사월리(大家面 沙月里) 칠봉산(七峰山) 아래에
는 학덕(學德) 높은 동강 김우옹(東岡 金宇顒)과 한강 정구(寒岡 鄭逑) 즉
양강(兩岡)의 출생지(出生地)이다. 이곳에는 갈암 이현일(葛菴 李玄逸, 1627
~1704)이 짓고 미수 허목(眉叟 許穆, 1695~1682)이 글씨를 쓴 동강 김우옹
신도비(東岡 金宇顒神道碑)가 세워져 있고, 동강의 위패를 봉안(奉安)했던
청천서원(晴川書院, 1729년 건립)의 후신인 청천서당이 있으며, 심산 김창
숙(心山 金昌淑, 1879~1962)의 생가(生家)가 있다.

   청천서원은 회연서원(檜淵書院)과 함께 성주권(星州圈)의 대표적인 서
원으로 사림활동(士林活動)의 중심지였다. 그러나 대원군(大院君)의 서원
철폐로 훼철되었으나 김호림(金護林)이 청천서당으로 중건했고, 심산이
1910년 애국계몽운동의 일환으로 사립 성명학교(私立星明學校) 교사(校
舍)로 활용했으며 심산이 거처하기도 했다.

청천서원의 후신 청천서당

122

심산(心山)이 찬(撰)한 「아버지 하강공의 유사[先君子下岡府君遺事]」이다. '아버지의 휘(諱)는 호림(護林), 초명(初名)은 서림(書林), 자는 낙여(樂汝), 호는 하강(下岡)이요, 동강의 12대 종손(宗孫)이다. 관향은 의성(義城)으로 조선조에 들어와 휘 계손(季孫)이 처음으로 성주 사월리에 자리잡고 살았다. 3대를 지나 휘(諱) 희삼(希參)은 부사 벼슬을 지내고 이조판서(吏曹判書)를 추증(追贈)받았는데 호를 칠봉(七峰)이라 했다. 그 막내아들 휘 우옹은 이조참판을 지내고 이조판서를 추증받았으며 시호(諡號)는 문정(文貞)인데, 도학(道學)으로 동방(東方)의 유종(儒宗)이 되니 바로 동강 선생(東岡先生)이다. 〈하략〉 (『해동소학(海東小學)』)

한강 정구 기행 – ① 앞장 서서 전은설(全恩說)로 이름을 높이려 하다

수창전은 약취미명 首倡全恩 掠取美名

◎◎◎ 『대동기문(大東奇聞)』에 「정구가 죽기 한 해 전에 가야산이 무너지다(정구졸지전세 가야산붕 鄭逑卒之前歲 伽倻山崩)」란 제목으로 실려 있다. 한강 정구(寒江 鄭逑, 1543~1620)는 청주정씨(淸州鄭氏)로 나면서부터 특이한 재질로 신동(神童)이라 불렸다. 장성하여 큰 포부를 품고 천지간의 모든 일을 자기의 책무로 여기며, 산수(算數), 병법(兵法), 의약(醫藥), 풍수(風水) 등 모든 학문에 통달했다. 처음에는 덕계 오건(德溪 吳健, 1521~1574)에게서 배우다가 퇴계 이황(退溪 李滉, 1501~1570), 남명 조식(南冥 曹植, 1501~1572), 우계 성혼(牛溪 成渾, 1535~1598) 세 선생에게 학업을 닦으니 세 분이 모두 마음으로 그를 인정했다.

선조(宣祖) 계유년(癸酉年, 1573)에 천거(薦擧)에 의해 예빈시참봉(禮賓寺參奉)[124]에 임명되었고 무인년(戊寅年, 1578)에 사헌부 지평(司憲府 持平)[125]과 강원도관찰사(江原道觀察使)를 역임하였다.

대사헌(大司憲)[126] 때 임해군 역모사건(臨海君 逆謀事件 : 광해군1년, 1609)에 임금의 형인 임해군이 대북파(大北派)에 몰려 역모죄로 처형당한 옥사(獄事)가 일어나자 연명소(連名疏)를 올렸다. 정사년(丁巳年, 1617)에 인목대비(仁穆大妃) 폐위 관련 상소문(上疏文)을 기초했으나, 정모가 앞장서서 전은설(全恩說)[127]을 주장하여 자기 이름을 높이려 한다는 광해군(光海君)의 말을 듣자 상소를 단념했다.

---

124) 빈객 맞이 잔치와 대신들의 음식 수발을 맡는 종9품 벼슬.
125) 문무백관의 기강을 바로잡고 임금의 잘못을 간하며 풍속을 바로 잡는 정5품 벼슬.
126) 사헌부의 최고 벼슬인 종2품.
127) 죽을 죄를 지은 죄인에게 목숨을 부지케 하는 은전.

한강정구 필적   회연서원

한강 정구 기행 - ② 민첩함이 도리어 병통이 될까 두렵다

공민처반위기병 恐敏處反爲其病

◎◎◎ 한강 정구(寒岡 鄭逑)는 젊은 시절부터 천부적(天賦的)인 재기(才氣)가 빼어나 열서너 살 때 벌써 학문이 다 이루어졌다. 성주목사(星州牧使) 덕계 오건(德溪 吳健)은 한강에게 학업을 돕는 글을 보내기도 했다. 열여덟에 열심히 『주역(周易)』을 읽었다. 그는 '주역(周易) 속에 담긴 큰 뜻을 깨닫겠다.'고 하면서, 의문 나는 곳을 일일이 표시하여 퇴계 이황(退溪 李滉, 1501~1570)에게 물으러 갔다가 그대로 눌러앉아 공부하려 했다.

한강은 퇴계와 문답(問答)했는데, 퇴계는 주역(周易)의 의문점을 시원하게 풀이해주지 못했다. 한강은 퇴계 문하(門下)를 떠나려고 결심하고 물러나와 월천 조목(月川 趙穆, 1524~1605)을 찾아갔다. 왜 그렇게 빨리 떠나려 하느냐고 월천이 물으니, 한강은 사실대로 이야기하자 월천이 한강을 책망(責望)했다.

회연서원 전경

"역학(易學)이란 본디 스스로 이해하기 어려운 학문이라서 의문 나는 곳을 모두 뚫어보듯이 알 수는 없지. 자네는 아직 젊은 사람으로 선생이 도덕 높은 분임을 알고 수백 리 길을 멀다 하지 않고 온 터에, 보고 느껴서 올바른 마음을 흥기(興起)시켜야 마땅한 일인데 어찌 구구한 글귀 따위에만 얽매인단 밀인가?"

한강은 결국 한 달을 더 머물다가 돌아갔다. 퇴계는 어떤 사람에게 보낸 답장(答狀)에서 '정아무개가 찾아왔는데 아주 똑똑하고 재빠르기는 하나 그 재빠름이 도리어 병통이 될까 두렵소.'라고 했다. 재기(才氣)를 앞세운 한강의 학문하는 자세를 염려해서 한 말이었다.

한강 정구 기행 – ③ 백성 돌보기를 갓난아기 돌보듯하다

운약보적자 若保赤子

◎◎◎ 한강 정구(寒岡 鄭逑)는 무인년(戊寅年, 1578)에 창녕현감(昌寧縣監)에 임명되었다. 임금은 한강을 불러보고 물었다.

"이황(李滉)과 조식(曺植)은 학문이 어떠하오?"

"황(滉)은 후덕(厚德)하고 학문이 순정(純正)하여 배우는 자들이 그 학맥(學脈)을 찾아들어가기가 쉽사옵니다. 반면 식(植)은 누구에게도 의존(依存)함이 없이 스스로 깨우쳐 홀로 고고(孤高)하게 우뚝 선 사람이기 때문에 배우는 자들이 그 요체(要諦)를 잡기가 힘드옵니다."

"『대학(大學)』에서 말하는 실천궁행(實踐躬行)의 요점(要點)은 무엇이오?"

"옛 유가(儒家)들이 말씀하시기를, '하늘의 덕(德)과 도(道)는 홀로 있을 때 도를 지켜 뜻을 세우고 능력(能力)을 발휘(發揮)하여 올바른 정치를 베푸는 일이 중요하다고 했사옵니다."

"고을을 다스리는 일에는 마땅히 무엇을 먼저 해야 하오?"

"고인(古人)이 백성 돌보기를 갓난아기 돌보듯 하라 하셨으니 신(臣)은 불민(不敏)하나마 이 말을 좇고자 하옵니다."

임금이 한강의 답변을 듣고 좋은 말이라고 칭찬했다.

한강의 저술로는 『오선생예설(五先生禮說)』, 『심경발휘(心經發揮)』, 『예기상례분류(禮記喪禮分類)』, 『가례집람보주(家禮輯覽補註)』, 『오복연혁도(五服沿革圖)』 등이 세상에 전한다. 한강이 죽기 한 해 전에 가야산(伽倻山)이 무너지더니 죽는 날 아침에는 강가의 나무가 비를 맞아 얼어붙었다. 사람들은 이를 두고 현인(賢人)이 죽을 징조(徵兆)라고 했다. 뒤에 성주 천곡서원(星州 川谷書院)에 배향(配享)했다. 시호(諡號)는 문목(文穆)이다.

한강 정구 기행 - ④ 유적 유물(遺蹟遺物)은 제자리에 있어야 빛난다

◎◎◎ 한강 정구(寒岡 鄭逑, 1543~1620)는 평생 벼슬보다 학문에 몰두(沒頭)한 성리학자(性理學者)였는데, 퇴계 이황(退溪 李滉)과 남명 조식(南冥 曺植)의 문하생(門下生)이기도 하여 영남상하도(嶺南上下道)의 학문을 종합 성취하여 새 학파(學派)를 창출(創出)하여 그 맥(脈)이 근기지방(近畿地方)으로 전수(傳受)되었다. 한강의 제자 미수 허목(眉叟 許穆, 1595 ~1682)은 한강의 학통(學統)을 성호 이익(星湖 李瀷, 1681~1763), 순암 안정복(順庵 安鼎福, 1712~1791), 다산 정약용(茶山 丁若鏞, 1762~1836) 등에게 전하게 하여 근기학통(近畿學統)의 학문적 체계를 형성케 했다.

회연서원 현도루(見道樓)

한강은 선조 16년(1583)에 회연초당(檜淵草堂)을 세워 많은 국가동량(國家棟樑)을 배출하였다. 한강 사후(死後) 문도(門徒)들은 인조 5년(1627) 회연초당 자리에 회연서원(檜淵書院)[128]을 세워 선생의 위패(位牌)를 봉안(奉

---

128) 경북 성주군(星州郡) 수륜면(修倫面) 신정리(新亭里).

安)했다. 회연서원은 고종 5년(1868) 대원군(大院君)의 서원철폐(書院撤廢) 때 폐원(閉院)되었다가 1984년에 사림(士林)에 의해 복원(復元)하였다.

정문인 현도루(見道樓)[129] 오른쪽 백매원(百梅園)에는 상촌 신흠(象村 申欽, 1523~1597)이 찬한 「문목공한강선생신도비(文穆公寒岡先生神道碑)」가 있고, 유물전시관의 문집과 각종 판각(板刻) 등은 보존관리가 어려워 대부분 한국학진흥원(韓國學振興院)에 위탁관리했다 한다. 서원 마당의 정료대(庭燎臺)[130]가 신물(新物)이었다. 도난(盜難) 당해 금년 3월에 다시 세웠다고 했다. 안타까운 문화유적 현장(現場)의 현실이었다.

도난 당하기 전 회연서원 정료대(庭燎臺)

회연서원 망운암(望雲庵) 현판

회연서원 옥설헌(玉雪軒) 현판

---

129) 도를 알현하는 루.
130) 횃불을 꽂는 돌기둥.

한강 정구 기행

- ⑤ 봉황새 날아드는 봉비암(鳳飛巖)과 수정 같은 맑은 소(沼)

○○○ 16세기 우리나라는 주자(朱子)에 대한 숭배열(崇拜熱)이 고조(高調)되었다. 정암 조광조(靜庵 趙光祖, 1482~1519)를 비롯한 당시 사림(士林)들은 주자가 주도(主導)해서 저술(著述)한 『소학(小學)』을 심신수련서(心身修練書)로 삼았다. 한훤당 김굉필(寒暄堂 金宏弼, 1454~1504)은 『소학』을 어버이 섬기듯 탐독(耽讀)하고 스스로 '소학동자(小學童子)'라고 했다.

주자는 복건성(福建省) 무이산(武夷山)에 무이정사(武夷精舍)를 짓고 「무이구곡가(武夷九曲歌)」를 남겼다. 이를 차운(次韻)하여 율곡 이이(栗谷 李珥, 1536~1584)는 「고산구곡가(高山九曲歌)」, 귀봉 송익필(龜峰 宋翼弼, 1534~1599)은 「주자구곡가(朱子九曲歌)」, 곡운 김수증(谷雲 金壽增, 1624~1701)은 「곡운구곡가(谷雲九曲歌)」, 우암 송시열(尤菴 宋時烈, 1607~1689)은 「화양구곡가(華陽九曲歌)」, 한강 정구(寒岡 鄭逑, 1543~1620)는 「무흘구곡가(武屹九曲歌)」 등을 지었다.

성주댐을 지나 김천(金泉) 방면(方面)으로 이어지는 대가천(大伽川) 계곡은 한강 정구가 남송(南宋) 주희(朱熹, 1130~1200)의 「무이구곡가(武夷九曲歌)」을 차운해 지은 「무흘구곡가(武屹九曲歌)」의 창작배경이 되는 곳이다. 대가천 계곡은 수도암(修道庵) 계곡과 청암사(靑巖寺) 계곡에서 흘러내리는 맑은 물과 주위의 기암괴석이 장관을 이룬다.

신정리(新亭里) 회연서원(檜淵書院) 옆에 위치한 봉황새 날아드는 봉비암(鳳飛巖)은 절벽 밑으로 수정 같은 맑은 물이 소(沼)를 이루고 절벽의 잡목과 이끼가 조화를 이루는 절경(絶景)이다.

한강 정구 기행 - ⑥ 인간세상 이곳처럼 그윽한 곳 없을 듯

인간무사차유청 人間無似此幽清

◎◎◎ 한강 정구(寒岡 鄭逑)가 지은 「무흘구곡가(武屹九曲歌)」의 배경이 되는 무흘구곡 중 1곡~5곡은 성주군 수륜면(修倫面)에서 가천면(伽泉面)에 이어져 있고, 6곡~9곡은 김천시 증산면에 속한다. 「무흘구곡가」의 원래 제목은 「주부자(朱夫子)의 무이구곡(武夷九曲) 시운(詩韻)을 따라 화답(和答)한 10수(仰和朱夫子武夷九曲詩韻十首)」이다. 「무흘구곡가」는 서곡(序曲)에 이어 1곡은 봉비암(鳳飛巖)부터 시작된다.

천하 산 중 어느 산이 가장 신령한가	天下山誰最著靈
인간 세상 이곳처럼 그윽한 곳 없을 듯	人間無似此幽清
하물며 자양(朱子) 선생 깃들어 살던 곳	紫陽況復曾棲息
만고에 도덕 명성 길이 흘러내리네	萬古長流道德聲
첫굽이 여울에다 낚싯배 띄우노라	一曲灘頭泛釣船
석양 냇가 바람에 흔들리는 낚시줄	風絲繚繞夕陽川
뉘 알랴 인간 세상 온갖 생각 다 버리고	誰知損盡人間念
박달 삿대 짚고서 저녁 안개 헤치는 걸	唯執檀槳拂晚煙

무흘구곡 제1곡 봉비암

주자의 「무이구곡가」 1곡이다.

첫굽이 시냇가 낚싯배 올라오니	一曲溪邊上釣船
만정봉 그림자 맑은 물에 젖어들고	慢亭峰影醮晴川
무지개 다리 끊어져 소식 없으니	虹橋一斷無消息
온 골짝 바위마다 푸른 안개 자욱하네	萬壑千巖鎖翠煙

　　한강(寒岡)의 「무흘구곡가」 1곡 운자(韻字)는 주자의 「무이구곡가」 1곡 운자인 '船, 川, 煙'에서 차운(次韻)했음을 알 수 있다.

한강 정구 기행 - ⑦ 근원은 본디 말로 못할 묘함이 있나니

원두자유난언묘 源頭自有難言妙

셋째 굽이 누가 이 골짜기에 배를 감추었나	三曲誰藏此壑船
밤에도 훔쳐 갈 이 없이 천년세월 지났네	夜無人負已千年
건너기 어려운 강 얼마나 많겠나마는	大川病涉知何限
건네 줄 방도 없어 혼자 슬퍼하노라	用濟無由只自憐
넷째 굽이 백 척 바위에 구름 걷히고	四曲雲收百尺巖
바위 위 꽃과 풀은 바람에 나부끼네	巖頭花草帶風蔘
그중 누가 이런 맑음 알겠는가	箇中誰會淸如許
천심에 개인 달빛 못에 비침을	霽月天心影落潭
다섯 굽이 맑은 못 깊이는 얼마인가	五曲淸潭幾許深
못가에 송죽은 절로 숲을 이루었다	潭邊松竹自成林
두건 쓴 사람 단 위에 높이 앉아	幅巾人坐高堂上

인심도심 강론하여 말하네　　　　　　　講說人心與道心

아홉 굽이 머리 돌려 다시금 한숨 쉬나니　　九曲回頭更喟然
내 마음 산천 좋아 이러함이 아니로다　　　我心非爲好山川
근원은 본디 말로 못할 묘함이 있나니　　　源頭自有難言妙
이곳을 버려두고 다른 세상 물어야만 하나　捨此何須問別天

주자(朱子)의 「무이구곡가」 구곡(九曲)이다.

구곡이 끝나려니 눈이 활짝 열리는데　　　九曲將窮眼豁然
뽕밭 삼밭에 비가 오니 평천이 보이누나　　桑麻雨露見平川
어부는 다시금 무릉도원 찾아가니　　　　漁郎更覓桃源路
인간 별천지를 버리려 하네　　　　　　　除是人間別有天

한강 정구 기행 - ⑧ 겨울은 따뜻하고 여름은 서늘하다

동온하량 冬溫夏凉

◎◎◎ 한강 정구(寒江 鄭逑)는 회연초당(檜淵草堂)을 짓고 고향 친구와 문도(門徒)들을 모아 매월 초하루마다 강회(講會)하는 계(契)를 만들고 규약(規約)을 정했다.

가입자는 독실(篤實)히 책을 읽고 행실을 닦아야 한다. 의리에 맞게 행동하고 이익을 도모(圖謀)치 말며 반드시 도(道)를 밝히고 공(功)을 헤아리지 말아야 한다. 부귀에 급급(汲汲)치 말고 빈천(貧賤)해도 걱정하지 말아야 유자(儒者)의 기풍(氣風)을 지닐 수 있다. 〈중략〉

한강은 「새로 옮긴 회연에서 마음에 드는 스무 가지(檜淵新遷二十宜)」
를 들었다.

도시와 멀리 떨어져 있다	遠隔城市
선산(先山)을 가까이서 모실 수 있다	近陪先壟
뒤로 언덕을 등지고 있다	後負丘陵
앞에는 물이 고인 소가 있다	前控池沼
오른편으로 사람이 모여 사는 마을이 있다	右接閭閻
왼편으로 맑은 못이 있다	左臨澄潭
푸른 절벽에 흰 바위가 있다	蒼崖白石
무성한 숲에 풀이 잘 자란다	茂林豊草
나무하거나 가축 먹이기에 좋다	樵牧兩便
나물 캐고 낚시하기 좋다	採釣俱宜
뭇 산에 빙 둘러싸여 있다	群山環擁
두 곳 시냇물이 엇갈려 흐른다	兩水交流
뒷산이 매우 절묘하다	岡阜奇絶
들판이 평탄하고 넓다	郊原平廣
양지쪽을 향하면서 물을 등지고 있다	面陽背流
겨울은 따뜻하고 여름은 서늘하다	冬溫夏凉
농사짓는 데 필요한 적당한 습기가 있다	濕宜禾稼

촌은 유희경 기행 – ① 어질고 착한 자가 어찌 한정이 있을까마는

인선지가칭자하한 仁善者何限

◎◎◎ 겸산 유재건(兼山 劉在建, 1793~1880)이 펴낸 『이향견문록(里鄕見聞錄, 1862)』에 전한다. 이 책은 중인(中人)과 서리(胥吏) 및 서민출신(庶民出身) 중 인물행적(人物行蹟)이 돋보이는 308명에 관한 기록을 수집하여 정리하거나 저술하기도 한 전기집(傳記集)인데, 이런 전기물 중 가장 방대하고 다채로운 내용을 담고 있다.

겸산은 「이향견문록의례(里鄕見聞錄義例)」에서 '이향(里鄕)에서 어질고 착하다 일컫는 자가 예부터 어찌 한정(限定)이 있을까마는 많은 사람들이 인몰(湮沒)되어 전함이 없으니 가슴 아프고 애석하지 않겠는가? 이에 듣고 본 바를 모아 10권으로 엮는다.'고 했다. 학행(學行), 충효(忠孝), 지모(智謀), 여범(女範)에서부

촌은집(村隱集) 목판, 남해(南海) 용문사 소장

터 서화(書畵), 잡예(雜藝), 승려 및 도인(道人) 등 방외인(方外人)에 이르기까지 갖가지 군상(群像)을 그려 놓았다.

유희경(劉希慶, 1545~1636)의 호(號)는 촌은(村隱)이고 자(字)는 응길(應吉)이며 강화인(江華人)이다. 나이 열셋에 부친이 돌아가시자 흙을 짊어지고 와서 봉분(封墳)을 만들어 장사(葬事)를 지내고 묘를 지켜 떠나지 않으니, 근처 스님이 그를 가엾게 여겨 무덤 곁에 토막(土幕)을 지어주고 죽을 끓여 먹게 했다.

남해 용문사(龍門寺)

공은 모친 봉양(奉養)에 지극정성(至極精誠)이었다. 오랫동안 모친이 병석(病席)에 누워 계셨는데 밤낮으로 곁에서 병환 수발 일을 게을리 하지 않았다. 이따금 병석에 깔았던 자리를 걷어다 동소문 밖 시냇가로 나가 손수 빨아 바위에 말리면서 그 옆에 앉아 책을 읽으니 보는 사람들이 기특하게 여겼다.

촌은 유희경 기행 - ② 의분(義奮)을 떨쳐 왜적 토벌의 뜻을 세웠으니
분의이멸적위지 奮義以滅賊爲志

◎◎◎ 유희경은 동강 남언경(東岡 南彦經)에게 「문공가례(文公家禮 : 朱子家禮)」를 배웠는데 특히 상제(喪制)에 밝았다. 전례(典禮)[131]를 널리 상고(詳考)하여 고금(古今)의 변천을 깊이 터득하였으므로, '상(喪)을 잘 치른다'고 소문이 났다. 국상(國喪) 때 절차를 줄이자는 의견이 나왔으나 제

---

131) 경국대전(經國大典)과 가례(家禮).

도를 제대로 아는 자가 없었다. 이에 공을 불러 처리케 하니, 사대부(士大夫) 집안에서 상을 당하면 반드시 공을 청해 집례(執禮)[132]를 부탁했다.

임진왜란(壬辰倭亂, 1592) 때 임금이 의주(義州)로 피난하니 공은 눈물을 흘리며 강개(慷慨)한 어조로 의사(義士)들을 불러 모아 관군(官軍)을 도와서 적을 토벌(討伐)했다. 선조(宣祖)는 교지(敎旨)를 내려 포상하며 말했다.

"희경아, 네가 오직 의분(義奮)을 떨쳐 왜적 토벌의 뜻을 세웠으니 내 그 일을 가상히 여기노라."

임진왜란 후, 국가에 다사다난(多事多難)한 일이 자주 일어나 조사(詔使)[133]가 잇달아 조선에 들어왔다 가니 이들에게 지출되는 비용이 지나치게 많았다.

조정(朝廷)에서는 호조(戶曹)의 재정이 고갈(枯渴)되어 심각한 문제가 아닐 수 없었다. 공은 "백인호(白仁豪) 등 몇 사람을 불러 계책(計策)을 물어보면 해결책이 나올 것입니다."고 했다. 마침내 그들의 힘을 얻게 되었고, 공은 통정대부(通政大夫)[134]의 품계를 받았다.

촌은 유희경 기행 – ③ 박엽으로 하여금 사나운 성질을 잃게 하다
능사엽실기맹 能使燁失其猛

●●● 무오년(戊午年, 1618)에 역신(逆臣) 이이첨(李爾瞻, 1560~1623)은 모후(母后 : 仁穆大妃)를 폐하려고 일을 꾸미면서, 여러 부로(父老)들을 협박

---

132) 예식(禮式)을 집행하는 사람.
133) 중국 황제의 조서(詔書)를 받들고 온 사신.
134) 정3품 당상관(堂上官) 벼슬. 유희경은 실직(實職) 없이 품계(品階)만 주었음.

하여 상소(上疏)케 하고 어긴 자에겐 형벌을 주었는데 촌은은 홀로 듣지 않았다. 촌은은 이이첨과 친했지만 이때 절교(絶交)했는데, 이이첨이 공을 만나 책망하니, "소인은 어머니 봉양(奉養)이 급해 공의 문하(門下)에 들릴 여가가 없습니다."고 했다.

인조반정(仁祖反正, 1623) 후에 대신들은 촌은(村隱)의 절개(節槪)를 보고하여 특별히 품계를 올려 주었다. 공은 예도(禮道)를 잘 알아 사대부들 사이에 잘 알려졌고, 또 그 절개를 높이 사서 공경(恭敬)받고 중하게 여겨졌다.

박엽(朴燁, 1570~1623)[135]은 성질이 사나워 의주(義州)를 다스릴 때 사람 죽이기를 풀 베듯 하였다. 촌은의 아들이 박엽에게 미움 받아 박엽이 그를 죽이려 했다가 촌은의 아들임을 알고 풀어주었다. 사람들은 '촌은(村隱)의 어짊이 박엽으로 하여금 사나운 성질을 잃게 했다.'고 하였다.

이이첨은 선조(宣祖)의 후사문제(後嗣問題)로 대북(大北)과 소북(小北)이 대립하자, 대북의 영수(領袖)로 광해군(光海君) 옹립(擁立)을 주장했다가 갑산(甲山)으로 유배되었는데, 광해군이 즉위하자 예조판서(禮曹判書)에 올랐다. 1617년 정인홍(鄭仁弘, 1535~1623) 등과 폐모론(廢母論)을 발의하여 이듬해 인목대비(仁穆大妃)를 유폐(幽閉)시켰으나, 인조반정(仁祖反正)으로 참형(斬刑)당했다.

---

135) 평안도관찰사(平安道觀察使)를 지냄.

촌은 유희경 기행 – ④ 침류대에 올라 시를 짓고 노래 부르다

침류대상 창화가시 枕流臺上 唱和歌詩

◎◎◎ 촌은 유희경(村隱 劉希慶)은 사람됨이 조용하면서 욕심이 적었고 천성(天性)이 산수(山水)를 좋아하였다. 정업원(淨業院)[136] 아래에 집이 있었는데 시냇가에 돌을 쌓고 대(臺)를 만들어 침류대(枕流臺)라 했다. 주변에 심은 복숭아와 버드나무는 봄마다 붉고 푸르러 시내와 계곡에 난만히 비출 때면, 당시집(唐詩集)을 들고 휘파람 불고 읊조리며 즐기면서 자호(自號)를 촌은(村隱)이라 했다.

도봉서원 앞 계곡 상부에 위치한 침류대 터

그의 시는 한담(閑談)하여 당풍(唐風)에 가까웠으므로 사암 박상공(思庵 朴相公)[137]이 매우 칭찬했다. 공경대부(公卿大夫)들이 모두 침류대에 와서 시와 노래를 지어 주고받으며 노닐었다. 세상에서 말하는 「침류대시첩(枕流臺詩帖)」이 그것이다.

영안위 홍공(永安尉 洪公)은 날마다 침류대를 찾았다. 인목왕후(仁穆王后)는 홍공이 자주 외출한다는 말을 듣고 사람을 시켜 따라가 보게 했더니 어떤 노인과 큰 소나무 아래에 마주앉아 있었다. 그 이후로 왕후는 홍공이 외출했다는 말만 들으면 궁중 음식물을 하사(下賜)했다. 홍공은 정명공주(貞明公主)에게 장가들어 선조(宣祖)의 사위가 된 홍주원(洪柱元, ?~1672)이다.

---

136) 창경궁(昌慶宮) 서쪽에 있던 여승방(女僧房).
137) 박순(朴淳), 1523~1589.

뒤에 침류대는 궁중에 편입되어 오위도총부(五衛都摠府)[138]의 자리가 되었으나 소나무는 그대로 남아 사람들이 그것을 알아보고는 '이 나무는 유 아무개가 손수 심었다.'고 했다.

촌은 유희경 기행 – ⑤ 침류대 산수를 사랑해 여생마칠 계획을 세우다

애침류산수 종로지계 愛枕流山水 終老之計

❀❀❀ 유희경은 연로(年老)했으나 정신과 기골이 강건해서 사대부 중 금강산(金剛山) 유람에 안내해달라고 요청하면 나이 핑계로 거절치 않고 용기를 내어 나섰다.

공은 정암 조광조(靜庵 趙光祖, 1482~1519)를 사모하여 도봉서원(道峰書院) 창건 때 실무를 맡았다. 침류대의 산수를 사랑하여 거기서 여생을 마칠 계획으로 이징(李澄, 1581~?)에게 「임장도(林庄圖)」를 부탁했고, 사대부들에게 시(詩)와 서문(序文)을 요청하여, 그 뜻을 표현하였다. 그가 죽자 도봉산 아래에 장사지냈다.

공은 여든이 넘어서 품계(品階)가 가의대부(嘉義大夫)에 올랐으며, 후에 아들 일민(逸民)의 원종훈(原從勳)[139]으로 자헌대부(資憲大夫:정2품의 품계) 한성부판윤(漢城府判尹)에 추증(追贈)되었다. 가정 을사년(嘉靖 乙巳年, 1545)에 나서 숭정 병자년(崇禎 丙子年, 1636)에 생을 마치니 아흔 둘이었다. 아들은 순민(舜民), 우민(禹民), 성민(聖民), 사민(士民), 일민(逸民)이며, 친외손 및 증손이 이백여 명이었다.

---

138) 오위의 군무(軍務)를 총괄하던 관청.
139) 원종공신에게 주는 녹훈.

도봉서원(道峰書院, 1573)은 지방 유림(儒林)의 공의(公議)로 정암의 학덕(學德)을 추모키 위해 도봉산에 창건(創建)한 서원이다. 가의대부는 종2품의 품계인데, 나이 80세가 된 사람은 한 품계를 올려주었는데 유희경은 이미 정3품인 통정대부였기 때문에 가의대부를 주었다.

촌은 유희경(村隱 劉希慶)은 천민출신(賤民出身)인데, 공경대부(公卿大夫)로부터 대우를 받고 벼슬까지 했으며 천수(天壽)를 누렸다.

도봉서원도

수은 강항 간양록 기행 – ① 건차록(巾車錄)이 간양록으로 된 까닭

◎◎◎ 불갑사(佛甲寺)에서 영광읍(靈光邑) 방향 3km쯤 되는 쌍운리(雙雲里)에 내산서원(內山書院)이 있다. 내산서원은 수은 강항(睡隱 姜沆)[140]의 위패를 모셔 놓은 곳이다. 서원 주차장 오른쪽 정렬각(旌烈閣)의 나무 창살 안에는 '함평이씨정렬비(咸平李氏旌烈碑)'가 있었다. 함평 이씨는 수은의 배위(配位)되는 분이다. 수은은 정유재란(丁酉再亂)(1597) 때 일본에 포로(捕虜)로 잡혀 갔는데, 『간양록(看羊錄)』이라는 일본 견문록(日本 見聞錄)을 남겼다.

내산서원. 수은 강항을 향사(享祀)하는 서원이다.

『간양록』은 유계(兪棨)[141]의 서문(序文)(1656)에 이어 「적국에서 임금께 올리는 글(賊中封疏)」, 「승정원에 나아가 여쭌 글(詣承政院啓辭)」, 「환란생활의 기록(涉亂事迹)」, 「적국의 이모저모(賊中聞見錄)」, 「포로들에게 알리

---

140) 1567~1618. 조선 중기의 문신. 본관은 진주. 자는 태초(太初), 호는 수은(睡隱)·사숙재 (私淑齋). 영광 출신이다.
141) 1607~1664. 조선 중기의 문신·학자. 본관은 기계(杞溪). 자는 무중(武仲), 호는 시남 (市南)이다.

는 격문(告俘人檄)」과 윤순거(尹舜擧)[142]의 발문(跋文)(1654) 등으로 되어 있다.

『간양록』은 원래 수은이 『건차록(巾車錄)』이라 했다. '건차'란 죄인이 타는 수레이고, 『건차록(巾車錄)』에는 후한(後漢) 때 풍이장군(馮異 將軍)이 적국으로 묶여 갔을 때의 일을 잊지 않겠다는 뜻이 담겨 있다. 수은은 왜(倭)에 포로로 잡혀간 일을 나라에 죄 지은 것과 다름없다고 인식했다. 선생의 겸손한 뜻을 읽을 수 있다.

비록 수은은 그런 뜻에서 『건차록』이라 했지만, 그의 문인(門人)들은 그를 낮추어 부를 수 없다고 의견을 모아 책명(冊名)을 『간양록』으로 고쳤다(윤순거의 "간양록 발문", 참조). 한무제(漢武帝) 때 충신 소무(蘇武)는 19년 동안 흉노(匈奴) 땅에 잡혀가 양몰이(看羊) 등 갖은 신고(辛苦) 속에서도 절개를 지켜 귀환(歸還)했다. 『간양록』이란 책명은 수은의 절조(節操)를 기리고자 하는 의도가 담겨 있다.

수은의 배위되는 함평이씨 정렬비각(貞烈碑閣)

---

142) 1596~1668. 조선 중기의 문신·학자. 본관은 파평(坡平). 자는 노직(魯直), 호는 동토(童土)이다.

수은 강항 간양록 기행
– ② 지성대의는 상설(霜雪)을 짓밟고 일월을 뚫는다

지성대의 능상설이관일월 至誠大義 凌霜雪而貫日月

○○○ 윤순거(尹舜擧)가 쓴 『간양록(看羊錄)』 발문(跋文)(1654)의 일부이다.

　'정말이지 우리 선생이 당하신 재난(災難)은 전무후무(前無後無)한 역경 (逆境)이었으나 선생은 조금도 흔들리지 않으셨고, 두 번이나 바다에 빠진 일이며 아흐레를 잡숫지 못한 고생 속에서도 세 번이나 나라에 상소(上疏) 를 올려 4년 동안 변함없이 절개를 고수(固守)하셨다. 선생의 지성대의(至 誠大義)는 서릿발과 눈보라를 짓밟고 해와 달을 뚫는 것이니, 신명(神明) 께 물어봐도 조금도 의심할 수 없다.'

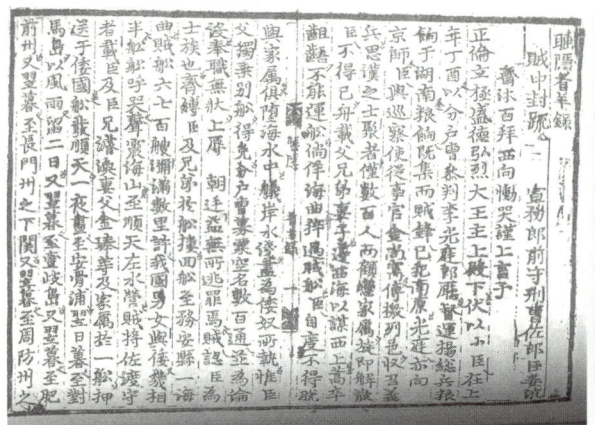

간양록(看羊錄)

　『간양록』은 수은 강항(睡隱 姜沆)이 왜군(倭軍)에게 잡혀 일본으로 이 송되는 과정 속에서 당한 일과 일본에서 4년 동안 포로생활을 하면서 겪은 고난과 불굴(不屈)의 애국심(愛國心)을 적었다.

　수은의 일본 견문기(日本 見聞記)인 『간양록(看羊錄)』은 수은이 정유 재란(丁酉再亂)(1597) 때 일본에 포로로 잡혀가 당한 수난(受難)보다 더

심한 참화(慘禍)를 겪었다. 일제日帝는 진시황(秦始皇)의 갱유분서 사건(坑儒焚書 事件)[143]이 무색할 정도로 『간양록』의 분서령(焚書令)이 내려졌다. 그 이유는 『간양록』에 줄기차게 나타난 왜국(倭國)에 대한 항거(抗拒)와 비판정신(批判精神) 및 역사적 죄악상(罪惡相)의 폭로(暴露)를 두려워했기 때문이다. 이 책의 소지자(所持者)들은 죄인(罪人)처럼 취급되어 자진自進 또는 강제(强制)로 몰수(沒收)되어 소각(燒却) 처리되어 버렸기 때문

수은 강항(睡隱 姜沆) 영정

에 『간양록』의 자취는 찾을 길이 없었다. 그러나 다행스럽게도 수은의 후손이 『수은집(睡隱集)』과 『간양록』 한 질을 보관해왔는데, 이는 국내에서는 유일본(唯一本)으로 알려져 있다(이을호李乙浩, "간양록 해설看羊錄 解說", 참조).

수은 강항 간양록 기행 – ③ 누가 물속에 빠져 죽을 줄 알았겠는가
숙위기사어수중야 熟謂其死於水中也

◉◉◉ 수은 강항(睡隱 姜沆)은 정유재란(丁酉再亂) 때 고향인 유봉(流峰)[144]에 와 있었다. 9월 14일 왜적(倭賊)들은 영광군(靈光郡)을 온통 태워버리고, 산과 바다를 샅샅이 뒤져 사람들을 마구 잡아 죽였다. 육로(陸路)는 막혀 있었으므로, 나는 밤을 타서 도망하여 겨우 배에 올랐다.

---

143) 사상을 통일하기 위해 학자들을 땅에 묻어 죽이고 유가 경전들을 불 태워 없앤 사건.
144) 현 영광군 불갑면 금계리(金鷄里).

수은 강항 선생상 수은강항선생사적비

　배는 좁고 피난민(避難民)들은 많았다. 물길을 따라 방향을 잡지 못해 며칠을 방황했는데, 9월 23일 사공이 "왜선(倭船)이다"고 소리쳤다. 올 때까지 왔나 보다. 그냥 있으면 놈들에게 붙잡힐 것은 뻔한 일이기에 옷을 벗고 물 속으로 뛰어들었다. 놈들에게 당할 굴욕(屈辱)을 생각하면 차라리 죽는 게 낫겠다고 생각했다. 배에 있던 사람들이 모두 내 뒤를 따라 물 속으로 뛰어들었다.

　그러나 살고 죽는 것은 마음대로 되는 일이 아닌가 보다. 갯기슭이 얕아서 놈들의 갈구리에 걸려 모조리 구출(救出)되었다. 한 동안 우리를 뱃전에 눕혀 놓더니 모두 끈에 묶어 세웠다. 돌아가신 어머니와 형님 위패(位牌)마저 물속에 떠내려 보냈다. 위패를 품안에 품고 물속으로 뛰어들기는 했으나 미쳐 수습할 수 없었다.

　어린놈 용(龍)의 죽음은 너무 애달팠다. 용은 모래사장에 밀려 물결 따라 휩쓸리다가 바다 깊숙이 떠내려가고 말았다. "엄마아! 엄마아!" 부르던 소리가 아직도 귓전에 아련하다. 그 소리마저 시들어질 때 산 아비가 어찌 살았다 할 수 있겠는가? 내 나이 30살에 만득(晩得)으로 얻은 용이다. 어미가 이 애를 배었을 때, 어린 용이 물속에서 떠오르는 꿈을 꾸었다. 그래서 이름을 용이라고 지었더니, "엄마아! 엄마아!"를 부르며 누가 물속에 빠져 죽을 줄 알았겠는가? 운명의 장난은 정말 심하기만 하구나(『간양록』 '환란생활 기록', 참조).

수은 강항 묘소　　　　　일본 오오즈(大洲)에 세워진 홍유강항현창비

수은 강항 간양록 기행 – ④ 이배 저배 탄 사람 모두 눈물 흘리네
인선개하루 隣船皆下淚

◉◉◉ 잡혀온 지 9일째이다. 물 한 모금 입에 적시지 않았건만 멀뚱멀뚱 살아 있으니 신기하기만 하다. 왜녀(倭女)가 밥 한 공기씩 주었는데 절반은 모래알에 비린내와 구린내가 코를 찔렀지만, 워낙 굶주려 요기가 되었다. 이웃 배에서 밤 하늘을 찢는 목청이 들려왔다. 가족을 다 잃은 여인은 이제 눈물도 말라 버린 지 오래라고 했다. 절구(絶句) 1수를 읊었다.

어느 곳에서 죽지사를 부르나　　　　　하처죽지사 何處竹枝詞
한 밤 중 달빛 밝을 때　　　　　　　　삼경월백시 三更月白時
이배 저배 탄 사람 모두 눈물을 흘리지만　인선개하루 隣船皆下淚
포로 된 신하가 가장 슬프다네　　　　최습초신의 最濕楚臣衣

강감회요 목판(내산서원 소장)

죽지사는 '죽지(竹枝)'의 가사(歌詞)를 말한다. '죽지'는 원래 파투(巴渝) 일대[145]의 민가(民歌)이다. 유우석(劉禹錫, 772-842)은 봉절에서 아이들이 노래하는 걸 듣고 모방해서 칠언시(七言詩) 11수를 지었다고 했다.

죽지를 부를 땐 "피리 불고 북을 치며 박자를 맞춘다[吹短笛 擊鼓以赴節]"고 했다. 역대의 시인들은 민가풍(民歌風)의 절구시를 지으면 제목을 죽지사라 했고, 명청(明淸) 이후 중국 전역에서 지어졌다. 한국에도 죽지사가 전하는데 건곤가(乾坤歌)라고도 한다. 여기서는 고향을 그리는 민요를 가리키는 듯하다.

초신의(楚臣衣)는 초나라 신하의 옷이다. 초신은 춘추시대 초나라의 종의(鍾儀)를 가리킨다. 진후(晉侯)가 군부(軍府)를 둘러보다가 물었다.

"남관(南冠)을 쓴 채 잡혀 있는 사람은 누구인가?"

관리가 말했다.

"정나라 사람이 잡아서 바친 초나라 죄수입니다."(『좌전左傳 · 성공成公□ 9년』 참조).

---

145) 중국 사천성 중경(重慶)과 봉절(奉節).

여기에서 '남관', '초수(楚囚)', '초신의(楚臣衣)'는 포로로 붙잡혀 온 사람 혹은 어려운 처지에 몰린 사람을 가리키게 되었다. 여기서는 작자가 왜국(倭國)의 포로이기에 자신을 비유(比喩)해서 쓴 말이다.

수은 강항 간양록 기행 - ⑤ 슬픈 마음에 좋은 소식 들리다

애정문길어 哀情聞吉語

❀❀❀ 1598년 정월 초닷샛날 조카딸 예원(禮媛)이 병으로 죽고 아흐렛날 중형(仲兄)의 아들 가희(可喜)가 쓰러졌다. 들것에 메고 물가 으슥한 왜놈 땅에 묻었다. 형제 소생 여섯 중 바다에 빠져 죽은 놈 셋, 왜 땅에서 죽은 놈 둘, 이제 어린애 하나뿐이다. 애달프고 안타깝지만 차라리 너희들처럼 죽어 모든 수심(愁心)을 잊는 게 좋겠다.

정월 그믐께. 명나라 군사가 울산(蔚山)에 진을 친 왜놈들 태반을 고래밥이 되게 했고, 호남지방 전역에 걸쳐 왜군들은 순천(順天)만 남았다는 쾌보(快報)가 들렸다.

애달픈 정회(情懷)와 반가운 소식에 얼떨떨했다.

듣자니 왕사(명나라 군사)가 이르러	문도왕사지 聞道王師至
호서(湖西) 땅 반은 평정되었다고 하네	지전호반이평 全湖半己平
우리 임 편하신가	오군무질병 吾君無疾病
아버님도 잘 계시는지	노부상강녕 老父尙康寧
수군의 위세는 하늘을 찌를 듯하고	경해천위동 鯨海天威動
수많은 진지들은 포위되었네	봉둔월훈성 蜂屯月暈成
슬픈 마음에 좋은 소식 들리니	애정문길어 哀情聞吉語
기쁜 눈물이 강물처럼 흐르네	희루작하경 喜淚作河傾

후지와라세이카(藤原惺窩) 화상

수은 강항은 1597년 포로로 일본에 압송되어 오쓰성[大津城]에 유폐되었다. 그곳 출석사(出石寺)의 중 요시히도(好仁)와 친교(親交)를 맺어 그로부터 일본의 역사, 지리, 관제(官制) 등을 알아내어 「적중문견록(賊中聞見錄)」을 써서 본국으로 보냈다. 1598년 오사카[大阪]를 거쳐 교토[京都]의 후시미성[伏見城]에 이송되어 그곳에서 후지와라[藤原醒窩]와 아카마쓰[赤松廣通] 등에게 학문적 영향을 끼쳤고, 후지와라는 일본 유학의 개조(開祖)가 되었다. 1600년 여름에 대마도를 거쳐 귀국했다. 수은은 2001년 3월의 문화인물(文化人物)로 선정되었고, "일본 유학의 원조(元祖) 수은 강항 문화유산 한·일 심포지엄(2001.3.30, 영광군청)"이 개최된 바 있다.

석주 권필 기행 – ① 가난한 장사꾼이 어찌 그걸 알겠습니까?

빈고안능지지 貧賈安能知之

❀❀❀ 선조(宣祖) 때 명사(名士)들이 간이 최립(簡易 崔岦, 1539~1612)의 집에 모여 술이 반쯤 되자 여장 권필(汝章 權韠, 1569~1612)이 일어서며 물었다.

"지금 해동 문종(海東文宗)은 진실로 공[최립]을 꼽을 수 있지만, 풍아(風雅)의 일은 누구에게 돌아가야 할까요?"

이 말은 권필이 자기를 인정(認定)받고 싶은 의도(意圖)였을 것이다. 간이가 대답했다.

"이 늙은이가 죽은 뒤에는 그대들이 마음대로 하게!"

『서포만필(西浦漫筆)』 소재(所載) 권필(權韠)의 일화(逸話)이다. 그는 시를 잘 지어 세상에 널리 알려졌는데 이와 관련한 야담(野談)이다. 권필은 시 잘 짓기로 세상에 명성(名聲)이 자자하여, 아이들도 그의 이름을 알았다. 그는 시골 마을을 지나다가 비를 만나 좌수(座首)[146] 집에서 머물게 되었다. 선비 대여섯 명이 울타리 밖에서 술을 마시며 시를 짓고 있었다.

권필은 떨어진 옷차림으로 인사하고 말석(末席)에 앉으니 물었다.

"자네는 누군가?"

"소생(小生)은 물건 팔러 다니는 장사꾼인데 마침 이처럼 성대한 모임을 만나게 되었습니다. 혹시 남은 술이 있으면 굶주린 창자를 적셔볼까 합니다."

선비들이 술잔을 잡고 시를 읊다가 말했다.

---

146) 향청(鄕廳)의 우두머리 아전.

"자네 이런 맛을 알 수 있겠나?"

권필은 겸손하게 말했다.

"가난한 장사꾼이 어찌 그걸 알겠습니까? 선비 나으리께서 읊는 시는 무슨 뜻인지 잘 모르겠습니다."

"이런 게 바로 사물을 대해서 흥(興)을 일으키고 풍경(風景)을 그대로 그린다는 것일세. 말하자면 시 가운데 살아있는 그림이라고 할까."

석주 권필 기행 - ② 술집 아이들도 다 그 이름 외운다네
주사아동진송명 酒肆兒童盡誦名

◎◎◎ 좌중(座中)의 한 사람이 지은 시를 자랑했다.

"내가 지은 이 구절은 비록 이태백(李太白 : 李白, 701~762)이라도 필시 한 수를 양보해야 할 걸."

또 한 사람이 미간을 찌푸리며 말했다.

"내가 지은 이 연(聯)은 실로 두보(杜甫, 712~770)도 아직 써 보지 못한 걸세."

그러자 옆에 있던 사람이 말했다.

"그게 무슨 말인가. 저 나무를 보았는가? 나무가 너무 높이 자라면 바람에 꺾이듯이, 내 시는 너무 고상하고 높아 꺾일까 두렵네. 그걸 걱정하는 거지."

그들은 서로 손뼉을 치면서 우열(優劣)을 견주다가 권필에게 술을 주며 말했다.

"자네는 비록 한문을 모른다 해도 우리말로 글을 지을 수 있을 테지.

그렇게라도 해서 자리를 빛내 주게."

권필은 술을 마시고 즉시 절구(絶句) 한 수를 지었다.

근자엔 문무(文武)가 다 이루어지지 않아	書劍年來兩不成
문관도 아니오 무관도 아닌 한 미친 선비일세	非文非武一狂生
훗날 서울 가거든 물어보게나	他時若到京城問
술집에서도 아이들도 다 그 이름을 외운다네	酒肆兒童盡誦名

여러 선비들이 시를 보고나서 말했다.

"괴이(怪異)하고 괴이한지고! 자네가 이런 시를 지을 수 있다는 건 우연(偶然)이 아닐세."

한 사람이 웃으며 말했다.

"시는 좋다마는, 자네 이름은 뭔가?"

"소생(小生)은 바로 권필이오."

그 말을 들은 선비들은 서로 바라보다가 한편 놀라고 한편 부끄러워하며, 자리에서 내려와 열을 지어 권필에게 절을 올렸다. (『기문총화(記聞叢話)』)

인천 강화군 송해면 하도리에 있는 석주권필 유허비

석주 권필 기행 - ③ 슬프다, 한잔 술 다시 권할 수 없으니

추창일배난경진 悵悵一盃難更進

◎◎◎ 권필(權韠, 1569~1612)은 안동권씨(安東權氏)로 자(字)는 여장(汝章), 호(號)는 석주(石洲)이다. 통이 크고 얽매이기를 싫어하는 성격이라 송강 정철(松江 鄭澈, 1536~1593)의 풍모(風貌)를 사모(思慕)했다.

석주가 동악 이안눌과 함께 평안도 강계로 귀양가 있는 송강 정철(松江 鄭澈)을 찾아가자 송강은 매우 기뻐하며 "이번 귀양길에 천상(天上)에서 귀양 온 두 신선(神仙)을 만났구려." 하면서 누구냐고 물었다. 둘은 이름을 밝혔는데 그때부터 두 사람의 이름이 널리 알려지게 되었다.

권필은 그를 아끼고 인정(認定)해주었던 송강의 무덤 앞에서 인생(人生)에 대한 비감(悲感)을 노래했다.

낙엽 떨어진 가을산에 비는 쓸쓸히 내리고	空山木落雨蕭蕭
선생의 풍류는 이렇듯 적막합니다 그려	相國風流此寂廖
슬프다, 한 잔 술 다시 권할 수 없으니	悵悵一盃難更進
옛날 그 노래는 바로 오늘을 두고 지었음이라	昔年歌曲卽今朝

(『석주집(石洲集)』의 「과송강묘(過松江墓)」[147] 전문)

삼정승(三政丞)의 지위에 있었던 송강 정철은 생전(生前)에 호방(豪放)하게 노래와 춤을 즐겼건만 지금은 조용하기만하다(此寂廖). 이 시의 뒤에 '공은 일찍이 단가(短歌)를 짓고 그 단가에, 죽은 후에는 누가 한잔 권할 것인가라는 뜻을 말했다.'라고 적었는데, 단가[석년가곡昔年歌曲]는 바로 송강이 읊었던 「장진주사(將進酒辭)」[148]를 말한다.

---

147) 송강의 산소를 지나며.
148) 술 권하는 노래.

석주 권필 기행 - ④ 낮은 벼슬 처량해 굶주림도 면치 못했네

박관처량미구기 薄官凄凉未救飢

◈◈◈ 권필은 강화도(江華島)에서 동몽교관(童蒙教官)[149]을 제수(除授)받자 사양하지 않고 학생들을 받아들여 가르쳤다. 어떤 사람이 "벼슬을 받았으면 응당 예부(禮部)[150]에 가서 윗사람을 찾아뵈어야 하오."라고 일러주자, 권필은 "그건 내가 할 수 있는 일이 아니오." 하고는 결국 벼슬을 그만 두었다. 『석주집(石洲集)』에 「해직후제(解職後題)」[151]가 전한다.

평생 쓸모없이 살아 귀밑털만 실처럼 희어졌고	平生樗散鬢如絲
낮은 벼슬 처량하여 굶주림도 면치 못했네	薄官凄凉未救飢
술에 취해 관장에게 욕을 먹느니보다	爲問醉遭官長罵
돌아가 야인되는 길이 어떤지	如何歸赴野人期
술독 얼른 열어 새 술을 맛보고	催皆臘甕新醅
다시 맑게 갠 날 처마 밑에서 옛시를 본다	更鄕晴簷閱舊詩
생도들 돌려보내어 문닫고 깊이 들어앉아	謝遣諸生深閉戶
병중엔 잠자는 것만 마땅하리라	病中唯有睡相宜

그는 현실에 구속되기를 싫어했다. 현실적응은 비판력이 무디어질 수밖에 없다는 인식이다. 현묵자 홍만종(玄默子 洪萬宗)은 『소화시평(小華詩評)』에서 이 시를 '글 뜻이 아주 자연스러워서 당나라 시인에게 양보할 게 없다[사의극기천연 무양정당제인詞意極其天然 無讓正唐諸人].'고 평했다.

---

149) 아동교육을 위해 각 군현(郡縣)에 두었던 벼슬.
150) 예조(禮曹)로 교육에 관한 일을 맡아보았음.
151) 해직 후 지은 시.

석주 권필 기행 – ⑤ 도끼날이 네 목엔 닿지 않는다 하던가

부월부도여항호 斧鉞不到汝項乎

●●● 유희분(柳希奮, 1564~1623)은 광해군(光海君)의 처남(妻男)인데 제 마음대로 권력(權力)을 휘두르고 있었다. 하루는 권필이 친척집에서 술에 취해 꼬꾸라져 있었는데 마침 유희분이 그 집을 찾아왔다. 주인이 석주의 팔을 발로 차며 "문창공(文昌公)이 오셨오." 하니 권필은 벌떡 일어나 눈을 부릅뜨고 꾸짖었다.

"유희분 너는 부귀(富貴)를 누리지만 나라는 이 꼴이 되어버렸다. 나라가 망하면 네 집안도 망해버린다. 도끼날이 네 목에는 닿지 않는다 하더냐?"

이 말을 듣자 유희분은 기가 죽어 한 마디 말도 못하고 가버렸다.

권필은 집안이 낙백(落魄)[152]했으나 예절에 얽매이지 않았고 성격이 오만(傲慢)하여 과거(科擧)에 응시(應試)하지 않았다.

신해년(辛亥年, 1611, 광해군3년)에 과거를 열어 책문(策問)[153]으로 선비를 선발했다. 진사(進士) 소암 임숙영(疎庵 任叔英, 1576~1623)이 답안으로 작성한 대책(對策)에서 당시 정치(政治)를 풍자(諷刺)했는데, 그 내용이 매우 솔직했다. 고관(考官 : 試驗官)이 답안(答案)을 보고 두려워 감히 버리지 못했다.

그 답안을 친히 살펴본 광해군(光海君)은 크게 노하여 방목(榜目)[154]에서 임숙영의 이름을 빼도록 명했다. 그러자 양사(兩司)[155]에서 번갈아 그 잘못을 간(諫)하였고, 권필은 이를 풍자한 시를 남겼다. (『대동기문(大東奇聞)』)

---

152) 영락(零落). 몰락하여 가난하게 됨.
153) 과거시험 과목으로 정치에 대한 문제를 제시하여 이에 대한 대책(對策)을 쓰게 함.
154) 과거 급제자(及第者)의 성과 이름을 적은 책.
155) 사간원(司諫院)과 사헌부(司憲府).

궁류청청앵난비 宮柳靑靑鶯亂飛

◉◉◉ 권필은 「임숙영의 낙방 소식을 듣고[문임무숙삭과聞任茂叔削科]」
를 지었는데 세인(世人)들이 말하는 궁류시(宮柳詩)이다.

> 궁궐 버들은 푸르디푸르러 꾀꼬리 어지러이 날아들고 宮柳靑靑鶯亂飛
> 온 성 안 귀인들은 봄빛을 아름답다 하네 　　　　　滿城冠盖[156]媚春輝
> 조정에서는 태평의 즐거움을 축하하는데 　　　　　朝家共賀升平樂
> 누가 위태한 말로 선비를 잘려나가게 했는가 　　　誰遣危言出布衣

궁류(宮柳)는 광해군(光海君)의 처족(妻族)인 유씨(柳氏)를, 포의[벼슬 못
한 선비]는 임숙영(任叔英)을 가리킨 말이다.

광해군은 김직재(金直哉, 1554~1612)의 옥사(獄事)로 피의자(被疑者)인
조수륜(趙守倫, 1555~1612) 집에서 궁류시를 발견하자 곧바로 권필을 심
문토록 했다. 권필은 귀양길에 동대문 밖 주막집 벽에 써 놓은 글을
보게 되었다.

> 권군이 다시 한 잔 술을 올렸으나 　　　　　　　　權君更進一杯酒
> 유영[157]의 무덤엔 이르지 못했네 　　　　　　　　不到劉伶墳上土
> 3월이 가고 4월이 오려는데 　　　　　　　　　　　三月將盡四月來
> 복사꽃과 오얏꽃 붉은 비처럼 어지러이 날리네 　　桃李亂落如紅雨

권필은 "예언시(豫言詩)이니, 나는 죽었구나."라 했다. '勸君'의 권(勸)
을 권필의 성인 권(權)으로 잘못 썼기 때문이다. 석주는 유배지에 도착

---

156) 관개는 네 필 말이 끄는 귀인의 수레.
157) 중국 진(晋)나라 사람으로 술을 좋아했고 주덕송(酒德頌)을 지었음.

하기 전에 죽었다. (『기문총화(記聞叢話)』)

석주 권필 기행 - ⑦ 조물주는 생사를 미리 정해두다
조물지생사처분전정 造物之生死處分前定

●●● 기암 정홍명(畸庵 鄭弘溟, 1592~1650, 송강 정철의 아들)의 『기옹만
필(畸翁漫筆)』에 전한다. 권여장(權汝章)이 궁류시(宮柳詩)로 인해 임자년
(壬子年, 1612)에 옥에 갇혔다. 옥문을 나와서도 상처의 통증(痛症)으로
바로 귀양길에 오르지 못하고, 동대문 밖 민가에 유숙했다. 친구와 사
람들이 많이 문병하고 전송(餞送)했다.

여장은 누워 있는 방안의 벽에 적힌 시를 보았다.

때는 춘삼월 호시절, 날은 저무는데	正是靑春日將暮
복사꽃 어지러이 붉은 비처럼 떨어지누나	桃花亂落如紅雨
권군이여 온종일 취해보소	權君終日酩酊醉
술이 많다 해도 유영 무덤엔 이르지 못해	酒不到劉聆墳上土

이 시는 시골 훈장(訓長)이 멋대로 권(勸)자를 잘못 권(權)자로 쓰고,
유영(劉伶)을 잘못 유영(劉聆)으로 써 놓았으니 보는 사람들이 서로 돌아
보며 놀라 어쩔 줄을 몰랐다. 여장이 목마르다고 술을 찾아서 큰 그릇
에 술을 담아 주었더니 다 마시고는 그만 눈을 감고 말았다. 이 날은
3월 그믐날이었으며, 창밖의 풍경(風景)이 그 시(詩) 중의 풍경과 같았
다. 조물주(造物主)는 인간의 생사(生死)에 대한 처분(處分)을 미리 정해
두었으니, 슬픈 일이다.

『대동기문(大東奇聞)』에는 '권필이 귀양길에 동대문을 나서서 쉬고 있는데 사람들이 술을 권하여 크게 취해 객점(客店)에 투숙(投宿)했다. 이튿날 권필이 죽었는데 주인이 집 문짝을 뜯어 널을 만들었는데 문짝에 시가 적혀 있었다.'고 했다.

석주 권필 기행 – ⑧ 문장 알아 제 몸에 재앙되었네
문장지해위신앙 文章只解爲身殃

◎◎◎ 성호 이익(星湖 李瀷, 1681~1763)은 『해동악부(海東樂府)』에 석주 권필(石洲 權韠)의 「궁류시(宮柳詩)」관련사(關聯事)를 서술했다. 혼시(昏時 : 광해군 때)에 유씨(柳氏)는 광해군의 척리(戚里)[158]로서 권력을 마음대로 휘둘렀다. 소암 임숙영(疎庵 任叔英)은 과거시험에 제출한 대책(對策)에서 극언(極言)했고 석주 권필은 「궁중류(宮中柳 : 궁류시)」때문에 곤장(棍杖)을 맞고 유배(流配)가다 도중(途中)에 죽었다. 국인(國人)이 슬퍼했다. 이어서 악부시(樂府詩) 「궁중류(宮中柳)」를 실었는데 시의 일부이다.

그대는 여장이란 서생(書生)이 노래한 것을 듣지 못했는가
　　　　　　　　　　　　　君不聞書生作歌字汝章
악부로 불려져 그 소리 양양해라　　樂府傳唱聲洋洋
문장이 몸의 재앙(災殃)됨을 알았네　文章只解爲身殃
궁버들이 바람에 미친 듯 나부낀다만　但見宮柳風吹狂
세모에는 서리 많이 번거롭지 않겠는가　無乃歲暮多繁霜

궁류시는 널리 회자(膾炙)되었지만, 그것이 화근(禍根)이 되었음을 아

---
158) 혼인관계를 맺은 사이.

쉬워하고 있다. 그러나 세도가(勢道家)들도 영원(永遠)히 세도가일 수 없음을 말한다.

악부는 중국 한대(漢代) 무제(武帝) 때 음악을 관장하던 관청명으로 음악을 수반한 문학이었으나 점차 음악적인 요소가 탈락했다. 악부는 우리나라에 토착화하여 무수한 악부가 창출되었다. 성호의 『해동악부』에는 신라 유리왕부터 조선조 광해군까지 역사적 사실과 문학 작품들을 노래한 악부 199편이 전한다.

석주 권필 기행 – ⑨ 약관에 인걸(人傑)들을 다 사귀다
약관진교영준 弱冠盡交英俊

❁❁❁ 석주 권필(石洲 權韠)은 뜻이 크고 기개가 있었으며 논의(論議)와 풍도(風度)가 당시에 으뜸이었다. 약관(弱冠)에 당시 인걸(人傑)들을 다 사귀어 명성(名聲)이 대단했다. 원접사(遠接使)[159] 이정귀(李廷龜, 1564~1635)가 그의 시재(詩才)를 천거(薦擧)하여 백의(白衣)로 제술관(製述官)[160]에 차출(差出)되었다.

성질이 강건(剛健)하고 입이 재빨라 화를 당할까 두려워하여 힘써 숨어 지내려 했지만, 시를 지어 시인(時人)을 풍자(諷刺)하기를 좋아했으므로 한 편의 시가 나올 적마다 도성(都城) 안이 떠들썩하게 외어 전해졌다. 때문에 그를 좋아하지 않는 사람이 많게 되었고 끝내 화를 면치 못하게 되었다. (『광해군일기(光海君日記)』 4년 4월 2일자, 사관평(史官評))

---

159) 중국 사신(使臣)을 맞아들이는 임시 벼슬.
160) 전례문(典禮文)을 지어 바치는 임시 벼슬.

나는 성질이 엉성하고 허탄해서 세상과 조화(調和)를 이루지 못했다. 으리으리한 집을 지나면 침을 뱉었고, 개딱지 같은 집을 보면 반드시 서성거리고 돌아보며, 팔을 베고 물을 마셔도 그 즐거움을 고치지 않은 사람을 보리라 생각했다.

벼슬아치를 만나면 다 어질다 해도 노예처럼 비루하게 여겼고 의협심(義俠心) 있는 백정을 보면 다 천하게 보아도 흔쾌히 그를 따라 노닐며 '슬픈 노래 부르며 비분강개인(悲憤慷慨人)을 보지 않을까' 여기니, 내가 괴이하게 보이게 된 까닭이다. 그것이 어떤 마음인지 몰라 세속을 떠나 산야에서 본성(本性)을 기르고 고인(古人)의 도(道)를 구하고 싶었다. (『석주집(石洲集)』)

석주 권필 기행 – ⑩ 날로 달로 잘라내어 남은 게 없네
일소월삭금무유　日銷月鑠今無遺

◎◎◎ 『석주집(石洲集)』에 실린 「충주석(忠州石)」이다.

충주의 유리 같이 고운 돌	忠州美石如琉璃
천 사람 캐내어 만 마리 소가 옮기네	千人劚出萬牛移
옮겨지는 돌보고 어디로 가냐니까	爲問移石向何處
세도집 신도비로 쓰인다고 했다네	去作勢家神道碑
신도비엔 누구를 새기냐니까	神道之碑誰所銘
모두 이 분은 생전에	皆言此公在世日
자질과 학문이 뛰어나	天姿學業超等夷
충성과 강직으로 임금 섬기고	事君忠且直
효도와 자애로 집을 꾸렸네	居家孝且慈

문전에는 뇌물 끊었고	門前絶賄賂
창고엔 재물이 없었다 하네	庫裏無財資
〈중략〉	
이 말을 믿든지 말든지	此言信不信
남이야 알든지 모르든지	他人知不知
마침내 충주의 산속 돌은	遂令忠州山上石
날로 달로 잘라내어 남은 게 없네	日銷月鑠今無遺
하늘이 돌을 만들 때 입을 없앴기 망정이지	天生頑物幸無口
돌에 입이 있다면 응당 할 말이 있겠지	使石有口應有辭

　　광해군(光海君)을 추대한 대북파(大北派)의 권세가 세상을 압도하고 반대파를 없애려던 사회 분위기를 풍자했다. 위선에 가득 찬 허위(虛僞)를 고발하면서 당시 환경 보전에 대한 인식이 새롭게 다가온다. 집권층의 위선과 허위를 폭로하리라는 돌의 의인화는 풍자의 절정(絶頂)을 이룬다.

석주 권필 기행 - ⑪ 이제부터 입을 봉하고 생을 끝내려 하네
종차괄낭료졸세 從此括囊聊卒歲

　　○○○ 어느 날 권필은 자작시고(自作詩稿)를 작은 보자기에 싸서 생질(甥姪) 심모(沈某)에게 맡기면서 절구(絶句) 한 수를 보자기에 썼다.

평생토록 우스개 글귀 즐겨 지어서	平生喜作俳諧句
만 사람 숙덕거림을 끌어 일으켰는데	惹起人間萬口喧
이제부터 입을 봉하고 생을 끝내려 하네	從此括囊聊卒歲
옛날 공부자(孔夫子)께서도 말씀이 없고자 하셨다	向來宣聖欲無言

권필은 그 뒤 사흘만에 잡혀가 옥(獄)에 갇혔다가 마침내 죽었다.

권필의 형 초루 권갑(草樓 權韐)은 서호변(西湖邊)에 살았다. 대북파(大北派) 무리가 강 위에서 선유(船遊)타가 권갑의 집 울타리 앞을 지나면서 같이 뱃놀이하자고 청하였다. 권갑이 함께 뱃놀이하다가 객상(客床) 위에 놓인 반찬을 손으로 집어 아이종한테 주면서 말했다.

"이놈은 어리고 아는 것은 없으나 그 어미 봉양(奉養)하는 효도(孝道)를 알기 때문에 사랑한다."

그때 인목대비(仁穆大妃)가 서궁(西宮)에 깊이 갇혀있었는데 사람들은 권갑의 행위가 자기들을 풍자한 것임을 알고 노(怒)하여 죄를 줘야 한다 했다. 그들 중에 너그러운 사람이 "이미 그 아우[권필]를 죽였는데 또 형을 죽이면 남들이 우리를 어떤 사람이라고 하겠습니까?"라 해서 그냥 넘어갔다.

권갑은 이처럼 기절(氣節)을 숭상(崇尙)하고 닥칠 화(禍)를 겁내지 않았다. 이긍익(李肯翊, 1736~1806)의 『연려실기술(燃藜室記述)』에 전한다.

석주 권필 기행 - ⑫ 어머니 연세가 여든셋일세

자모시년팔십삼 慈母時年八十三

◎◎◎ 권필은 대대로 현석촌(玄石村)에 살았으므로 자호(自號)를 석주(石洲)라 했다. 사람됨이 소탈하고 세사(世事)에 구속받지 않았다. 송강 정철(松江 鄭澈)의 풍류(風流)를 사모(思慕)했는데 송강이 죽은 뒤 죄명(罪名) 입었음을 마음 아파하여 다시는 과거(科擧)에 응시(應試)치 않았다. 본래 술을 즐겼고 호해(湖海)에 방랑하면서 위언(危言)과 과격한 논의를

좋아했으며 당시 정사(政事)를 기롱풍자(譏弄諷刺)한 시를 많이 지어 그것 때문에 죽었다. 귀양길에 『근사록(近思錄)』과 『주서절요(朱書節要)』만 가지고 간 것은 시화(詩禍)를 후회한 것일지도 모른다.

좌의정 이항복(李恒福, 1556~1618)은 임금께 울면서 반일(半日)이나 거듭 절하고 간(諫)하기를 되풀이했고 이덕형(李德馨, 1561~1613)도 시안(詩案)으로 선비를 죽임은 마땅치 않다고 말했으나, 광해군은 형벌을 더하게 하고 신문(訊問)을 독촉했다. 이항복은 늘 한(恨)하기를 "우리들이 정승자리에 있으면서 한 사람의 권필을 제대로 살피지 못했으니 선비 죽인 책망을 어찌 면할 것인가?"라고 하였다.

권필의 형 도(韜)는 해남(海南)으로 귀양갈 때 절구(絶句) 한 수를 읊었다.

신의 죄 산 같아 죽음도 달게 받겠는데　　臣罪如山死亦甘
임금님 은혜 너그럽게 용서받아 강남으로 귀양가오　聖恩寬貸謫江南
갈림길 다달아 별다르게 무궁한 한(恨)은　　臨岐別有無窮恨
어머니 연세가 여든 셋일세　　　　慈母時年八十三

당시 사람들이 시를 듣고 슬퍼하였다. (『연려실기술(燃藜室記述)』)

석주와 같이 형 갑(韐)과 도(韜)도 시세에 영합치 못하는 인물들이다. 형제들이 죽고 귀양가는 등 통한(痛恨)의 현실 앞에 '어머니 연세가 여든셋일세[慈母時年八十三].'라 읊은 작자의 참담한 가슴앓이 속내가 바로 눈앞에 현형(現形)되는 듯했다.

인조반정과 김류·이기축 이야기 — ① 간밤 꿈에 상감께서 납시었습니다

야몽대가림문 夜夢大駕臨門

❁❁❁ 선조(宣祖)가 말년(末年)에 손자들에게 글씨와 그림을 그리게 했다. 인조(仁祖)는 그림을 그렸는데 선조는 그 그림을 백사 이항복(白沙 李恒福, 1556~1618)에게 하사(下賜)했다. 백사가 북청(北靑) 유배(流配)길에 김류(金瑬, 1571~1648)와 주막에서 묵었는데, 김류에게 그림을 맡기면서 말했다.

"이 그림은 선왕(先王)의 하사품인데, 하사한 뜻은 살피지 말고 그림 그린 사람을 찾아보게."

김류는 집 벽에 그림을 걸어 놓았다. 인조가 임금되기 전에 외출 중 비를 만나 길가 집 대문 안에서 비를 피하니 계집종이 나와서 말했다.

"비가 계속 내리니 사랑채에서 머무르시기 바라옵니다."

안주인의 뜻이라며 거듭 간청해서 인조는 마지못해 사랑채로 들어갔는데 벽 위에 자신이 그린 말(馬) 그림이 걸려 있었다. 조금 뒤에 주인 김류가 왔다. 처음에는 서로 알지 못하는 사이였는데 인조가 그림에 대해 묻자 김류가 말했다.

"어째서 그걸 물으시는지요?"

"제가 그렸기 때문이오."

조금 뒤에 푸짐한 음식상이 나왔다. 김류는 마음속으로 괴이하게 여겼다.

손님이 간 뒤 부인이 말했다.

"간밤 꿈에 상감께서 우리 집에 납시었습니다. 잠을 깬 뒤 이상하게 생각했는데, 계집종이 비를 피해 어떤 분이 대문에 들어와 있다고 했습니다. 그래서 몰래 엿보았더니 바로 꿈속에 보았던 상감이었습니다."

김류는 이때부터 몰래 왕래하여 드디어 중흥의 계획을 이루었다.

여성(女性)의 혜안(慧眼)이 선견지명(先見之明)과 지인지감(知人之鑑)으로 표출된 여성인물야담(女性人物野談)이다.

인조반정과 김류·이기축 이야기 - ② 기축이 장군목을 꺾고 들어가다

기축절장군목이입 起築折將軍木而入

◎◎◎ 이기축(李起築, 1589~1645)은 기축생(己丑生)이므로 기축(己丑)이라 하다가 기축(起築)으로 고쳤다. 그는 주막집 머슴인데 사람됨이 둔하여 배불리 먹는 것만 알았다. 주인집 딸은 글자를 좀 깨쳤고 영리하고 민첩(敏捷)했다. 부모가 사윗감을 고르려 하자 딸이 말했다.

"기축에게 시집가겠습니다."

딸을 꾸짖었으나 끝내 듣지 않아 부득이 이기축과 혼인시켰다.

"저는 기축과 서울 가서 생활코자 합니다."

부모는 남의 비웃음감이 되기보다 딸을 서울로 보내는 것이 낫겠다 여겼다. 그녀는 서울 장동에 집을 사서 술집을 차렸는데, 술맛이 좋다고 소문이 났다.

그녀는 남편 기축에게 『사략(史略)』 1권의 '이윤이 태갑을 폐하였다[이윤폐태갑伊尹廢太甲].'는 구절에 표시하고 말했다.

"신무문(神武門) 뒤에 모인 사람들에게 이 구절을 그들 앞에 펼쳐 놓고 가르쳐 달라 하십시오."

신무문에는 7,8명의 사람이 모여 있었는데 이들은 기축의 말을 듣고 깜짝 놀라 물었다.

腹子)였다.

　서포의 유년명(幼年名)은 선생(船生)[163]이었고, 선군(先君)[164]의 얼굴을 알지 못함을 크게 마음 아파했다. 그는 외가(外家)에서 어머니의 훈도(訓導)를 받으며 자랐다.

서포 김만중 기행 - ② 왼손엔 미음그릇, 오른손엔 회초리
좌지전죽 우하초 左持饘粥 右夏楚

○○○　서포 김만중(西浦 金萬重)의 어머니 해평윤씨(海平尹氏, 1617~1689)는 열네 살에 시집 와서 열일곱에 맏아들 만기(萬基)를 낳았고, 병자호란(丙子胡亂, 1636)이 일어난 이듬해 1월 22일, 강화성(江華城)이 함락되고 남편 김익겸(金益兼)이 순절(殉節)했을 때, 스물한 살이었다. 그 20일 뒤에 피란선(避亂船)에서 만중(萬重)이 출생(出生)했다. 난리 뒤 그녀는 두 아들과 친정살이를 했다.

　부인은 명석(明晳)하여 경서(經書)와 사기(史記)에 통달(通達)했으므로 젖먹이 때부터 부군(府君 : 김만중)을 구송(口誦)하여 가르쳤다. 부군도 슬기롭고 숙성(夙成)하여 서석공(瑞石公 : 김만기) 곁에서 책 읽는 것을 듣기만 해도 그 대강의 뜻을 깨쳤다. 부인은 『소학(小學)』과 『사략(史略)』 및 당시(唐詩) 같은 내용을 다 가르쳤는데 비록 자애(慈愛)로움이 남달랐으나 교육은 지엄(至嚴)했다.

　"너희들은 재주와 학문이 남보다 한 등급은 뛰어나야 겨우 남과 나란히 설 수 있다. 사람들이 행실 없는 이를 꾸짖을 적에 반드시 '과부(寡婦)

---

163) 배 위에서 태어남.
164) 돌아가신 아버지.

의 자식이라.' 하니, 이 말을 너희들은 깊이 뼈에 새길지어다." (『서포연보(西浦年譜)』)

큰애는 낭랑히 시경과 예기를 외고	大兒琅琅誦詩禮
작은애는 글 배우는데 아직 젖먹이라네	小兒學書未離乳
왼손엔 미음그릇 오른손엔 회초리	左持饘粥右夏楚
가르침으로 사랑 삼음에 어머니 마음 아파라	以敎爲慈母心苦

서포가 어릴 적 일을 읊은 자모지정(慈母之情)이다.

충정공 김익겸과 해평윤씨 산소

서포 김만중 기행 - ③ 자체(字體)가 정세(精細)하여 구슬을 꿴 듯하다

◎◎◎ 서포(西浦)의 선비(先妣 : 돌아가신 어머니) 윤씨는 두 아들과 친정 살이 중 아버지 참판공 윤지(參判公 尹墀)가 타계(他界)한 뒤, 생활은 더

욱 곤궁했다. 서포는 남해 노도(南海 櫓島) 배소(配所)에서 피눈물로 쓴 글「선비정경부인행장(先妣貞敬夫人行狀)」[165]에서 술회(述懷)했다.

가사(家事)는 더욱 곤궁해져 몸소 길쌈일하고 수(繡)놓아 끼니를 이었어도 항상 태연하여 근심하는 빛이 없으셨고 불초(不肖 : 불효자) 형제가 알지 못하게 하셨다. 자식이 집안 세무(細務)에 골몰하여 공부에 방해될까 염려해서였다. 남다른 자애(慈愛)로 소학(小學), 경서(經書), 사략(史略), 당시(唐詩) 등속을 손수 가르치셨지만, 글읽기를 부과(賦課)하고 감독(監督)하심은 지극(至極)히 엄하셨다.

불초 형제 허물이 있으면 손수 매를 잡고 우시면서, "아버지가 어미한테 형제를 의탁하고 죽었는데 너희들이 이렇듯 하니 무슨 면목으로 지하에 갈 수 있겠는가. 글을 못하고 사는 것은 차라리 죽는 것만 못하다."는 말씀이 너무나 통절(痛切)하셨다.

궁핍한 살림살이에 대부인(大夫人 : 어머니)께서는『맹자(孟子)』,『중용(中庸)』등을 구해주셨다. 형은 권수 많은『좌씨전(左氏傳)』을 파는 자에게 감히 값을 묻지 못했다. 대부인께서는 베를 짜시다가 베틀 가운데 명주(明紬)를 잘라 책값으로 주셨다. 옥당(玉堂 : 弘文館)에 있는 이웃사람으로부터 사서(四書)와『시경언해(詩經諺解)』를 빌려다가 손수 베끼시니 글자체가 정세(精細)하여 구슬을 꿴 듯하고 한 획도 구차(苟且)함이 없으셨다.

남해 노도(櫓島)의 서포김만중선생유허비

---

165) 행장은 돌아가신 분의 일대기(一代記).

서포 김만중 기행 - ④ 애통(哀痛)하며 울부짖다 병이 되어 졸하다

애호성질이졸 哀號成疾而卒

◎◎◎ 『숙종실록(肅宗實錄, 1692)』에 실려 있는 서포 김만중(西浦 金萬重)의 졸기(卒記)[166]는 2편인데 같은 날짜로 되어 있다. 서포의 긍정과 부정적인 양측면(兩側面)을 다루었는데 긍정적인 졸기 내용이다.

전 판서(前 判書) 김만중이 남해 적소(南海 謫所)에서 졸했는데, 나이는 56세였다. 자는 중숙(重叔)이고 김만기(金萬基)의 아우이다. 사람됨이 청렴(淸廉)하게 행동하고 마음이 온화(溫和)했으며 효성(孝誠)과 우애(友愛)가 매우 돈독(敦篤)했다. 벼슬하고 나서는 언론(言論)이 강직(剛直)하여 선(善)이 위축되고 악(惡)이 창궐(猖獗)할 때마다 더욱 정직(正直)이 드러나 청렴함이 다른 사람들보다 뛰어났다.

서포 가묘터 이정표

서포 가묘터 오르는 계단과 가묘터 표석

---

166) 대부(大夫)나 대부급의 죽음에 대한 기사.

서포 가묘지와 초옥터[草屋地]

벼슬이 높은 품계(品階)에 이르렀지만 가난하고 검소함이 유생(儒生)과 같았다. 왕비(王妃)의 근친(近親)이어서 더욱 겸손하고 경계(警戒)하여 권세 있는 요로(要路)를 멀리했고, 양전(兩銓)[167]과 문형(文衡 : 大提學)을 극력 사양했으므로 세상에서 이를 대단히 여겼다.

글 솜씨가 경발(警拔)[168]하고 시(詩)는 더욱 고아(古雅)하여 근세(近世)의 조속(粗俗)한 어구(語句)를 쓰지 않았다. 재주를 나타내지 않았는데, 사람들이 그의 천품(天稟)이 도(道)에 가까우면서도 학문에 공력(功力)을 들이지 못한 것을 한(恨)스럽게 여겼다. 적소에 있으면서 어머니의 상사(喪事)를 만나 분상(奔喪)할 수 없자, 애통(哀痛)해 하며 울부짖다 병이 되어 졸했다. 그 당시 슬퍼하며 상심(傷心)하지 않은 사람이 없었다.

서포 김만중 기행
- ⑤ 가마의 주렴(珠簾)을 매어드리고 문 곁에 서서 바라보다

❀❀❀ 서포 김만중(西浦 金萬重)은 숙종 15년(1689, 53세) 기사환국(己巳換局)[169]으로 남해 노도(南海 櫓島)에 유배되었다. 당시 유배길 모자(母子)

---

167) 이조와 병조의 합칭(合稱)으로 전조(銓曹)라고도 함.
168) 착상 등이 매우 뛰어남.

이별 상황은 『서포연보(西浦年譜)』에서 실감있게 살필 수 있다.

'남해 적소(謫所)로 가다. 윤부인은 남성(南城) 밖 막차(幕次)[170]에서 부군(府君 : 김만중)을 전송(餞送)하게 되었는데 금오랑(金吾郎 : 義禁府都事)이 부군에게 말했다.

"들으니 대부인께서 나오셨다 하니 오늘은 잠시 머무르시고 내일 아침에 따라오셔도 무방합니다."

부군은 이를 거절하고 함께 출발하고자 했다.

윤부인은 "나는 네가 길 떠나는 것을 보지 못하겠으니 먼저 돌아가야겠다."고 하면서 가마에 올랐다. 부군은 가마 앞에서 절하여 하직하고 손수 가마의 주렴(珠簾)을 매어드리고 문 곁에 서서 바라보다가 길이 구부러져 가마가 보이지 않자 눈물이 흘러 얼굴에 가득해졌고 비로소 자리에 들어가 앉았다. 부인도 거리가 떨어진 뒤에야 가마 안에서 소리나지 않게 울었으나 부군에게 들리지 않도록 했다.'

효성이 지극했던 서포(西浦)였지만, 남해 유배길의 모자상봉(母子相逢)은 마지막 생면(生面)이 되고 말았다. 서포는 유배지로 가는 도중 남해향교(南海鄉校)에서 『주자어류(朱子語類)』를 빌려 적소(謫所)에서 요점을 초록하여 『주자찬요(朱子纂要)』, 『주자요어(朱子要語)』를 저술했다.

남해향교

---

169) 후궁 소의장씨(昭儀張氏) 소생을 원자(元子)로 정하는 문제를 계기로 서인(西人)이 축출되고 남인(南人)이 장악한 정국(政局).

170) 임시로 막을 쳐서 머무는 곳.

서포의 유배지. 남해 노도

서포 김만중 기행 – ⑥ 글자를 쓰기 전에 눈물 이미 넘쳐나네

자미성시루이자 字未成時淚已滋

◎◎◎ 서포 김만중의 유배지(流配地) 노도(櫓島)[171]는 벽련마을 부두에서 1km 가량 떨어져 있는 유인도(有人島)[172]인데 발동선(發動船)으로 10분여 거리에 있다. 노도 부두 방파제가 끝나는 마을 초입에 2000년 11월에 세운 「서포 김만중선생 유허비(西浦 金萬重先生遺墟碑)」가 길손을 맞이했다. 한적한 포구(浦口) 뒤로 민가(民家)가 들어서 있고, 그 뒤로 자동차 한대 지나갈만한 신작로(新作路)가 나 있었다.

산허리를 따라 모퉁이를 돌아 한참 가니 갈림길이 나타났다. 서포가 초옥을 지어 탱자나무 울타리 속에서 생활했던 초옥터길과 서포 사후

---

171) 남해군 상주면 벽련리(尙州面 碧蓮里).
172) 16세대 42명 거주.

(死後) 가매장(假埋葬:임시로 매장한 곳)했던 곳으로 가는 길이었다. 초옥터와 우물지(址) 및 허묘(墟墓) 자리는 300여 년 지난 지금도 역사의 현장임을 말해주었지만, 허허롭기만 했다.

오늘 아침 어머니 그리는 말 쓰려 하니	今朝欲寫思親語
글자를 쓰기 전에 눈물 이미 넘쳐나네	字未成時淚已滋
몇 번이고 붓을 적셨다가 다시 던져 버렸으니	幾度濡毫還復擲
문집 가운데 남해시는 응당 빠지게 되리	集中應缺海南詩

남해 적소에서 처음 맞이하는 모친 생신날 쓴 「사친(思親)」 시이다. 글자가 이루어지기도 전에 벌써 목이 메고 눈물이 앞을 가려 시상(詩想)을 제대로 나타내지 못하는 안타까운 심정을 토로(吐露)하고 있다. 1690년 1월 어느 날, 서포는 청천벽력(靑天霹靂)과 같은 모친(母親)의 부음(訃音)을 접했다.

서포김만중선생문학비

思 親　　　어머니를 그리워하며

今朝欲寫思親語　　오늘 아침 사친의 시
　　　　　　　　　소려 하는데
字未成時淚已滋　　글씨도 이루기 전에
　　　　　　　　　눈물 먼저 가리우네
幾度濡毫還復擲　　몇 번이나 붓을 적시다
　　　　　　　　　도로 던져 버렸나
集中應缺海南詩　　응당 문집 가운데
　　　　　　　　　해남의 시 빠지겠네

1689년 9월 25일 어머니 생신날에 서포선생이 남해에서 짓다

서포 김만중 기행
- ⑦ 남해(南海) 유배지(流配地)에서 쓴 서포만필(西浦漫筆)

◎◎◎ 서포 김만중(西浦 金萬重)은 29세에 등과(登科)하여 10여 년간 벼슬길이 순탄했고 예송(禮訟) 문제로 강원도 금성(金城)으로 유배된 적이 있으나, 경신대출척(庚申大黜陟)[173]으로 예조판서(禮曹判書)에서 대사헌·대제학·병조판서(大司憲·大提學·兵曹判書) 등을 역임(歷任)했다.

그러나 서포는 1687년 관서 선천부(關西 宣川府)로 유배되었다가 1688년에 석방되었으나 또

김만중 효행 정려비각(대전시 유성구 전민동)

다시 기사환국(己巳換局)으로 1689년에 경상도 남해 노도(南海 櫓島)에 유배되었다. 그리고 1689년 12월에 모친상(母親喪)을 당했으나 분상(奔喪)치 못했다. 그는 1690년 8월에 「선비윤부인행장(先妣尹夫人行狀)」을 지었고, 선비(先妣)의 상기(喪期)가 끝나자마자 1692년 4월 30일에 남해(南海) 노도(櫓島) 적소(謫所)에서 졸(卒)했다.

그의 유해(遺骸)는 남해 노도 정상(頂上)에 4개월 여 묻혔다가 경기도(京畿道) 광주(廣州) 노치(蘆峙)로 이장(移葬)했다. 그러나 그의 유해는 1711년 다시 휴전선 너머 장단 대덕산(長湍 大德山)으로 이장(移葬)되었다. 정조(正祖) 7년(1783)에 문효(文孝)란 시호(諡號)를 내렸다. 서포는 『서포만

---

173) 1680년 남인(南人)이 쫓겨나고 서인(西人)이 득세(得勢)한 사건.

필(西浦漫筆)』을 저술했는데, 선천유배시(宣川流配時) 지은 상권(上卷)은 중국역사(中國歷史)와 인물을, 3년 여 남해유배(南海流配) 때 지은 하권(下卷)은 우리 역사와 인물 및 시화(詩話)[174]들을 담았다.

서포 김만중 기행 - ⑧ 순언의 이름이 중국에 진동하다
이시명동중국 純彥之名動中國

○○○ 홍순언(洪純彥)은 나[유몽인]와 같은 마을 사람으로 사람됨이 영특하고 모습이 빼어났다. 그가 중국에 갔을 때 구면(舊面)이 있는 사람을 만났는데 가업(家業)을 패(敗)하여 처자(妻子)를 다 팔아버린 자였다. 순언은 곧 500냥을 써서 그 사람의 처자와 전장(田庄)을 되돌려오게 했다. 이런 일로 해서 순언의 이름이 중국에 진동(振動)하여 가는 곳마다 주목을 받아, 홍노야(洪老爺 : 홍대인大人)라고 불려졌다.

유몽인(柳夢寅)의 『어우야담(於于野譚)』에 실려 있는 홍순언(洪純彥)의 사실적(事實的)인 이야기이다. 당릉군(唐陵君) 홍순언(1530~1598)은 선조(宣祖) 때 명역관(名譯官)으로 활약한 인물이다. 그는 역관의 몸으로 종계(宗系)의 잘못된 일을 변증(辨證)한 공로로 광국이등공신(光國二等功臣)으로 녹훈(錄勳)되고 당릉군에 봉(封)해져, 화제의 인물로 부상하여 『서포만필』 소재(所載) 「홍순언일화(洪純彥逸話)」를 거치면서 무수한 「홍순언일화」를 창출(創出)하게 했고, 이 일화들은 발전하여 여러 편의 소설까지 산생(産生)시켰다.

명(明)나라 『태조실록(太祖實錄)』과 『대명회전(大明會典)』 등에 조선조

---

174) 시에 관한 일화(逸話)와 평론(評論).

태조가 고려의 권신 이인임(權臣 李仁任)의 아들로 기록되어, 개국 초부터 약 200년간 명나라에 태조 이성계(太祖 李成桂)의 종계(宗系) 등을 개록(改錄)토록 여러 차례 주청(奏請)했으나 실현되지 못하여, 이는 역대 왕들의 가장 큰 현안 문제로 대두되었다. 그 후 1584년(선조 17) 종계변무(宗系辨誣) 주청사(奏請使) 황정욱(黃廷彧) 등이 명나라에 가서 정정한 기록을 확인했고, 1588년(선조 21) 유홍(兪泓)이 고쳐진 『대명회전』을 가지고 돌아왔다.

서포 김만중 영정

서포 김만중 기행 – ⑨ 색동옷 입고 사이좋게 지내면 어머니 기뻐하셨지
채복훈지자안열 綵服壎篪慈顔悅

◎◎◎ 2008년 4월 27일. 경남 남해(南海) 용문사(龍門寺)에서는 9시 30분부터 12시까지 〈서포 김만중 선생 316주기 추모제 및 제1회 학술발표회〉가 있었다. 남해역사연구회[회장 정의연]와 용문사가 공동 주최한 뜻 깊은 행사였다. 특히 참석자에게 『남해도 유배인물 100人傳』(정의연 편저, 369쪽)이 배포되어 이 행사에 빛을 더했다.

서포의 저작(著作)인 「구운몽(九雲夢)」과 「사씨남정기(謝氏南征記)」 및 「서포만필(西浦漫筆)」 등의 남해 저작설(著作說)을 주장하는 발표자의 열띤 발표 내용은 객관성은 차치하고라도 남해사랑의 농축물(濃縮物)이었다.

서포 김만중 선생 추모 학술발표회 　『남해도 유배인물 100인전』 표지

용문산 위에 있는 같은 뿌리의 나무	龍門山上同根樹
가지는 꺾이고 시들어 죽었는지 살았는지	枝柯摧頹半死生
산 가지는 풍상이 너그럽게 보아주지 않고	生者風霜不 相貸
죽은 가지도 오히려 날마다 도끼가 찍어대네	死猶斧斤日丁丁
생각하면 우리 형제 탈 없던 날	憶我弟兄無故日
색동옷 입고 사이좋게 지내면 어머니 기뻐하셨지	綵服壎篪慈顔悅[175]
어머니 연세 여든인데 돌볼 사람 없으니	母年八十無人將
이승과 저승에서 머금은 한 어느 때나 그칠까	幽明飮恨何時歇

위의 시는 서포가 남해 유배지에서 고목(古木)을 보고 어머니를 떠올리며 읊은 2수 중 첫수이다.[176]

학술 발표 후 남해군 상주면 벽련리(尙州面 碧蓮里) 선착장(船着場)에서 봉길호를 타고 양아리 노도(櫓島)로 향했다. 노도는 서포 김만중 선생의

---

175) 훈지(壎篪)는 『시경(詩經)』 소아편(小雅篇) 「하인사장(何人斯章)」에 나오는 '형은 흙피리 불고 아우는 대피리 불듯(伯氏吹壎 仲氏吹篪)'에서 나온 말로 형제간의 돈독한 우애를 뜻한다. 훈수 정만양(壎叟 鄭萬陽, 1664–1730)과 지수 정규양(篪叟 鄭葵陽, 1667–1732) 형제의 남다른 우애는 형제 저서 『훈지록(壎篪錄)』에 잘 표상되어 있다.

176) 『서포 김만중 선생 316주기 추모제 및 제1회 학술발표회 자료집』, 2008.4.27, 남해 용문사, 3쪽 참조.

유배지이다. 몇 차례 노도를 찾은 적이 있었지만 이번 걸음은 남해역사 연구회 사암 정의연(賜菴 鄭義然) 회장과 박영덕 사무국장, 박성재(朴成哉) 학술 발표자를 비롯한 남해 인사들과 동행한 뜻 깊은 답사길이었다.

노도에는 「서포김만중선생유허비(西浦金萬重先生遺墟碑)」가 세워져 있고, 서포가 유배생활을 한 초옥(草屋)터와 우물 및 허장지(虛葬址) 등이 있다. 남해군에서는 2005년에 초옥을 복원했다. 공사비 등을 줄인다는 명목을 내세워 원래 초옥터와는 벗어난 곳에 육지에서 운반한 인공 황토로 벽을 발랐고, 대리석을 바닥에 까는 등의 현대판 초옥을 세워 놓았다.

서포가 이곳에서 별세(別世)한 후 임시로 묻혔던 가묘지(假墓址)는 초옥터로 가다가 오른쪽으로 234개나 되는 대리석 계단을 올라 노도 정상(頂上)에 있다. 숨을 헐떡이면서 오른 그곳엔 표석만 가묘터임을 알려줄 뿐 봉분(封墳) 흔적은 남아 있지 않았다. 남해 충렬사(忠烈祠) 경내에 있는 충무공 이순신 장군의 가묘(假墓)가 스쳐 지나갔다. 실묘(實墓) 이상으로 조성되어 수호관리가 잘 되고 있었기 때문이다.

서포 유배지 초옥터 표석 내용

복원한 초옥

이석진(李碩晉, 1946-) 봉길호 선장은 노도에서 조상 대대로 살아온 '노도의 산증인이요 지킴이'이다. 남해인들은 그를 노도지사(櫓島知事)라고 불렀다. 그는 초옥터와 우물터는 틀림없는 서포의 유적지임을 누누이 강조하면서 졸속 초옥 복원을 비판했다. 노도지사와 올랐던 가묘터이다. 그는 봉분 없는 가묘(假墓)에 대해 남해 당국의 무성의를 질타하면서 가묘 주위엔 나무가 절대 자라지 않는 이유를 '서포 선생의 혼기(魂氣)' 때문이라 했다.

서포 유배지 우물터임을 증언하는 이석진 씨

서포만필 소재 홍순언일화 - ① 유락녀는 뒤에 재상처가 되다

유락녀후위재상처 流落女後爲宰相妻

❀❀❀ 서포 김만중(西浦 金萬重, 1637~1692)의 『서포만필(西浦漫筆)』에
전하는 「홍순언일화(洪純彦逸話)」이다. 고려 말에 우리나라 여자로 홍무
궁인(洪武宮人)[177]이 된 사람이 있었다. 명 태조는 그녀를 통해서 우리나
라 사정(事情)을 제법 알았다. 국가 선첩(璿牒)[178]의 억울한 누명[179]도 여
자가 사실과 다르게 전했기 때문이었다. 아, 천자(天子)가 만 리를 밝게
본다고 누가 말하였던가. 뒷날 그 수모(受侮)를 씻게 된 것도 한 여자의
힘에 힘입게 되었다.

우리나라 역관(譯官) 홍순언(洪純彦)이 기관(妓館)에 놀러 갔다가, 양가
(良家)의 여자가 유락(流落)하여 몸을 잃게 된 것을 보고, 가엾게 여겨
백금을 주었다. 여자는 뒤에 재상(宰相)의 아내가 되어 총애(寵愛)를 받
자, 그 주선을 크게 힘입게 되었다. 여자의 덕(德)이 어찌 착한 일을
하여 상을 받고, 악한 일을 하여 처벌받는 것이 아니라고 하겠는가.
그 일이 매우 기이하여 전하지 않을 수가 없다.

「홍순언일화」의 머리말이다. 즉 '홍무궁인 → 선첩(璿牒)의 수무(受
誣)[180] → 역관 홍순언 → 기관(妓館)의 유락한 양가녀(良家女) → 홍순언
의 시혜(施惠) → 재상처가 된 기관녀(妓館女) → 종계변무(宗系辨誣)'라는
과정을 살필 수 있다. 여자가 문제의 원인을 만들고 문제를 해결하는
도식으로 짜여 있다. 여자는 나약한 존재가 아닌 여러 측면에 걸쳐 역
량을 발휘함을 강조하고 있다. 또 이 점이 머리말의 핵심(核心) 내용이

---

177) 명(明)나라 태조(太祖)의 궁인.
178) 조선왕조의 족보.
179) 이인임이 태조 이성계의 부친으로 잘못 기록된 것.
180) 억울한 누명.

라 할 수 있다.

서포만필 소재 홍순언일화 - ② 나이 반백에 내일을 알 수 없네

행년반백래불가지 行年半百來不可知

◎◎◎ 홍순언(洪純彦, 1530~1598)은 명종(明宗)과 선조조(宣祖朝)의 역관(譯官)이다. 사람됨이 재물(財物)을 가벼이 여기고 기개(氣概)를 숭상(崇尙)했으며, 더욱이 중국말을 잘하여 전후(前後)의 사신(使臣)에게 신임(信任)을 받았다.

이때는 나라가 태평(泰平)하여 변경(邊境)의 근심이 없었으나, 군신(君臣)들은 종계(宗系)의 억울한 누명(陋名)이 지극한 고통(苦痛)이 되어 사신 행차(行次)가 요하(遼河)와 갈석산(碣石山) 사이에 서로 잇대어 갔다. 홍순언은 그 사행(使行)에 동행(同行)치 않은 적이 없었다.

하루는 순언이 옥하관(玉河舘)[181]에서 동료(同僚)에게 말했다.

"내가 어른이 된 뒤 중국의 산하(山河)나 성관(城關), 의관(衣冠), 예악(禮樂)의 성려(盛麗)함, 촉(蜀)땅의 비단, 오(吳)땅의 능라, 남방(南方)의 금옥(金玉)이나 북방(北方)의 진주(眞珠)가 찬란함을 이미 실컷 보았다. 그러나, 오직 보지 못한 것은 연조(燕趙)의 성(城)을 기울일 만한 절세미인(絶世美人)이네.

내 지금 나이 반백 살로 내일을 알 수 없네. 이제 백금(百金)으로 청루(靑樓)에 노는 비용으로 삼아 평생의 소원을 풀려고 하는데, 어찌 남자다운 일이 아니겠는가?"

역관들이 크게 웃으면서 말했다.

"공이 젊었을 때부터 평소 노성(老成)하다는 이름이 있더니, 어찌 머리가 짧아졌는데 흥(興)이 도리어 길어졌소. 혹시 낭패할 운명에 다다른 게 아니오?"

순언도 웃으며 "그대들과는 일을 함께 계획할 수 없겠네." 하고는 아쾌(牙儈 : 소개꾼)를 불러 이를 꾀했다.

서포만필 소재 홍순언일화 − ③ 흰실이 물든다고 생각하니

자금일염소사지염 念素絲之染

◎◎◎ 연경(燕京 : 북경)에는 아름다운 여자가 많았으나 야합금(夜合金)으로 백금(百金)을 부른 사람이 없었으므로 여자들이 크게 놀라 감히 홍순언을 끌어들이지 못했다. 한 아쾌(牙儈)가 말했다.

"새로 어린 아가씨가 남국(南國)에서 왔는데 야합금이 매우 높아 귀공

---

181) 조선조 사신들이 묵었던 숙소.

자(貴公子)들이 감히 채찍을 떨어뜨리지 못합니다. 만약 절색(絶色)을 보려면 이 사람이어야만 됩니다."

홍순언(洪純彦)은 흔연(欣然)히 먼저 백금을 보내고 깨끗한 옷에 향기를 띠고 갔다. 여자는 과연 하강(下降)한 선녀(仙女) 같이 아름다워 사람을 움직였다. 취침하려니 여자가 홀연히 슬픈 얼굴에 눈물을 흘려 괴이해서 물으니 답했다.

"저는 본래 남방 관족(南方官族)인데 부모님이 객지에서 잇달아 돌아가시니 사고무친(四顧無親)하고 가난해서 부모님 장례를 치를 수 없었습니다. 제 모습이 그렇게 추악하지 않아 사람들은 청루(靑樓)에 몸을 팔아 장례비용을 마련토록 권했습니다. 제 신세가 고단하고 약하여 이렇게 타락(墮落)함을 면치 못했습니다.

감히 연성지가(連城之價 : 비싼 값)를 매긴 것은, 하룻밤에 자금을 마련하여 큰일을 경영하고 불초(不肖)의 몸을 대속(代贖)코자 함입니다. 다행히 철인(哲人)께서 오셔서 참으로 영광(榮光)입니다만, 오늘부터 흰 실이 물든다고 생각하니 저도 모르게 그런 심정을 얼굴에 드러내 귀인(貴人)께 누를 끼쳤습니다. 정말 몸 둘 바를 모르겠습니다."

홍순언은 문득 슬픈 마음이 일어 숙연히 머뭇거리며 "소인이 어찌 감히, 어찌 감히……" 하면서 일어나 나갔다.

서포만필 소재 홍순언일화 - ④ 성사(成事) 권한은 예부에 있다

성불성권재예부 成不成權在禮部

◉◉◉ 여인은 깜짝 놀라 홍순언이 남긴 돈을 움켜쥐고 쫓아 나왔다. "관인(官人)께서 굳이 가신다면, 제가 어찌 이 돈을 받겠습니까?"

"아가씨의 처지는 천지가 눈물을 머금겠거늘, 순언은 목석(木石) 같은 사람이 아닙니다. 장례비용의 만분의 일이라도 돕고자 합니다."

여인의 여러 번 사양에도 순언은 끝내 돈을 받지 않았다.

여인은 눈물을 흘리며 사례(謝禮)했다.

"공(公)께서는 참으로 천하의 의사(義士)입니다. 여자의 몸인 데다가 나라가 떨어져 있으니 은혜 갚을 길 없어 통탄(痛歎)할 뿐입니다. 오직 신령과 부처께 기도하여 장수(長壽)와 자손 창성(昌盛)을 바랄 뿐입니다."

그녀는 다시 홍순언의 이름을 묻고 '순언, 순언' 외며 방으로 들어갔다.

순언이 객관(客館)에 돌아오니 역관들이 야유했다.

"자네의 행색(行色)을 보니 혹시 쫓겨난 것이 아닌가?"

사실대로 말하자 감탄과 비웃음이 섞여 나왔다.

사행(使行)이 종계변무사(宗系辨誣事)에 빈손으로 귀국하자 조정(朝廷)은 수심이 깊어졌다. 몇 해 후에 주청사(奏請使) 파견에 역관 홍순언도 동행했다. 일행이 유관(渝關 : 국경 관문)에 도착하자, 관인(關人)이 일행 중 홍순언이 왔느냐고 물었다. 그 뒤 이를 묻는 사람이 줄을 이었다. 객관(客館)에는 하인(下人)이 대기했다가 말했다.

"예부상서(禮部尚書 : 예조판서)께서 홍순언공을 정중히 초청하셨습니다."

홍순언이 사신(使臣)에게 이를 보고하니 초청 이유는 모르나 순언에게 당부했다.

"사행일의 성사여부(成事與否) 권한(權限)은 예부에 있으니, 만약 이 일을 언급(言及)하게 되면 잘 설명하시오."

서포만필 소재 홍순언일화
– ⑤ 저를 다시 태어나게 하신 분은 의사(義士)입니다
재생자의사 再生者義士

○○○ 홍순언은 예부상서의 저택(邸宅)에 도착했다. 상서는 마루에서 내려와 빈주(賓主)의 예로 집행(執行)코자 하였다. 순언은 입으로 황공(惶恐)하다는 말만 할 뿐 감히 자리에 앉지 못했다.

"공의 높은 의기를 듣고 찾아가 뵙고 싶었지만 그럴 수가 없었는데, 이렇게 은혜롭게 찾아 주시니 고맙기 그지없습니다."

조금 있으니 계집종이 안으로부터 나와 상서에게 말했다.

"부인께서 존객(尊客)을 뵙고자 합니다."

패옥소리가 들리더니 여러 시녀(侍女)들이 부인을 모시고 나왔다.

홍순언은 깜짝 놀라 당하(堂下)에 엎드렸다. 상서는 순언을 일으켜 오르게 한 뒤 말했다.

"아내가 의사께 경의를 표하고자 합니다."

하인 둘이 순언을 부축하여 의자에 앉게 하고, 부인은 네 번 절한 다음 말했다.

"의사로부터 백금의 은혜를 받았는데 어찌 이 일을 잊으셨습니까?"

순언은 오직 엎드려 머리를 조아릴 뿐이었다.

"저는 공의 은혜로 몸을 깨끗이 지켜 고향에 돌아가 부모님을 장사 지냈고, 군자(君子)를 받들어 결혼했습니다. 저를 낳은 분은 부모지만 저를 다시 태어나게 해주신 분은 의사(義士)입니다. 이 몸이 가루가 되고 뼈가 망가지도록 노력해도 은혜의 만분의 일이라도 갚을 수 있겠습니까?"

상서가 말했다.

"공의 의기(義氣)는 금세(今世)에 없을 뿐 아니라, 옛 현인(賢人)들도 의사보다 나은 이가 있겠습니까? 공은 해마다 만 리 사행(萬里使行)길을 오르곤 하시는데, 이번엔 무슨 일로 오셨습니까?"

서포만필 소재 홍순언일화
⑥ 실로 그대의 충절(衷節)을 옳게 인도했소

실유이충 實誘爾衷

○○○ 홍순언(洪純彦)은 예부상서의 물음에 대해 종계(宗系)의 잘못된 본말(本末)을 갖추어 곡진(曲盡)하게 진술(陳述)했다.

"이 일은 오직 우리 예부에서 복주(覆奏)함에 달려 있습니다. 제가 비록 힘은 미약하나, 귀국의 종계변무사(宗系辨誣事)를 감당할 수 있으니 귀국 사신(貴國使臣)에게 지나치게 염려할 것 없다고 하십시오."

순언은 자리에서 내려와 머리를 조아리며 사례(謝禮)하고 나왔다. 순언이 객관에 돌아오자 그가 오래도록 예부에 있었음을 의아하게 여기고 다투어 순언에게 와서 물었다. 순언의 말을 듣고는 사신(使臣)이 손을 이마에 갖다 대고 말했다.

"종묘(宗廟)의 신령(神靈)이 실로 그대의 충절(衷節)을 옳게 인도해주셨소. 그렇지 않았다면 어찌 이와 같이 될 수 있었겠소?"

천자(天子)는 예부의 소청(疏請)을 윤허(允許)하고, 고쳐진 대명회전(大明會典)을 특별히 하사(下賜)했다. 순언은 이 공로로 광국이등훈(光國二等勳)과 당성군(唐城君 : 당릉군)에 책봉(冊封)되었다. 두 아들은 무과(武科)에 올라 금남 정충신(錦南 鄭忠信)[182]의 안현전투(鞍峴戰鬪)에서 공을 세워

진무공신(振武功臣)에 참여하였다. 역관(譯官)으로 그 영화(榮華)가 성대
(盛大)함은 우리나라에서 홍순언(1530~1598) 한 사람뿐이다.

서포 김만중(西浦 金萬重, 1637~1692))의 서포만필(西浦漫筆) 소재 홍순
언일화(洪純彦逸話) 이후, 30편이 넘는 다양한 내용의 홍순언일화가 창
출(創出)되었고 여러 편의 소설(小說)로도 발전하여 인구에 회자(膾炙)
했다.

서포만필 소재 홍순언일화 - ⑦ 이 말은 사실에 가깝다
차언근지 此言近之

❁❁❁ 정사공신제공(靖社功臣諸公)[183]이 일을 시작할 때 아마 임금을 선
택하는 상의가 없지 않았을 것이다. 하루는 장릉군(長陵君 : 仁祖)이 승
평군 김공(昇平君 金公)[184]의 댁을 방문하였다. 그가 일어서서 문 밖에
나서자마자, 김공의 부인이 나와 물었다.

"아까 손님은 어떤 분입니까?"

"부인은 어찌 이렇게 급히 묻습니까?"

"전에 꿈을 꾸었는데 가마를 타고 놀러 나가는 사람 중에 곤룡포 입
은 분이 지금 조정의 사람[광해군]이 아니어서 이상하게 여겼으나 감히
말씀드리지 못했습니다. 그런데 방금 그 분은 완연히 꿈속에서 곤룡포
를 입었던 그 사람이었습니다."

---

182) 1576~1636, '이괄(李适)의 난' 평정공신.

183) 인조반정(仁祖反正)에 공을 세운 인물들.

184) 광해군(光海君)을 폐위하고 장릉군(長陵君)을 왕으로 추대하여 정사공신일등(靖社功臣
一等)으로 승평부원군(昇平府院君)에 봉해진 김류(金瑬), 1571~1648.

김공은 크게 놀랐다. 이로 인해 그를 임금으로 추대하자는 논의가 마침내 결정되었다.

어떤 사람이 말했다.

"부인이 그 손님을 모르지 않았지만, 김공이 일을 지연시키므로, 꿈을 빙자하여 일을 촉진시키도록 했으리라 본다. 이 일은 한(漢)나라 양창부인(楊敞夫人)이 한 역할과 같다."

이 말은 사실에 가깝다.

몽중사(夢中事)가 사실과 맞아떨어지는 이야기이다. 서포 김만중은 인조반정(仁祖反正)의 핵심인물(核心人物) 중 한 사람인 김류와 그 부인의 일화(逸話)에 대해, '차언근지(此言近之)'라는 짤막한 말로 평을 대신했다. 이와 유사(類似)한 김류 부인의 몽중사(夢中事)가 야담(野談)에 전한다.

서포만필 소재 기타 일화 – ① 오성 한음 일화 – 70세 고모를 모시다

봉시칠십세고모 奉侍七十歲姑母

◎◎◎ 오성 이항복(鰲城 李恒福, 1556~1618)이 장전(長銓 : 이조판서)일 때, 호중(湖中)의 부호(富豪)가 어질지 못하다고 소문이 났는데도, 배에 쌀을 가득 싣고 상경(上京)하여 벼슬자리를 구했다. 사람들이 오성은 재물로 먹혀들어갈 사람이 아니라 여겼으나, 오래지 않아 부호는 과연 좋은 벼슬을 얻었다. 호인들은 놀라고 통분(痛憤)해 하지 않음이 없었다. 어떤 사람이 오

오성 이항복(鰲城 李恒福) 영정

성을 면전(面前)에서 꾸짖으니 말했다.

"내가 어찌 그 사람을 알았겠는가? 명보(明甫)¹⁸⁵⁾가 나에게 요청하므로, 오직 명보를 믿었을 뿐이다. 명보가 어찌 뇌물을 받고 나를 속였겠는가?"

한음은 이 소문을 듣고 경악하고 탄식하며 말했다.

한음 이덕형(漢陰 李德馨)의 영정

"내 어찌 그 사람을 알았겠는가? 나는 불행하여 쌍친(雙親)을 여의고, 70살의 고모를 모시고 있다. 고모는 '그 사람은 우리 집안에 덕을 베풀었고, 위인이 근신(謹愼)하여 벼슬자리를 맡을 만하다. 네가 만약 힘을 써주면 이판(吏判 : 이조판서)이 네 말을 들어주지 않겠는가?'라 하셨는데 내 어찌 자네에게 말하지 않을 수 있겠으며, 그 사람이 어질지 못하다 해도 내 어찌 그 점을 제대로 알 수 있었겠는가?"

양인(兩人) 입장은 다 일리(一理)는 있지만, 부호가 벼슬을 얻게 되어 백성들의 마음을 상하게 한 것은 사실이다.

오성과 한음의 두터운 신의(信義)와 남다른 우정(友情)을 보여주는 일화이다. 그러나 검증(檢證)되지 않은 일에 사사(私事)로운 신의와 우정이 개입된 행위는 타인의 비난을 받기 마련이다. 서포는 이런 점을 잘 피력했다.

---

185) 1561~1613, 한음 이덕형(漢陰 李德馨)의 자(字).

경기도 포천에 있는 백사 이항복의 화산서원

서포만필 소재 기타 일화
- ② 숙운사론(宿雲詞論) - 시는 사람을 감동시키다
시지능감인 詩之能感人

❁❁❁ 백사 이항복(白沙 李恒福)은 북청(北靑) 유배길에 「철령 숙운사(鐵嶺宿雲詞)」에서 다음과 같이 읊었다.

고신원루를 비삼아 띄워다가 　　　　　　　孤臣冤淚作行雨
임 계신 구중심처(九重深處)에 뿌려볼까 하노라 　往灑九重宮闕

광해군(光海君)이 후정(後庭)에서 잔치를 벌이며 놀 때, 궁녀(宮女)가 이 사(詞)를 노래로 불렀다. 광해군이 "아주 새로운 소리인데, 어디서 들었는가?"

"서울에 전하여 불려지는데 이모(李某)의 작이라고 하옵니다."

광해군은 노래를 다시 부르게 하더니 슬피 눈물을 흘렸다. 시(詩)가 사람을 감동시킬 수 있음이 이와 같았다. 광해군 같은 사람도 어찌 선정(善政)을 할 만한 자가 아니겠는가? 금남 정충신(錦南 鄭忠信, 1576~1636)이 이공을 따라 북쪽에 갔을 때, 이공의 유배생활에 대한 일을 아주 자세하게 기록하였다. 요즈음 공의 자손들이 그것이 너무 호방하여 유자(儒者)의 기상(氣像)과 같지 않다고 하여 많이 고쳤다 하니, 정말 탄식(歎息)할 일이다.

서포는 백사의 단가(短歌)가 광해폭군(光海暴君)까지 눈물 흘릴 정도라고 시가(詩歌)의 감동력(感動力)을 말했고 후손들이 호방한 필치(筆致)를 유가적(儒家的)이지 못하다고 고친 일을 통탄했다. 또 송강 정철(松江 鄭澈, 1536~1593)의 「관동별곡(關東別曲)」과 「전후미인곡(前後美人曲)」을 우리나라의 이소(離騷)라 극찬하고, 초동급부(樵童汲婦)의 주고받는 노래가 비루하다 하지만 그것의 진가(眞價)는 학사대부(學士大夫)의 시가와 논할 수 없다고 했다.

서포만필 소재 기타 일화
- ③ 척화론(斥和論) 비판 - 죽으면 박장하라 유언하다
유명박장 遺命薄葬

◎◎◎ 정축년(丁丑年, 1637)에 강화도가 함락된 뒤, 임금의 위태로움과 욕됨은 호랑이 입안을 벗어나지 못했다. 최명길(崔鳴吉, 1586~1647)은 끝내 주화론(主和論)을 펴 시비(是非)가 많았지만, 직분을 다하여 마음에 부끄러움이 없는 자라 할 수 있다. 택당 이식(澤堂 李植, 1584~1647)은 척화(斥和)의 잘못을 알았으나 부형(父兄)의 견제로 이의를 제기치 못했

고, 남한산성(南漢山城)의 치욕(恥辱)을 평생토록 애통해 하면서 죽으면 박장(薄葬 : 박한 장례)하라 하고 죄인으로 자처(自處)했다. 계곡 장유(谿谷 張維, 1587~1638)는 조정이 척화론(斥和論)으로 기울자 나라가 망한다고 크게 탄식했다. 그러나 최명길처럼 힘써 화의론(和議論)에 가담치 못한 것은 말해야 소용이 없음을 알았기 때문이다.

서포는 어떻게 할 수 없는 사세(事勢)인데도 척화론을 편 현실을 개탄 했다. 이는 철저한 척화론자인 서포의 선고 김익겸(先考 金益兼)의 일과 도 무관치 않다. 김익겸은 청나라 사신(使臣)을 목베어야한다고 상소(上 疏)했고, 강화도를 침입한 청군(淸軍)에 항전(抗戰)타가 선원 김상용(仙源 金尙容)과 분신자살(焚身自決)했다.

전선(戰船)에서 유복자(遺腹子)로 태어나 선생(船生)이란 아명(兒名)을 쓰기도 했던 서포는 조정의 공론이 척화론(斥和論)이어서 결국 국운(國 運)을 기울게 했고 자신에게도 비극적인 생육사(生育史)가 초래되었다고 인식했다. 즉 청나라에 굴욕적인 항복을 한 국사(國事)에서부터 가정의 비극사(悲劇史)를 초래한 것은 결국 청나라와 화의를 거부했기 때문으 로 보았다.

남한산성

서포만필 소재 기타 일화

- ④ 유근(柳根) 일화 - 장인어른의 문장은 새우젓과 같습니다

장인지문여자하온 丈人之文如紫蝦醢

◎◎◎ 서경 유근(西坰 柳根, 1549~1627)의 시는 정련온첩(精鍊穩帖)[186]하여 관각시(館閣詩)[187]나 승평시(昇平詩)[188]에 뛰어났다. 김공(金公 : 성명 모름)은 그의 췌서(贅壻)[189]였는데, 늘 장인(丈人)의 시를 얕보았다. 김공은 비록 나이는 어렸지만 이미 크게 재망(才望)이 있었다. 유근은 사위의 이런 점을 매우 꺼려했다.

어느 날 김은 장인에게 말했다.

"신작시(新作詩)를 보고 싶습니다." 유근이 시 한편을 내보이자, 김은 반도 읽지 않고 "제가 장인어른의 시문(詩文)은 정치(精緻)하나 기력(氣力)이 부족하다 했는데 이 작품은 준장기발(峻壯奇拔)합니다." 하면서 침이 마르도록 칭찬했다.

유근은 "정말 그러한가? 요즈음 사마천(司馬遷)의 사기(史記)를 읽었는데, 아마 그 효과가 아닐까?" 하며 크게 기뻐했다.

"의심할 여지가 전혀 없습니다."

김은 고의로 신발 찢어진 곳을 드러내 보였다. 유근은 헐은 신발을 보자 측은히 여겨 말했다. "사위는 어찌 헤진 신발을 신고도 말하지 않았는가?" 유근은 노비를 불러 "전일에 서사(西師 : 평양)에서 보내온 녹피화(鹿皮靴)를 얼른 가져 오너라." 하였다.

---

186) 부드럽고 편안함.
187) 전각 등 장엄한 건물에 대해 쓴 시.
188) 태평성대를 읊은 시.
189) 데릴사위. 처가에서 데리고 사는 사위.

김은 곧 앉은 자리에서 헌신을 벗고 새신을 신은 뒤 벌떡 일어나 길게 읍하면서, "장인어른의 문장은 사실 새우젓과 같지만, 제가 거짓 칭찬했던 것은 새 신발을 얻고자 했던 것뿐입니다." 하고는 밖으로 나오자, 유근은 경악(驚愕)할 따름이었다.

칭찬의 이면에 도사린 의미를 읽지 못한 장인의 낭패감은 클 수밖에 없었다.

심산 김창숙 기행 - ① 어릴 때 잔병 많더니 늙어 앉은뱅이가 되다

소다병노이위벽 少多病老而爲躄

심산 김창숙 영정

◎◎◎ 심산 김창숙(心山 金昌淑, 1879~1962)은 애국계몽운동가(愛國啓蒙運動家)요 독립투사(獨立鬪士)였다. 광복 후 유도회(儒道會)를 결성했고 성균관대학교를 창설(創設)하여 초대총장을 지냈으며 생애 마지막까지 자유당 독재정권(自由黨 獨裁政權)에 항거했다. 심산은 일제(日帝) 때 대구와 대전에서 오랜 기간 옥고(獄苦)를 치르다가 두 다리가 마비되었다. 이때부터 자호(自號)를 벽옹(躄翁)[190]이라 했다. 「벽옹칠십삼년회상기(躄翁七十三年回想記) 상편(上篇)」 첫머리에 다음과 같이 썼다.

나의 성명은 김창숙이고 별호(別號)는 심산이라 한다. 어릴 때 몹시 미련하더니 늙어서 더욱 어리석었다. 사람들이 '자네 이름을 우(愚)라 부르세.' 하기에 나는 본명인 창숙 대신 우(愚)가 좋다고 했다. 또 어릴 때부터 잔병이 많더니 늙어서 앉은뱅이가 되었다. 사람들이 '자네 호를 벽옹(躄翁)이라 부르세.' 하기에 나는 그것도 좋다 했다. 그로부터 나를 '벽옹 김우(躄翁 金愚)'라 일컫게 되었다. 나는 아이 적부터 성질이 거세어 결코 남에게 지려 들지 않았기 때문에 친구들이 모두 꺼려하고 피했다.

여섯 살 무렵에 글을 배웠는데 책을 펴들지 않고도 글 내용을 잘 외울 수 있었다. 여덟 살 때 소학(小學)을 배웠으나 오직 나가 놀기만 힘쓰

---

190) 벽은 '앉은뱅이'를 뜻한다.

고 쇄소응대(灑掃應對)¹⁹¹⁾의 일은 귀찮게 여겼다. 아버지 하강공(下岡公)과 어머니 장부인(張夫人)께서는 언제나 엄격하셨고, 만득동(晚得童)¹⁹²⁾이지만 어리광을 받아주시는 법이 없었다.

심산 김창숙 기행 - ② 역적들을 성토치 않는 자도 역적이다

불토역자 역역야 不討逆者 亦逆也

◎◎◎ 심산 김창숙(心山 金昌淑)의 「벽옹칠십삼년회상기(躄翁七十三年回想記)」 일부 내용 요약이다. 무신년(戊申年, 1908)에 대한협회(大韓協會)¹⁹³⁾를 창립하여 독립사상을 고취하고 정부의 매국정책(賣國政策)을 통렬(痛烈)하게 배척했다.

나는 '나라가 망하겠다. 문을 닫고 글만 읽을 때가 아니다.' 하고 이덕후(李德厚), 박의동(朴儀東), 김원희(金元熙) 등과 대한협회지부를 우리 군[성주군]의 향사당(鄉射堂)¹⁹⁴⁾에 설치했다. 나는 총무가 되어 말했다.

"이 모임 결성은 조국을 구하기 위함입니다. 먼저 구습혁파(舊習革罷)부터 시작해야 하는데, 계급타파(階級打破)가 우선이고, 이는 우리 모임부터 시작해야 합니다."

나의 말을 들은 사람들은 환호(歡呼)하는 이가 있는가 하면 큰 소리로 욕하는 이도 있었다.

---

191) 집안 청소하고 어른을 대하는 등의 일상생활인데, 이런 절차는 전통적인 가정교육에서 매우 중요시했다.
192) 늦게 얻은 자식.
193) 서울에서 발기한 단체로 국권 회복을 위한 애국계몽 활동을 펼치고 대한협회 월보를 간행했다.
194) 지방 향중 선비들이 모이는 공청(公廳).

욕하는 이들에게 말했다.

"일본 도적들이 방금 칼을 뽑아 들고 문간에 당도했는데 그대들은 굽실굽실하며 도적들을 맞아들이면서 도리어 나를 꾸짖는 격이로군."

기유년(己酉年, 1909)에 일진회(一進會) 반역배(叛逆輩)인 송병준(宋秉畯), 이용구(李容九) 등이 이등박문(伊藤博文)의 사주(使嗾)로 정부에 상서(上書)하고 일본 정부에 투서하여 한일합방론(韓日合邦論)을 제창하자, 최정규(崔晶奎), 이원달(李源達) 같은 주구(走狗)들이 신문에 떠들썩하게 보도했다. 역적을 성토하는 이가 없어 나는 분연히 발언했다.

"이 역적들을 성토치 않는 자 또한 역적이다."

그리고 이를 향중에 알려 70여 명이 향교(鄕校)에 모였으나 건의서 서명 찬동자는 3명뿐이었다.

심산 김창숙 기행 - ③ 스스로 생각해도 미쳤다 할 수밖에 없다

자문역불왈불광 自問亦不曰不狂

❋❋❋ 병오년(丙午年, 1906)에 국중인사(國中人士)들이 단연동맹회(斷煙同盟會)를 창설하여 단연금(斷煙金)[195]으로 국채(國債)를 상환(償還)하자는 운동이 일어났다. 1905년 전후 정부는 일본 외채(外債)를 많이 지고 있었고, 이를 갚아야만 국권의 자주성을 회복할 수 있기에 국채보상운동(國債報償運動)이 경향(京鄕) 각지로 퍼졌다.

심산 김창숙(心山 金昌淑)은 성주군 대표로 단연동맹회 서울 회의에 참석했으나, 매국(賣國) 단체인 일진회(一進會)가 회의를 주도했다. 심산은 탈퇴 성명서를 내고 단연금을 교육기관에 투자해 인재를 양성해야 한다고 역설(力說)하고, 성주군(星州郡)의 단연금은 논의를 모아 사립 성명학교(私立星明學校)를 열어 쓰기로 했다. 교사(校舍) 신축비(新築費)가 없었기 때문에 우여곡절(迂餘曲折) 끝에 청천서당(晴川書堂)에 성명학교 간판을 걸었다.

심산은 을사조약(乙巳條約, 1905)에 대한 청참오적소(請斬五賊疏)[196]를 올렸고, 합일합방론자(韓日合邦論者)에 대한 성토문을 중추원(中樞院)에 보냈으며, 단연금으로 교육기관을 세우는 일 등으로 왜경(倭警)의 회유(懷柔)와 심문을 받아야 했다. 경술년 8월 망국(亡國)의 비분(悲憤)으로 심산은 '나라가 망했는데 선비로서 이 세상에 사는 것은 큰 치욕'으로 여겨, 술을 퍼마셔 취하면 통곡했다. 헝클어진 머리로 읍내 장터를 미친 듯이 노래하며 쏘다니니, 사람들이 "김창숙은 미쳤다."고 했다. 심산은 '스스로 생각해도 미쳤다고 할 수밖에 없다.'고 했다.

---

195) 담배를 끊어 모은 돈.
196) 을사오적을 참하도록 하라는 상소.

심산 김창숙 기행 - ④ 어미가 보아도 네가 미친 것 같다

오역의이광 吾亦疑以狂

❁❁❁ 심산 김창숙은 정처 없이 떠돌아다니다가 계축년(癸丑年, 1913) 겨울, 고향 성주(星州)에 돌아오니 모친(母親)이 심산을 붙들고 통곡했다.

"너는 훌륭한 어른의 종손(宗孫)[197]으로 책임이 중하다. 집안의 바람이 전적으로 너에게 있을 뿐만 아니라 어미의 의지처(依支處)는 너 말고 누가 있겠느냐? 너는 경술년 이후로 오직 술꾼 노름꾼 같은 무뢰배들과 어울려 남을 욕하고 때리기만 일삼는 난봉꾼들이 하는 짓과 다름이 없다. 남들은 모두 너를 미치광이라고 하는데 이 어미가 보기에도 너는 미친 사람처럼 보이는구나. 네가 선세(先世)의 유업(遺業)을 더할 수 없이 떨어뜨렸으니 네 어찌 문정공(文貞公)의 사당(祠堂)에 서겠느냐?

울분과 불평의 감정에 휘말려 패악(悖惡)한 행동을 했다고 하지만, 명교(名敎)[198] 중에도 즐거움을 찾을 곳이 있어 안신입명(安身立命)[199]할 수 있다. 과감히 개과천선(改過遷善)하여, 구름에 가려졌던 일월이 다시 떠오르듯이 하면 사람들은 반드시 너를 우러러볼 것이다. 학술을 닦으며 광복을 도모하되 기회를 보아 움직이도록 해라.

늙은 어미의 말을 잘 생각해서 스스로 새 사람이 된다면 어미는 비록 죽는 날에도 아무런 여한(餘恨)을 갖지 않겠다."

심산은 모친의 훈계에 격려되어 두문불출(杜門不出)하고 유학공부(儒學工夫)에 매진(邁進)했다. 그의 학문적 축적은 모두 이 시기에 이루어졌다.

---

197) 문정공(文貞公) 동강 김우옹의 13대손.
198) 유교의 정통적인 사고 규범.
199) 동요나 불안 없이 자기 경지를 지키며 확고한 자세로 살아감.

심산 김창숙 기행 – ⑤ 곽면우 선생의 지시를 따르기로 하다

◎◎◎ 민족대표 손병희(孫秉熙, 1861~1922) 등 33인이 서울 태화관(泰和館)에서 독립선언서(獨立宣言書)를 발표했는데 모두 종교인이었다. 심산 김창숙은 "유교국에서 3교 대표가 주동하고 유림(儒林)은 참여치 않았으니 '오활하고 썩은 선비와는 일할 수 없다.'고 꾸짖을 것이다. 이보다 더 부끄러운 일이 어디 있겠는가."라고 통탄했다.

심산은 자신을 찾아온 해사 김정호(海史 金丁鎬, 1882~1919)에게 말했다. "지금 서울에 모인 유림은 수십만 명이다. 독립선언문은 국민을 고취시켰으나 국제적인 운동은 없다. 파리평화회의에 대표를 파견하여 열국(列國) 대표들에게 호소하여 우리나라의 독립을 인정받도록 한다면 유림도 광복운동의 선구됨에 부끄러움이 없을 것이오."

유림(儒林) 주동(主動) 파리장서(巴里長書)의 태동(胎動)이었다.

이 일은 명망(名望) 높은 유림의 종장(宗匠)이 주동해야만 전국을 움직일 수 있다고 인식하여 거창 다전(居昌 茶田)에 있는 면우 곽종석(俛宇 郭鍾錫, 1846~1919)의 지시를 따르기로 했다. 각 도별 유림에게 알릴 담당자를 정했는데 심산은 경남·경북을 책임졌다. 심산은 면우(俛宇)로부터 받은 파리장서와 경호 임석후(敬鎬 林錫厚)가 가져온 충청도 유림 지산 김복한(志山 金福漢) 등 17명 연명의 문건(文件)을 놓고 임석후와 논의 끝에 면우 파리장서를 채택하고 유림 137명의 명단을 기록했다.

심산은 파리장서를 휴대하고 중국 안동(安東), 봉천(奉天) 등을 거쳐 상해(上海)에 도착했다. 장서는 서양어로 번역·인쇄되어 파리평화회의에 송부했고, 각국 대사, 중국 정계요인 및 해외동포들에게도 배포되었다.

심산 김창숙 기행 – ⑥ 돌아가고픈 마음 미칠 듯해라

차아귀사 을을여광 嗟我歸思 鬱鬱如狂

◎◎◎ 경북 성주군 대가면 사월리(慶北 星州郡 大家面 沙月里) 칠봉산(七峰山) 아래의 심산 김창숙(心山 金昌淑, 1879~1962) 생가(生家)이다. 심산의 자부(子婦) 손응교(孫應喬) 할머니가 집을 지키고 있었다. 할머니는 항일 독립운동가(抗日獨立運動家)의 아내요 며느리로 이들을 수발키 위해 중원(中原 : 중국) 천지를 누볐고, 지금도 애국지사(愛國志士)들의 이름을 떠올릴 정도로 건강했다. 그러나 인고(忍苦)의 세월(歲月)을 끈질기게 이어 온 뒤의 무료감(無聊感)이 깊게 서려 있었다.

경북 성주 김창숙 생가

심산은 1927년 중국 상해 공공조계(公共租界) 안 병원에 입원 중, 일경(日警)에 체포되어 본국으로 압송되어 지독한 형신(刑訊)에 두 다리가 마비되었다. 1937년 선고(先考) 기일(忌日)에 고향걸음 할 수 없음을 「성산 6장(星山六章)」에 담았다.

높이 솟은 성산 뾰족한 칠봉   星山矗矗 七峰渠渠

그곳 우리 밭 누가 갈겠나   維田與園 誰菑而畬

아! 돌아가고픈 마음 펼 길 없어라   嗟我歸思 慇慇莫舒

높이 솟은 성산 창창한 사월   星山矗矗 沙月蒼蒼

뽕나무와 가래나무 누가 있어 공경하겠나   維桑與梓 孰敬而瞻

아! 돌아가고픈 마음 미칠 듯해라   嗟我歸思 鬱鬱如狂

높이 솟은 성산 높디높은 동강   星山矗矗 東岡嵬嵬

그곳 누대(樓臺) 누가 살며 문 열어 놓으리   維臺與榭 孰處而闔

아! 돌아가고픈 마음 꺾일 듯하구나   嗟我歸思 養養如摧

〈하략〉

(『심산유고(心山遺稿)』)

효자 최루백 기행 – ① 부친은 사냥 중 호랑이의 밥이 되어 버리다
부렵위호소해 父獵爲虎所害

◐◐◐ 세종(世宗) 10년(1438)에 경상도(慶尙道) 진주(晋州)의 김화(金禾)가 부친(父親)을 살해(殺害)한 사건이 있었다. 세종(世宗)은 크게 놀라 군신(君臣)들에게 효제(孝悌)를 돋우고 풍속(風俗)을 두텁게 하는 방안(方案)을 하문(下問)하자, 춘정 변계량(春亭 卞季良, 1369~1430)은 고려(高麗) 때 권부(權溥, 1262~1346)가 편찬한 『효행록(孝行錄)』 같은 서적을 널리 반포(頒布)하여 읽게 함이 좋겠다고 했다.

『효행록』은 중국 고대 효행 이야기 62장을 선정(選定)하여 권부가 편찬한 내용에 익재 이재현(益齋 李齊賢, 1287~1367)의 효행찬(孝行讚)과 양촌 권근(陽村 權近, 1352~1409)의 주석(註釋)을 붙여 1405년에 간행(刊行)한 책이다.

세종은 집현전(集賢殿)에서 국민교화서적(國民敎化書籍)을 간행토록 교시(敎示)했다. 『삼강행실도(三綱行實圖)』의 간행 배경(背景)이다. 세종(世宗) 13년(1431)에 『삼강행실도』와 중종(中宗) 13년(1518)에 『이륜행실도(二倫行實圖)』를 간행했고, 정조(正祖) 21년(1797)에 이를 합하여 『오륜행실도』를 펴냈고, 철종(哲宗) 10년(1859)에 중간(重刊)했다.

『오륜행실도(五倫行實圖)』에 「누백이 호랑이를 잡다[婁伯搏虎]」란 제목으로 전한다. 고려 때 한림학사(翰林學士) 최루백(崔婁伯)은 수원아전(水原衙前) 상저(尙翥)의 아들이다. 누백이 15살 때, 사냥하러 간 부친(父親)이 호랑이의 밥이 되어 버렸다. 누백은 부친을 죽인 호랑이를 잡아 원수(怨讐)를 갚고자 했으나 모친(母親)은 한사코 말렸다.

효자 최루백 기행 - ② 이제 내가 너를 잡아먹어야겠다

오당식여 吾當食汝

◎◎◎ 최루백은 어머니에게 "아버지 원수(怨讐)를 어찌 갚지 않을 수 있겠습니까?"라 하고, 도끼를 메고 호랑이를 찾아 나서니 모친은 어떻게 할 수가 없었다. 호랑이는 이미 부친(父親)의 육신(肉身)을 다 먹어치우고 배가 불러 눈을 지그시 감고 누워 있었다. 최루백은 곧장 호랑이 앞으로 다가가 큰 소리로 호랑이를 꾸짖었다. "네 이놈! 네가 우리 아버지를 잡아먹었으니, 이제 내가 너를 잡아먹어야겠다." 호랑이는 꼬리를 흔들며

다만 엎드려 있을 뿐이었다. 최루백은 도끼로 호랑이를 찍어 죽였다.

호랑이의 배를 갈라 보니 뱃속에는 아직도 부친의 뼈와 살이 남아 있었다. 누백은 이를 조심스레 꺼내어 그릇에 담아 모셨고, 호랑이 고기는 독안에 넣어 냇물 속에 묻은 뒤, 홍법산(弘法山) 서쪽에 장사지내고 여묘(廬墓)살이를 했다. 어느 날 낮에 졸고 있었는데, 선친(先親)이 꿈에 나타나 시를 읊었다.

수풀을 해쳐가며 효자 여막 찾아오니   披榛到孝子廬
천륜의 정 깊거니와 눈물 또한 무궁하도다   情多感淚無窮

흙을 져다 날마다 무덤 쌓아올리니	負土日加塚上
청풍명월을 벗 삼았구나	知音明月淸風
부모 생전 봉양 터니 죽은 뒤엔 묘 지키니	生則養死則守
효도에 시종이 없다고 그 누가 일렀던고	誰謂孝無始終

삼년상(三年喪)을 마친 최루백은, 독안에 넣어 냇물에 보관해두었던 호랑이 고기를 꺼내어 다 먹었다.

경기도 화성시 봉담면 분천리 최루백 효자각

효자 최루백 기행 – ③ 호랑이 잡아 원한 갚았으니, 너무나 대견하네
포호상원최가련 捕虎償寃最可憐

◎◎◎ 최루백의 효행(孝行)에 대해 찬양(讚揚)한 시(詩)이다.

| 최씨 아비 산중에서 토기 여우 사냥타가 | 崔父山中獵兎狐 |
| 도리어 육신은 호랑이 먹이 되었네 | 却將肌肉餒於菟 |

그 당시 저와 같은 효자 없었던들	當時不有兒郎孝
그 누가 도끼 휘둘러 호랑이 해골 찍었으랴	誰得揮斤斫虎顱
호랑이 잡아 원한 갚았으니, 너무나 대견한데	捕虎償寃最可憐
산 서쪽 여묘살이 삼년간 다시 했네	山西廬墓又三年
짧은 글 와서 외니 꿈만은 아니리라	小詞來頌眞非夢
그 슬픔 그 효성이 구천에 통함일세	端爲哀誠徹九泉

(『오륜행실도(五倫行實圖)』)

중국 노나라 양향(楊香)은 부친이 호랑이를 만나 다급하게 쫓기게 되자, 호랑이 등에 올라타고 호랑이 귀를 잡고 크게 소리 질렀다. 놀란 호랑이는 양향을 업고 달아나다 힘이 다해 죽었다. 『효행록(孝行錄)』에 「양향이 호랑이를 타다[양향과호楊香跨虎]」란 제목으로 전하는데, 이제현(李齊賢)은 찬시(讚詩)를 지었고, 권근(權近)은 주석(註釋)을 붙였는데, 그 주석이다.

호랑이 등을 타고 부친을 구출했으니 장부(丈夫)도 해내기 어려운 일이었다. 급히 부친 구할 것만 알뿐, 사나운 호랑이는 두렵지 않았다. 사나운 기세에 어여쁜 자태로 맞서 마침내 마귀(魔鬼)로부터 부친을 구했고, 호랑이는 가랑이 아래에서 죽었다. 아! 지극한 효성이로다.[200]

---

200) 跨虎奪父 烈丈夫所難能也 而以一女子能之 惟知救父之急 而不知暴虎之畏 乃以娩變之姿 敢犯焂然之威 卒使父脫於餓口 而虎斃於胯下 誠孝之烈 吁其至矣.

효자 오준 기행 – ① 고을 사람들이 효감천이라 하다
읍인명지왈 효감천 邑人名之曰 孝感泉

○○○ 이원명(李源命, 1807~1887)이 편찬(編纂)한 야담집(野談集)인『동야휘집(東野彙輯, 1869)』에「효자가 환생(還生)하여 저승 이야기를 하다(효자환소설명부孝子還甦說冥府)」란 제목으로 전한다.

전북 고창군 신림면 외화리 소재 효감천

오준(吳浚, 1444~1494)은 흥덕현(興德縣)[201] 선비인데 지극(至極)한 효성(孝誠)으로 어버이를 섬겼다. 어버이[202]가 돌아가시자 영취산(靈鷲山)에 장사지내고 묘 곁에 여막(廬幕)을 지어 시묘(侍墓)살이를 했는데 곡성(哭聲)이 애통(哀痛)하여 이를 들은 사람들이 눈물을 흘렸다. 제전(祭奠)[203]으로 늘 현주(玄酒)[204]를 진설(陳設)[205]했다.

여막에서 오리쯤 떨어진 산골짜기에 샘물이 있었는데 물이 아주 맑고 시원했다. 오준은 몸소 물 단지를 들고 산곡천(山谷泉)에 가서 물을 길러왔는데 비바람이 치거나 무더위와 몹시 추운 날에도 이 일을 게을리 하지 않았다.

---

201) 현 전북 고창군 흥덕면 외화리(全北 高敞郡 興德面 外化里).
202) '친(親)'으로만 표현되어 父인지 母인지 확실치 않음.
203) 제사에 올리는 제수(祭需).
204) 맑은 물.
205) 제상(祭床)에 제수를 차림.

어느 날 저녁 산속에서 뇌성벽력(雷聲霹靂)이 치더니 산골짜기의 온 수풀을 뒤흔들었다. 오준이 아침에 일어나 보니 여막 곁에 샘이 솟아올랐는데 물맛이 달고 시원해 보통 샘물과 달랐다. 산골짜기에 가보았더니 물을 길렀던 골짜기 샘은 이미 말라버렸다. 오준은 마침내 여막 곁의 샘물을 이용할 수 있어서 멀리 가서 물을 긷는 수고를 덜 수 있었다. 고을 사람들은 효자(孝子) 오준의 여막 곁에 생긴 샘을 효감천(孝感泉)이라고 했다.

효자 오준 기행 − ② 오 아무개를 잡아왔습니다
오모착래의 吳某捉來矣

⦿⦿⦿ 깊은 산속에 여막(廬幕)이 있어서 이리와 호랑이들이 함부로 설쳐 식구들이 매우 걱정했다. 소상(小祥)을 지낸 어느 날 문득 큰 호랑이가 여막 바깥에 웅크리고 있었다. 오준이 호랑이에게 훈계(訓戒)했다.

오준 구호전설도(吳浚 救虎傳說圖)

"너는 나를 해치려 하느냐? 피할 수 없으니 네가 하는 대로 맡기겠다."

호랑이는 고개를 숙이고 꼬리를 흔들며 엎드려 공경하는 모양이었다.

"해치지 않으면서 왜 가지 않느냐?"

호랑이는 문밖에 나가서 엎드리고는 가지 않았다. 날마다 오준을 어루만지고 희롱하는 게 가축(家畜)처럼 했다.

호랑이는 삭망(朔望)[206] 때마다 여막 앞에 노루와 사슴 혹은 산돼지를 잡아와 제수(祭需)로 쓰게 했다. 삼년상을 마치자 비로소 호랑이는 가버렸다. 효성에 감동한 기이한 행적은 매우 많지만 천호사(泉虎事)는 그중에서도 매우 드러난 일이다. 오준은 마흔 살에 병으로 죽었는데 초상(初喪)을 치르는데 오준의 가슴 사이에 가느다란 온기(溫氣)가 있어서 염만하고 묶지 않았다. 오준은 죽은 지 하루 만에 갑자기 되살아나 말했다.

"저승이 있다는 말은 빈말이 아니었다. 내가 병중(病中)에 정신이 혼미(昏迷)했는데 문득 귀졸(鬼卒)이 큰 소리로 내 이름을 불렀다. 깜짝 놀라 귀졸을 따라 넓고 큰 길을 몇 리쯤 가다가 한 곳에 도착했는데 관부(官府)와 같은 큰 건물이었다. 귀졸은 나를 문 바깥에 세워두고 먼저 들어가서 '오 아무개를 잡아왔습니다.'라고 아뢰고는 나를 잡아들였다."

오준 효감천호도(吳浚 孝感泉虎圖)

---

206) 초하루와 보름.

효자 오준 기행 - ③ 어찌하여 흥덕의 효자를 잘못 잡아왔느냐?

하위오착흥덕효자호 何爲誤捉興德孝子乎

❀❀❀ "내가 뜰아래에 엎드려 있다가 얼핏 당상(堂上)을 보니까 왕의 복장(服裝)을 한 사람이 귀졸(鬼卒)에게 물었다. '어디서 잡아왔는가?' '전라도 흥덕(全羅道 興德) 땅에서 잡아왔습니다.' 당상에 있는 사람이 버럭 소리를 질렀다. '내가 너에게 경상도 영덕현(慶尙道 盈德縣)의 불효자(不孝子) 오가 성(吳哥姓)을 가진 놈을 잡아오라고 했는데 어찌하여 흥덕의 효자(孝子)를 잘못 잡아왔느냐? 이 사람은 수명(壽命)이 80세로 정해져 있기 때문에 아직 40년이나 더 살 수 있다. 그러니 바로 속히 돌려보내도록 하여라.'

귀졸은 명령이 떨어지자마자 나를 황급(遑急)히 문밖으로 밀어내어 버렸다. 내 몸이 명부(冥府 : 저승)에 들어와 있는데도 부모님을 뵙지 못하고 돌아가야 한다고 생각하니 마음이 매우 아프고 서운했다. 내키지 않았지만 길이 있는 곳까지 나왔다. 길옆에서 어린아이 2명이 놀고 있다가 나를 보더니 기쁜 기색(氣色)을 띠면서 내 옷을 잡아끌며 따라오려고 했다. 자세히 보았더니 전에 요절(夭折)한 두 아이였다. 나는 크게 놀랐고 마음은 매우 참담했다.

다시 문안으로 들어가서 당상인(堂上人)에게 간절(懇切)하게 애걸(哀乞)했다. '양계(陽界 : 이승)에서 명부(冥府 : 저승)에 들어오는 기회(機會)는 쉽게 얻어지는 일이 아닙니다. 그러나 저승에 들어왔는데도 이처럼 부모님을 뵈옵지 못하고 돌아가는 일은 억울하고, 또 자식의 정리(情理)로 볼 때 맞지 않습니다. 깊이 헤아려주시기 바랍니다.'

효자 오준 기행 - ④ 이치 밖의 일이 아닌 듯하다

사비리외지사야 似非理外之事也

○○○ "당상인(堂上人)은 머리를 흔들면서 말했다. '너는 부모를 만날 수 없으니 빨리 나가거라.' 재삼 애걸했지만 끝내 허락을 하지 않았다. 또 두 아이를 데리고 가기를 간청했지만 거절했다. '너는 자식이 없을 운수(運數)이다. 그러나 네가 데리고 가려고 하면 한 아이는 광주(光州) 모촌(某村)의 김씨성(金氏姓) 집에 붙여 태어나도록 하겠으니 뒷날 양계(陽界 : 이승)에서 데리고 가도록 해라.'

그리고는 명령을 재촉하여 나를 내보냈다. 나는 어떻게 할 수도 없어서 문을 나오니 두 아이가 통곡(痛哭)하면서 따라오려고 하는데 귀졸(鬼卒)이 쫓아버렸다. 마음이 매우 참담(慘憺)하고 애통(哀痛)했다.

또 귀졸에게 간청했다. '부모님을 뵈옵지는 못하나 계신 곳은 어딥니까?' 귀졸이 한 정자(亭子)를 가리키면서 말했다. '비록 여기서 바라볼 수는 있으나 너무 멀어갈 수 없네.' 귀졸은 나를 재촉하여 길을 가더니 갑자기 나를 탁 밀어버렸다. 그래서 나는 땅에 엎어져 정신이 황홀해졌는데 마침내 놀라 깨어나게 되었구나."

사람들이 모두 놀라 이상하게 여겼다. 그 뒤 오준은 과연 나이 80세에 죽었다. 벼슬이 증직(贈職)되고 효자로 정려(旌閭)되었다. 일찍이 오준은 사람들에게 '광주 김씨성 집의 아이를 데리고 와서 보려 했으나 이름이 누구인지 모르고 또 허망(虛妄)한 일이이기에 성과가 없었다.'고 했다. (『동야휘집(東野彙輯)』)

'저승의 말이 황당하다고 믿기 어렵겠지만, 효성으로 장수(長壽)한 것은 이치 밖의 일이 아닌 듯하다.' 편찬자의 작품평이다.

효자 모계 조강 기행 – ① 송골매가 오리를 떨어뜨리다

창골추압 蒼鶻墜鴨

◎◎◎ 충북 청원군 강내면 연정리(忠北 淸原郡 江內面 蓮亭里) 한양조씨 (漢陽趙氏) 문중(門中)에 전하는 효자 모계 조강(慕溪 趙綱)[207] 관련 이야기이다.

어머니께서 편찮으신데 오리고기를 잡숫고 싶어 하셨다. 마침 한 여름이라서 오리를 구할 길이 없었다. 선생은 울면서 벌판에서 방황했다. 문득 송골매 한 마리가 오리를 앞에 떨어뜨렸다. 그래서 선생은 오리를 가지고 집에 와서 어머니께 공양(供養)했더니 어머니는 묵은 병이 나으셨다.

효자 모계 조강 창골추압도

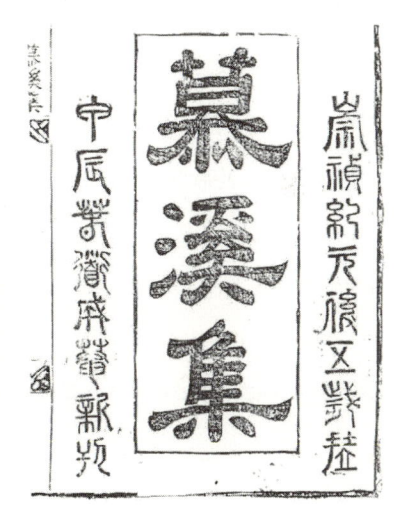

모계집 표지

---

207) 1496~1549. 조선 중기의 문신 · 의병장이다.

사람들은 '이는 선생의 효성에 감동한 결과이고, 맹종의 설순(孟宗雪筍)[208]과 왕상의 빙리(王祥氷鯉)[209]에 비유할 만한 효성이라.'고 말했다. 『모계집(慕溪集)』(2권, 1904년)[210]에는 효행 내용과 그림[창골추압도蒼鶻墜鴨圖]이 전한다.

모계의 효성은 나라가 위험에 처하자 충(忠)으로 나타났다. 1592년 임진왜란이 발발하여 수도(首都)가 왜구의 말발굽 아래 짓밟히고, 임금의 몽진(蒙塵) 소식을 접한 모계는 66세의 늙고 쇠약한 몸으로 바로 격문(檄文)을 띄워 의병(義兵)을 모집했다. 현종(顯宗)은 1666년에 모계에게 '충효절의(忠孝節義)' 네 글자를 하사(下賜)하여 존숭(尊崇)의 뜻을 보였다.

효자 모계 조강 기행 - ② 이놈아, 산 애비는 염두에도 없단 말이냐

◎◎◎ 모계 조강의 직손(直孫)인 청강 조병천(靑崗 趙炳天, 1909~2000)은 그의 나이 40세 되던 1949년에 모친이 별세했다. 그는 생전에 다하지 못한 효도를 천추(千秋)의 한으로 여겨 제대로 먹지 않고 애통해 하며 조석(朝夕) 성묘(省墓)로 몸이 쇠약해져갔다. 이를 본 부친이 '이놈아! 죽어서 땅속에 묻힌 어미만 소중하고 산 애비는 염두에도 없단 말이냐?'고 크게 걱정하니 마침내 집안에서 근신했다.

청강은 부친 봉양에 지극정성을 다했으나 부친 조희원(趙羲元, 1872~1958)이 병석에 눕게 되었다. 그는 동분서주(東奔西走) 탕약(湯藥)을 구해

---

208) 중국 삼국시대 효자로, 겨울에 대숲에서 어머니가 좋아하는 죽순이 없음을 탄식하니, 홀연 눈 속에서 죽순이 솟아나 모친께 드렸다.
209) 중국 서진(西晉) 때 지극한 효자로, 계모(繼母)가 생선을 먹고 싶다고 하자, 얼음 위에 옷을 벗고 누워 하늘을 향해 호곡(號哭)했다. 하늘이 그 효심(孝心)에 감동하여 얼음을 녹이고, 잉어 2마리를 얻게 했다.
210) 조선 중기 임진왜란 때의 의병장 조강(趙綱)의 시문집. 4권 2책의 목활자본이다.

시탕(侍湯)했으나 효력이 없자 효성이 부족함을 안타까워했다. 간병(看病)으로 몸이 쇠약해지자 주위에서 약을 권했으나 '부친 와병(臥病) 중에 자식이 약을 먹는 일은 불효'라고 했다.

청강 나이 50세 되던 해에 부친이 86세로 별세하자, '자식의 도리를 다하지 못한 죄인'이라고 하면서 묘소 옆에 여막을 얽어 생쌀을 물에 불리어 날콩가루와 솔잎가루를 먹으며 3년 동안 시묘살이를 했다. 시묘살이 중 선친(先親)이 애용하던 서적인『소학(小學)』, 『대학(大學)』, 『중용(中庸)』 등을 읽으면서 잠시도 묘소를 떠나지 않았다.

효자 청강 조병천 시묘살이

어느날 저녁 뇌성벽력과 함께 소나기가 쏟아지자 놀란 산짐승들이 여막 바로 옆으로 모여들어 애처로이 울부짖었으나 청강은 무서움보다 간절히 선친 생각으로 애통해했다. 어떤 때에는 뱀이 여막 안에 들어와 청강의 옷속으로 기어들어 배 위를 지나가기도 했고, 시묘살이 1년이 지날 무렵 청강의 눈앞에 악귀(惡鬼)가 나타나 시묘살이를 방해했으나 이를 크게 꾸짖어 쫓아버렸다. 개발사업에 밀려 선친의 묘역을 옮기지 않을 수 없게 되자, 이장(移葬)한 묘소에 3년을 하루 같이 참배(參拜)했다.

조병천은 천성(天性)이 호학(好學)하고 효제(孝悌)가 몸에 배어 부모 교훈의 실천과 삼강(三綱)의 도리를 행실의 근본으로 삼았다. 따라서 언제나 선현(先賢)의 가르침을 실천하고 부모 봉양을 제일로 삼았을 뿐만 아니라 선(善)을 북돋우고 겸손하고 인내하며 자신을 내세우지 않는 삶을 일관했다.

1964년 11월 29일 연정리 효충사(孝忠祠) 경내에 충청도내 유림(儒林) 들의 명의로 '출천지대효(出天之大孝)' 조병천을 기리는 「효자 조병천지비(孝子趙炳天之碑)」를 제막했다. (『청강실기(靑崗實記)』, 참조)

효자 청강 조병천 유영

효자 조병천의 비 제막식 광경

모계 향사(享祀) 효충사(孝忠祠)와 효자 청강조병천지비

효자 모계 조강 기행 - ③ 효자 집안에 효자 난다

◎◎◎ 청강 조병천(靑崗 趙炳天)의 아들 조육형(趙六衡, 1947~) 또한 부친 별세 후 3년 동안 굴건제복(屈巾祭服)으로 아침저녁 묘소를 참배하여 세인(世人)들의 화제가 되었다.

필자와 조육형 효자와의 첫 인연은 효자열전(孝子列傳, 2001.1.14, SBS TV 방영)으로 맺어졌다. 부모께서 낳고 길러주신 은공(恩功)을 받든다는 뜻으로 아호(雅號)를 은봉(恩奉)으로 자호(自號)했다는 조효자와의 대면은 2001년 2월 28일 충북 청원군 강내면 연정리에서 이루어졌다. 상복(喪服) 차림의 조효자는 선친의 성함 '趙炳天' 문패가 붙은 집으로 안내했다. 그곳은 조효자 9남매의 생가(生家)이자 부모 생존시 기거했던 집이었다. 4칸 정침 방안에는 부모 영정(影幀)이 걸려 있었고 상복(喪服)을 비롯한 평소 부모가 썼던 유품들이 잘 정돈되어 있었다.

은봉은 모친 장례 후 묘소에 참배 차 갔더니 꿩알 2개가 있었다고 하면서 꿩알 2개를 내놓았다.

청강 조병천 친필 좌우명   효자 청강 조병천 문패. 꿩알

　"선비(先妣)는 1999년 음력 3월 16일에, 선친(先親)은 2000년 음력 3월 4일에 별세하셨는데 입제일(入祭日)은 3월 15일이고 3월 3일이니 정말 좋은 날에 돌아가셨고 꿩알 2개까지 묘소에 있었으니 얼마나 신기한 일입니까? 우리 9남매(6남 3녀)가 잘 살고 있음은 부모님의 은덕(恩德)입니다. 부모가 편찮으셔도 자식은 잠을 잘 자지만, 자식 아픈데 잠자는 부모는 없습니다. 조부님은 제 이름을 지어주셨는데, 제 아이가 6남매(3남 3녀)이니 제 이름 '六'과 일치하지 않습니까? 조부님의 온화하신 모습을 바로 대하는 듯합니다."

　조효자는 오후 7시 굴건제복(屈巾祭服) 차림으로 부모 영정 앞에 재배한 뒤 밤길 따라 부모 묘소에 가서 통곡했다. 필자는 조효자와 벼개를 나란히 하여 하룻밤을 지냈는데 이튿날 새벽 5시에 조효자는 매일 하는 일과(日課)인 묘소 참배길에 나섰다.

　연정리(蓮亭里) 무릉봉(武陵峰) 기슭에 자리잡고 있는 효충사(孝忠祠)는 모계 조강(慕溪 趙綱)을 향사(享祀)하는 사당(祠堂)이고 그 담밖에는 청강 조병천의 효자비가 세워져 있다. '효자 집안에 효자난다'는 말처럼 '조강 –병천 –육형의 효행(孝行)'은 시공(時空)을 뛰어넘는 보기 드문 사례이다.

2004년 8월 17일 청주시 상당공원에서 충북 유림 천여 명이 참석하여 호주제(戶主制) 수호 결의대회가 열렸다. 이날 상복 (喪服) 차림의 은봉 조육형 효자는 혈서(血書)로 호주제(戶主制) 수호의지(守護意志)를 밝힌 바 있다(유교신문, 2004.8.23 참조).

효자 조육형 혈서

상주(喪主) 조육형

효자 황무진 기행

─ ① 정신을 가다듬고 용기를 내어, 호랑이를 노려보며 꾸짖다

❀❀❀ 원성군편(原城郡編), 『북원(北原)의 자취(1987)』와 「충효공 창원 황자룡 정려비명병서(忠孝公 昌原黃子龍 旌閭碑銘並序)」 등에 전한다.

황무진(黃戊辰, 1568~1652)은 원주 봉산동(原州 鳳山洞)에서 가난한 집 안의 외아들로 태어나 일찍 부친(父親)을 여의고 편모(偏母) 슬하(膝下)에 서 자라다가 골무내기[211]로 이사했다. 비록 가난해도 천성이 온순하고 효성이 지극한 데다가 학문에 열중(熱中)했다. 그의 눈은 총명(聰明)하게 빛나 샛별같이 광채를 품었으며 용모 또한 준수(俊秀)했다.

처음 출사(出仕)한 곳은 강원감영(江原監營)이었다. 집에서 감영까지 는 50리길이었다. 새벽에 집을 나서서 감영에 도착하면 치악산(雉嶽山) 에 해가 뜨곤 했다. 그는 점심과 저녁을 감영에서 먹으면서 늘 노령(老 齡)의 홀어머니 끼니 걱정으로 가슴 아팠다. 그는 저녁밥을 먹지 않고 싸 두었다가 퇴근할 때 가지고 돌아가 모친께 드렸다. 음식이 식을 새 라 품속에 품고 다녔으나 집에 가면 식곤 해서 더운 음식을 모친께 드 릴 수 없음을 안타깝게 생각했다.

그러던 어느 날, 저녁 일을 마치고 원주 동구(洞口) 밖 누문(樓門)을 나오고 있을 때였다. 어둑어둑한 길 한복판에 무엇이 웅크리고 있는 것을 보자마자 소스라치게 놀랐다. 시퍼런 두개의 불, 그것은 호랑이였 다. 담력(膽力)이 있다고 자부하던 그도 가슴이 덜컥 내려앉으며 머리끝 이 쭈뼛했다. 그는 정신을 가다듬고 용기(勇氣)를 내어, 호랑이를 노려 보며 꾸짖었다.

---

211) 현 원주시 문막면 반계3리(原州市 文幕面 潘溪3里).

강원도 원주시 문막 소재 충효사(忠孝祠)

효자 황무진 기행 - ② 사등 선생 행차(四燈先生 行次)라고 일컬어지다

◉◉◉ "산중왕(山中王) 호랑이는 영물(靈物)인데, 어째서 무고(無辜)한 사람을 해치려 하느냐?"

호랑이는 그렇지 않다는 뜻으로 머리를 좌우로 흔들었다. 황효자는 품고 가는 음식을 한 번이라도 어머니께 따뜻할 때 드리고 싶은 마음이 일어나 호랑이에게 말했다.

"그렇다면 노령의 어머니께서 내가 어서 오기를 고대하고 계시는데 한 시가 급하니, 네가 나를 집까지 데려다 줄 수 있겠느냐?"

호랑이는 황효자에게 등을 돌려 댔다. 황효자는 황소만한 호랑이 등에 털썩 앉았더니 호랑이는 잠깐 사이에 골무내기 집 앞에 내려놓아 주었다. 황효자는 호랑이에게 고마움을 표하고 어머니 앞에 음식을 내어 놓았더니 어찌나 빨리 왔던지 음식은 조금도 식지 않았다. 이때부터 그는 아침저녁으로 호랑이를 타고 왕복(往復) 일백리 길을 출퇴근(出退勤)하게 되었다.

좀 늦게 퇴근하여 어두운 밤길을 달릴 때면, 모습은 보이지 않아도 황효자의 형형(熒熒)한 두 눈빛과 호랑이의 푸른 눈빛이 어찌나 밝은지 사람들은 '사등 선생 행차(四燈先生 行次)'라 일컬었다. 그러던 중 며칠 동안 호랑이가 나타나지 않았다. 몹시 궁금히 여기고 있는데 어느 날 밤 꿈에 황효자를 돕던 호랑이가 함정(陷穽)에 빠져 울부짖고 있었다.

황효자는 깜짝 놀라 잠을 깨어 꿈에서 본 곳을 찾아 나섰다. 몇 십리 산길을 달렸는데 날은 밝고 어느덧 점심 때가 되었다. 충주(忠州) 어느 깊은 산골짜기에 다다랐을 때, 몇 명의 사냥꾼이 보였다.

효자 황무진 기행
- ③ 충과 효를 겸비(兼備)했다 하여, 충효(忠孝)라 시호(諡號)하다

○○○ 사냥꾼들은 "저 놈을 어떻게 잡아야 하지?" 하며 설왕설래(說往說來)했다. 황효자는 함정에 빠진 호랑이를 어떻게 잡을지 골몰하고 있는 광경을 보고 사냥꾼들에게 자기를 태워 출퇴근시켜 준 호랑이였음을 간곡하게 설득(說得)했다. 사냥꾼들은 자초지종(自初至終) 호랑이 관련사(關聯事)를 들은 뒤, 마침내 호랑이를 풀어주기로 했다. 황효자가 호랑이를 함정(陷穽)에서 나오게 했을 때, 호랑이는 마치 길들인 강아지와 같았다.

황무진(黃戊辰, 1568~1652)은 임진왜란(壬辰倭亂)이 일어나자 군문(軍門)에 들어가 용맹을 떨치고 적장(敵將)을 사로잡은 전공(戰功)으로 사람들이 '황장사(黃壯士)'라 불렀다. 그는 또 선조(宣祖)가 승하(昇遐)하자 삼년상(三年喪)을 입었다. 황무진은 무진년(戊辰年)에 출생했다고 무진이 었으나 임금이 자룡(子龍)으로 명명(命名)했으며, 자룡 사후(死後)에는 충과 효를 겸비(兼備)한 사람이라 하여 시호(諡號)[212]를 충효(忠孝)라 했다.

충효사(忠孝祠)의 충신효자 황무진의 정려판

원주시 문막면 반계3리 골무내기 마을엔 황충효자(黃忠孝子) 사당(祠堂)인 충효사(忠孝祠)가 있다. 사당 오른쪽에 「충효공 창원황자룡 정려비명병서(忠孝公 昌原黃子龍 旌閭碑銘竝序)」라 한 비석이 세워져 있고, 왼쪽의 조그만 부속건물은 충호비각(忠虎碑閣)인데, 사람을 성심(誠心)으로 도운 호랑이를 기려 세운 비석 보호각(保護閣)이다.

---

212) 제왕(帝王), 경상(卿相), 유현(儒賢)들이 죽은 뒤, 생전의 공덕을 찬양하여 추증(追贈)하는 칭호.

효자 황무진 기행

- ④ 효자(孝子)만으로 효자 못 되고, 효부(孝婦)만으로 효부 못 된다

◎◎◎ 황무진의 부인인 파평윤씨(坡平尹氏) 또한 효부(孝婦)였다. 어느날 빨래하고 돌아오니 노망기(老妄氣 : 치매癡呆)가 심한 시모(媤母 : 시어머니)가 기름을 오줌으로 잘못 알고 채소밭에 주고 있었다. 시모께 오줌이 아닌 기름이라 말씀드리면 놀라실까 염려하여 공손(恭遜)히 시어머니를 방으로 모신 뒤 축난 기름을 채워 놓았다. 이 사실을 안 황무진은 부인에게 2번 절한 뒤 부인을 붙들고 울었다. '효자(孝子)만으로 효자 못 되고, 효부(孝婦)만으로 효부 못 된다.'는 말은 이를 이름이다.

강원감찰사(江原監察使) 최현(崔晛, 1563~1640)은 황무진의 집을 새로 지어 주었고, 병방(兵房)에서 일하게 했다. 이인거난(李仁居亂, ?~1627)이 일어나자, 황무진은 역적(逆賊)과 친했다 하여 서울로 압송(押送)되는 화를 당했다. 저녁 무렵, '솔치고개'에서 모친별세(母親別世) 비보(悲報)를 듣자, 하늘을 우러러 크게 우니 갑자기 날씨가 흐리더니 큰 눈이 내려 삽시간에 온 누리가 하얗게 변했고 고갯길이 막혀 상경(上京)할 수 없었다. 지체되는 동안 혐의(嫌疑)가 풀려 무사히 자상(慈喪 : 모친상)을 치르게 되었다. 이로 인해 그 고개를 설치(雪峙 : 눈고개)라고 불렀는데, '솔치'는 '설치'의 와전(訛傳)이다.

하늘은 공의 효성에 감동되어	天感公孝
용양위(龍驤衛) 벼슬 내려 주셨네	賜示驤衛
목숨 바쳐 주인 섬겼으니	盡命事主
충호라 이름하네	號曰忠虎

황충효사(黃忠孝祠)의 충호비(忠虎碑)에 새겨진 호랑이를 찬양(讚揚)한 시(詩)이다.

효자 박태성 기행

- ① 탁본(拓本)을 끌어안고 괴성(怪聲)을 지르며 춤을 추다

✿✿✿ 초등학교 교과서(1990년판)에 실린 바 있는 「효자리의 세 무덤」은 효자 박태성(朴泰星, 1679~1758) 관련 효행설화(孝行說話)이다. 경기도 고양시 덕양구 효자동에는 박태성 효행 정려비(旌閭碑)[213]와 묘소가 있다. 1990년 5월 6일, 비문 탁본을 위해 서울행 23시 55분 열차에 몸을 실었고, 5월 7일 11시경 박효자 묘소를 찾아 상석(床石)에 오징어와 소주잔을 차려놓고 재배(再拜)했다.

북한산 등산로 입구에 있는 〈효자 박태성정려비〉

비석 앞뒤와 양 측면 탁본 중 마지막 작업을 끝내고 발길을 옮기는 순간, 천둥을 동반한 소나기가 퍼붓기 시작했다. 탁본물을 얼른 품속에 넣었다. 양동이로 물을 내리 붓는 형국(形局)이었다. 우산 속에 쪼그리고 앉아 괴성을 지르고 춤을 추며, 소주병 채로 소주를 꿀꺽꿀꺽 마셔 버렸다.

계속되는 장마에 금방 비를 퍼부을 듯한 날씨로 우울했던 데다가 길을 헤맸고, 화선지를 차에 두고 내려 다시 구입

효자 박태성 묘비문의 앞뒷면 탁본 사진

---

213) 효행 정려는 효자 마을 거리에 붉은 문을 세워 표창하는 일.

한 화선지는 탁본 작업중 코팅된 문종이여서 탈기(脫氣)한 일 등 우여곡 절 뒤에 돌출(突出)한 성취감의 만끽이었다.

'유명조선효자 통덕랑밀양박공태성 자경숙지묘 의인완산이씨부좌 의인김해김씨부우(有明朝鮮孝子 通德郎密陽朴公泰星 字景淑之墓 宜人完山李氏 祔左 宜人金海金氏祔右)'라 묘표(墓表)한 730자 탁본은 절묘(絶妙)한 신고(辛 苦) 끝에 담아낸 작품이었다. 학생들에게 발설(發說)한 탁본행(拓本行)에 생기(生氣)가 돌았고, 그 뒤 이를 학계에 최초로 소개한 성과가 있었다.

철거해버린 효자박태성 묘소 입구 안내판(1990년 5월 6일 사진)

효자 박태성 기행 – ② 아버지 얼굴을 몰라, 지극히 슬픕니다
불식부면 자지지비야 不識父面 子之至悲也

◎◎◎ 이성중(李聖中) 찬(撰) 효자 박태성 묘갈명(墓碣銘, 1778년)을 간추 렸다. 고양군(高陽郡) 동쪽 청담리(淸潭里) 신좌(辛坐)[214]에 넉 자 정도의 묘가 있다. 나무꾼과 목동들은 무덤을 밟지 않았고 반드시 경건(敬虔)히

---

214) 정서(正西)에서 북쪽 15° 안의 방위.

예(禮)를 표했으니, 이 무덤이 바로 고 효자 박태성(故 孝子 朴泰星)의 묘이다. 자손들이 돌을 다듬어 묘표(墓表)하기 위해 나[聖中]에게 비문을 부탁했다. 나는 통가(通家)[215]의 자제로 공을 만나 뵌 뒤로 오래도록 마음으로 부러워하며 교훈을 들은 적이 있었다.

삼가 제가(諸家)의 전기(傳記) 및 군수(郡守)가 정려(旌閭)를 청했던 표장(表狀)을 살펴보았다. 박효자는 태어난 지 삼년 만에 부친(父親)을 여의고 모친(母親)의 뜻을 받들어 모친을 극진히 섬겼다. 나이 18살 때 모친께 울면서 말했다.

"태어나 아버지 얼굴을 몰라, 지극히 슬픕니다. 추복(追服)[216]하여 소자(小子)의 정을 펼까 합니다."

모친이 책망했다.

"효성스러운 네가 나이 약관(弱冠)에 추복 중에 틀림없이 몸을 상하지 않으면 병들 것이니, 이 어미는 어찌 살 수 있겠는가?"

효자 박태성 부친 묘소와 묘비

---

215) 대대로 집안끼리 교분이 있음.
216) 사정상 입지 못한 복상(服喪)을 뒤에 입음.

효자는 나물밥을 먹으며 삼년을 마치면서 모친이 조금도 상심(傷心)치 않고 편안히 지내시도록 마음을 썼다. 모친 봉양(奉養) 46년에 모친은 천수(天壽)를 마치셨다. 효자는 매일 슬피 부르짖으며 울어 위독(危篤)한 처지(處地)에 이르렀다가 겨우 안정을 되찾았다.

효자 박태성 기행 – ③ 착한 이에게 복 내림은 증거가 있도다

복선기유징 福善其有徵

◉◉◉ 부친 별세 갑년(甲年 : 60년)이 되는 해였다. 박효자는 묘 곁에 여막(廬幕)을 짓고 상복(喪服) 차림에 아침저녁으로 통곡했는데 비바람이 불어도 그치지 않았다. 물총새 모양의 새가 곡할 때마다 약속한 것처럼 날아와 울었다. 새가 서식(棲息)한 나무는 일정하여 그 때문에 나무가 말라버렸다. 귀록 조현명(歸鹿 趙顯命, 1690~1752)과 사천 이병연(槎川 李秉淵, 1675~1735)이 「이조시(異鳥詩)」를 짓자, 화답(和答)하는 공경대부(公卿大夫)들이 수십 명이었다.

마을 사람 손석빈(孫碩彬)의 꿈에 노인이 나타나 "일어나라! 박효자 곁에 사람이 없다."라 했다. 깜짝 놀라 가보았더니 박효자 곁엔 밥 지을 사람이 없었다. 추복(追服)을 마친 박효자는 그곳에서 종생(終生)코자 했더니, 사람들이 모여 마을이 되었고, 마을에 효자리(孝子里)란 석표(石表)를 세웠다.

관찰사 이기진(李箕鎭, 1687~1755)이 불렀으나 무덤 일로 사양했고 조정에 알려져 영의정 김재로(金在魯, 1682~1759)와 우의정 민응수(閔應洙, 1684~1750)가 "특이한 일로 정문(旌門)을 세워야 합니다." 하니 임금이 옳게 여겼으나 효자는 울면서 말했다.

"종신토록 슬퍼해야 마땅한데 차마 받지 못하겠습니다."

효자에게 어명(御命)임을 깨우쳤고, 태수가 여막에 직접 가서 정표(旌表)했다. 여묘살이 18년, 나이 80세에 세상을 떠났다.

명(銘)에 '살아서는 정표(旌表)되고, 죽어서는 증직(贈職)되어 자손 계속 이어졌으니, 착한 이에게 복 내림은 증거가 있도다.'라 했다.

효자 박태성 기행
- ④ 효자가 호랑이를 타고 묘소참배(墓所參拜)를 가다

◉◉◉ 효자 박태성에 관한 기록은 이성중(李聖中) 찬(撰) 묘갈명(墓碣銘)을 비롯하여 이맹휴(李孟休)의 「박태성전」, 조희룡(趙熙龍, 1797~?)의 『호산외사(壺山外史)』 소재(所載) 「박태성수천전(朴泰星受天傳)[217]」, 일사 장지연(逸士 張志淵, 1864~1921)의 『일사유사(逸士遺士)』 등에 전한다. 『고양군지(高陽郡誌, 1987)』에 실려 있는 「효자리의 박효자」 전설(傳說)이다.

옛날 사대문(四大門) 안에 사는 박씨(朴氏)는 종로통(鐘路通)에서 큰 점방(店房)을 했는데 부친상(父親喪)을 당하여 사대문 밖에 묘소(墓所)를 마련하여 눈, 비바람에도 불구하고 날마다 묘소를 참배(參拜)했다.

묘소 참배길에 나선 어느 날, 갑자기 호랑이가 나타나 박씨의 갈 길을 막아 두려웠으나, 호랑이의 참 뜻을 알아차리고 호랑이 등에 탔다. 이 이후는 날마다 호랑이를 타고 묘소를 참배할 수 있어서 가게와 집안일에 지장이 생기지 않았다.

---

217) 수천은 태성의 아들.

박태성 묘소와 왼쪽에 조성한 호랑이상(무덤 왼쪽 끝)

박씨가 죽은 뒤, 자녀들이 묘소에서 제사(祭祀)를 지내려는데 호랑이가 나타나 이리저리 날뛰다가 박씨 무덤 앞에 넘어져 죽었다. 사람들이 탄복하여 호랑이를 박씨묘 옆에 묻어 주었다. 그때부터 그 부근을 효자리(孝子里)라 불렀다.

큰 가게를 경영하는 박씨는 부친묘소 참배시간엔 가게 문을 닫았다. 딴 계층에 비해 이익욕이 강한 상인이 묘소참배에 몰두하기란 어렵다. 박씨 효행에 짐승도 감동해 효자를 도와 순조로이 생업에 종사할 수 있게 한 이 이야기는, 교육성[흥미와 교훈]이 인정되어 교과서에 실리기도 했다.

고양시에서는 등산객들의 통로가 되는 이곳 효자 박태성묘 왼쪽에 호랑이 석상(石像)과 호랑이 무덤을 조성했다.

효자 홍차기 기행 – ① 매번 깜짝 놀라 울며 음식을 먹지 않다

매경제불식 每驚啼不食

◎◎◎ ①『청구야담(靑邱野談, 1843)』에는 「어린아이 홍차기가 아버지 목숨을 구하기 위해 신문고(申聞鼓)를 치다(救父命洪童撞鼓)」로, ② 이원명(李源命, 1807~1887)의 『동야휘집(東野彙集, 1869)』에는 「어린아이가 아버지를 위해 원통한 옥살이를 풀었다(幼童爲親伸寃獄)」로, ③ 유재건(劉在建)의 『이향견문록(里鄕見聞錄)』에는 「홍동자차기(洪童子次奇)」라는 제목으로 실려 있다. ③은 말미(末尾)에 출전(出典)이 ①이라고 부기(附記)해놓았다. ①과 ③은 홍차기가 부친의 출옥일(出獄日)에 숨을 거두게 되나 ②는 홍차기의 죽음이 설정되어 있지 않고 편찬자(編纂者)의 작품평(作品評)이 실려 있다.

충주(忠州)의 동자(童子) 홍차기(洪次奇)는 어머니 뱃속에 있을 때 아버지 홍인보(洪寅輔)가 살인죄(殺人罪)에 연루(連累)되어 옥에 갇히게 되었다. 차기가 태어난 지 오륙 개월 지난 뒤, 어머니 최씨(崔氏)는 원통(寃痛)함을 하소연하러 서울에 갔다. 차기는 중부(仲父)에게 양육(養育)되어 중부를 아버지로 부르며 인보의 아들임을 알지 못했다.

차기의 나이 겨우 서너 살 때 동무들과 장난치며 놀다 매번 깜짝 놀라 울며 음식을 먹지 않았다. 유모가 까닭을 물어도 대답치 않았다. 이런 일이 매월 세 번이나 되어 집안사람들은 괴이(怪異)하게 여겼다. 그 뒤 읍내(邑內) 사람들은 차기가 울던 날이 바로 관에서 죄수(罪囚)를 심문(審問)하던 날이라고 증언했다. 이 사실을 들은 사람들이 모두 기이(奇異)하게 여겼다.

효자 홍차기 기행 – ② 걸어서 서울에 들어가 신문고를 치다

도보입경 당신문고 徒步入京 撞申聞鼓

○○○ 가족들은 차기의 마음을 상하게 할까 염려해 부친의 옥사(獄事)를 숨겼다. 홍차기(洪次奇)가 열 살 때, 차기 부친(父親)은 자신이 늙었는데도 출옥기약(出獄期約) 없이 하루 아침에 목숨이 다해 자식을 볼 수 없게 될까 두려워했다. 이에 집안사람들로 하여금 차기에게 사실대로 알려 차기를 옥문(獄門)에 데려오게 했다.

차기는 아버지를 껴안고 대성통곡(大聲痛哭)했다. 이때부터 차기는 읍내에 거처를 옮겨 나무를 해다가 쌀을 바꾸어 부친을 봉양(奉養)했다. 몇 년 뒤, 차기의 모친(母親) 최씨(崔氏)는 여러 차례 남편을 방면(放免)해 달라고 조정(朝廷)에 하소연했으나 회답(回答)을 받지 못한 채 서울에서 객사(客死)하고 말았다. 모친(母親)의 반장(返葬)을 마친 뒤, 차기는 울면서 부친께 하직 인사를 드렸다.

"어머니가 관청에 아버지의 억울함을 호소했으나 이루지 못하시고 원한(怨恨)을 머금고 돌아가셨습니다. 또한 장성(長成)한 자식이 없으니 제가 비록 어리지만 제가 아니면 누가 아버지를 죽음에서 벗어날 수 있게 하겠습니까?"

부친은 연약(軟弱)한 차기를 염려해 허락치 않았으나 차기는 부친 모르게 걸어서 서울에 들어가 신문고(申聞鼓)를 쳤다.

그 사실은 해당관서 책임자에게 내려갔지만 진상이

신문고

솔개는 도시복이 사들고 가는 고기를 낚아 채갔다. 육식동물(肉食動物)인 솔개가 고기를 먹기 위해 낚아 채간 게 아니었다. 효자를 울리긴 했지만 솔개는 도시복을 돕기 위해 그런 일을 했다. 도시복이 늦게 집에 돌아가다가 짐승이나 도적의 피해를 당하지 않도록 하겠다는 것과 귀가 시간이 늦은 아들을 걱정하게 될 효자 어머니에게 효자가 무사히 집에 온다는 사실을 알리기 위해서 한 일이라고 말할 수 있다.

효자 야계 도시복 기행 - ② 호랑이가 앞길을 막고 타라는 시늉을 하다
호차전로 이시승의 虎遮前路 以示乘意

◐◐◐ 도씨는 어느 날 편찮으신 어머니가 때 아닌 감홍시를 찾았다. 도씨는 감나무 숲에서 방황하다가 날이 저문 줄도 몰랐다. 그때 어떤 호랑이가 여러 번 도씨의 앞길을 막으며 타라는 뜻을 보였다. 도씨는 호랑이를 타고 백여 리 떨어진 산골 마을에 도착하여 인가를 찾아 묵게 되었다. 조금 있으니 주인이 제삿밥을 대접했는데 홍시가 있었다. 도씨는 기뻐서 주인에게 홍시의 내력에 대해서 묻고 또 자기의 심정을 말했다. 주인은 도씨의 말에 대답했다.

"돌아가신 아버지가 홍시를 즐겨 잡수셨기 때문에 해마다 가을에 홍시 2백 개를 골라 굴 속에 갈무리했습니다. 지금과 같은 5월에 보면 완전하게 갈무리된 홍시는 7, 8개에 지나지 않는데 올해는 온전하게 갈무리된 홍시가 50개나 되었습니다. 그래서 마음으로 이상하게 생각했더니 하늘이 그대의 효성에 감동한 일이었군요."

주인은 도씨에게 홍시 20개를 주었다. 도씨가 주인에게 사례하고 문

都氏家貧至孝 賣炭買肉 無闕母饌 一日 於市晚而忙歸 鳶忽攫肉 都悲號至家 鳶既投肉於庭 一日 母病索非時之紅柿 都彷徨柿林 不覺日昏 有虎屢遮前路 以示乘意 都乘至百餘里山村 訪人家投宿 俄而主人饋祭飯 而有紅柿 都喜 問柿之來歷 且述己意 答曰 亡父嗜柿 故每秋 擇柿二百個 藏諸窟中 而至此五月 則完者不過七八 今得五十個完者 故心異之 是天感君孝 遣以二十顆 都都出門外 虎尚俟伏 乘至家 曉鷄喔喔 後母以天命終 都有血淚

효자 야계 도시복 명심보감 내용

밖을 나오니 호랑이가 아직 엎드려 도씨를 기다리고 있었다. 호랑이를 타고 집에 오니 새벽닭이 울었다. 뒤에 어머니가 천명으로 돌아가시니 도씨는 피눈물을 흘렸다.

이야기 속에는 또 하나의 효 이야기가 숨어 있어 그 의미를 더하고 있다. 호랑이를 타고 간 산골 인가엔 주인이 마침 제사를 지내고 있었고, 때 아닌 5월에 홍시를 제수(祭需)로 사용하고 있었다. 주인은 선친(先親)이 생전(生前)에 즐기시던 홍시를 지난 해 가을부터 정성껏 갈무리해오고 있었다고 했다. 이는 이야기 속의 이야기로 지극한 효성을 지닌 주인을 등장시켜 이야기의 주제를 강조하고 있을 뿐만 아니라 5월에도 홍시를 얻을 수 있다는 비상식적인 일에 합리적인 설득을 가하고 있다.

석빙고(石氷庫)는 여름에 쓰기 위한 얼음 저장 창고였다. 망부(亡父)가 생시生時)에 홍시를 좋아했다고 해서 효자는 가을에 홍시를 굴속에 저장했다가 5월 제사에 홍시를 제수로 썼다. 석빙고와 같은 원리로 때 아닌 철에 홍시를 쓸 수 있었다.

효부(孝婦) 여주이씨 기행

– ① 지극정성(至極精誠) 효행에 천신(天神)이 감응(感應)하다

◉◉◉ 경남 함안군(咸安郡) 안인면(安仁面) 모곡리(茅谷里) 담안 마을 재령이씨(載寧李氏) 가문(家門)에 전하는 효부(孝婦) 여주이씨(驪州李氏) 관련 이야기이다. 『함주지(咸州誌)』를 비롯해 『조선환여승람(朝

담안마을 전경

鮮寰輿勝覽)』, 『재령이씨육백년기문비문(載寧李氏六百年記文碑文)』, 『안릉세덕송(安陵世德頌)』 등 문헌과 구전(口傳) 내용의 요약이다.

정부인(貞夫人) 이씨는 본관(本貫)이 여주이고, 박천군수(朴川郡守) 이학(李鶴)의 딸이다. 재령이씨에 시집왔으니 병조참판(兵曹參判)에 증직(贈職)된 이경성(李景成, 1511~1562)의 부인이다. 시아버지는 수군우후(水軍虞侯) 이빈(李斌)이고 시어머니는 숙부인(淑夫人) 초계정씨(草溪鄭氏)이다. 남편 이경성은 비인현감(庇仁縣監)으로 보기 드문 효자였다. 부인은 천성이 곧고 고요했으며 현효(賢孝)하여 시부모를 잘 섬겼다. 남편의 배필(配匹)로 덕행(德行)에 위반함이 없고 자녀교육은 덕의(德義)에 맞게 했다. 며느리로, 처로, 어머니로서의 덕을 완벽히 실천하는 사덕(四德)을 겸비하였으니 모두 훌륭한 며느리라 하였다. 오직 아침저녁으로 살피고 조심하면서 시어머니 봉양에만 힘썼다.

시어머니 나이 91살에 이르러 기력이 쇠약하고 정신이 혼미하여 때때로 인사불성(人事不省)이 되어 마치 어린아이처럼 세상에서 구할 수 없는 것도 모르고 이따금 찾는 것이 구하기 어려운 물건이었다. 그러나 정부인은 더욱더 효순(孝順)하여 혼정성신(昏定晨省)의 도리를 다하여 대소변을 가려주며 모두 시어머니의 뜻에 맞추었다. 어느 날 시어머니는 전복을 찾았으나 산간벽지(山間僻地)에 살면서 어찌 이런 물건을 쉽사리 구할 수 있겠는가? 하늘에 기도한 지 수개월, 시종(始終) 지극정성을 다했더니 천신(天神)이 감응하여 뒤뜰 우물 안에서 갑자기 전복(全鰒) 몇 마리가 툭 튀어 나왔다. 부인은 경사스런 일을 기뻐하면서 전복을 들고 와서 전복회를 장만해서 시어머니께 드렸다. 시어머니는 간곡히 바라던 물건이라 맛있게 먹고 기운을 차리는 것 같았다. 시어머니가 며느리를 돌아보며 "너도 맛보아라."라고 했다. 정부인은 사양하면서 "평생토록 전복회는 먹어보지 못했습니다."고 했다.

효부 여주이씨 복정(鰒井)

효부(孝婦) 여주이씨 기행 - ② 평생 전복회를 먹어보지 못하다

평생불식복어회 平生不食鰒魚膾

◎◎◎ 효부 여주이씨가 임종(臨終) 때 말했다.

"내가 시어머니께 딱 하나 실수한 적이 있는데, 전복을 먹지 못한다고 말씀드린 일이다. 전복은 진기(珍貴)한 음식이어서 먹을 줄 모른다 했지만, 시모(媤母)를 속인 일이다. 나는 이 일로 시모께 죄송한 마음을 금할 수 없었다."

아흔이 넘은 시어머니는 이 말을 듣고 울면서 말했다.

"전복을 먹지 못한다고 한 것은 나를 먹이기 위함이었구나."

늘 손녀들에게 훈계(訓戒)하기를 '너희들이 시집 가서 시부모를 섬기면, 너희들 어미가 나를 섬긴 것처럼 해야 하느니라.'고 했다.

이는 바로 맹종(孟宗)의 죽순(竹筍)[220]과 왕상(王祥)의 잉어[221] 이야기와 어찌 다르겠는가? 그래서 사람들은 그 우물을 복정(鰒井)이라 했다. 겨울에는 따뜻하고 여름에는 차가운 물이 샘에서 펑펑 나와 물맛이 좋고 지금도 옛날 같이 샘물이 솟아난다. 효부 여주이씨와 효자 남편의 효행(孝行)이 세상에 알려지자 남명(南冥) 조식(曺植)은 양지(養志)의 효도라 하였고, 한강(寒岡) 정구(鄭逑)는 이를 『함주지』에 실었으며 경상

왕상이 얼음을 깨다[王祥剖氷]

---

220) 「맹종이 대숲에서 울다[孟宗泣竹]」:중국 삼국시대 사람 맹종은 겨울에 대숲에서 그의 어머니가 좋아하는 죽순이 없음을 탄식하니, 홀연 눈 속에서 죽순이 솟아나서 어머니께 드렸다고 한다.(『삼강행실도(三綱行實圖)』와 『오륜행실도(五倫行實圖)』 참조)

221) 「왕상이 얼음을 깨다[王祥剖氷]」:중국 西晉시대에 태보(太保) 벼슬을 지낸 왕상은 어려서부터 효성이 지극했다. 그의 계모(繼母)가 생선을 먹고 싶어 했을 때, 옷을 벗고 얼음 위에 누워서 하늘을 향해 호곡(號哭)했다. 하늘이 그 효심에 감동하여 얼음을 녹이고, 잉어 두 마리를 얻게 했다 한다.(『삼강행실도』와 『오륜행실도』 참조)

도 감사 유척기(兪拓基, 1691~1767)[222]는 대구에서 실시한 향시(鄕試)에 '평생 전복회를 먹어보지 못했다'는 시제(詩題)를 내고 다시 문제의 물음에 대한 뜻풀이는 '함안군에 재령이씨는 당세(當世)에 덕 있는 군자들의 입에 일컬어졌다.'고 했으니, 아! 위대하도다.

4남 4녀를 두었고 친손자 외손자 합하여 40여 명이니 자손이 왕성한 복을 가졌다. 오호! 그 아들들의 문장은 고향에서 높이 평가되었고, 임진왜란(壬辰倭亂) 때는 나라에 공을 세워 공신록(功臣錄)에 기록되었다. 외손(外孫)들은 나라를 위해 죽었거나 판서(判書)에 추증(追贈)되었다. 도학문장(道學文章)과 충효절의(忠孝節義)가 앞뒤로 서로 이어 역사에 빛났다. 이 모든 것은 부인의 그 진한 도덕의 실천이었다.

맹자(孟子) 같은 아성(亞聖)의 어짊도 삼천지교(三遷之敎)에서 나왔고 중국 하남(河南)의 정호(程顥, 1032~1085)[223]와 정이(程頤, 1033~1107)[224]의 칭송(稱頌)도 어머니 복씨(伏氏)의 어짊에서 나왔네. 만약 정부인(貞夫人)의 가르침이 아니었다면 어찌 두 어진 자식과 세 외손자가 의리를 보고 충성을 다함이 있었겠는가.

효부(孝婦) 여주이씨 기행 - ③ 인자한 시어머니와 효성 다한 며느리
고자부효 姑慈婦孝

◎◎◎ 『재령이씨 안릉세덕송(載寧李氏 安陵世德頌)』 「덕고공파(德皐公派)」

---

222) 문신(文臣)으로 본관은 기계(杞溪)이고 자(字)는 전포(展甫)이며 호는 지수재(知守齋)이며 시호는 문익(文翼)이다. 『지수재집(知守齋集)』 등이 있다.

223) 북송(北宋) 때의 대학자(大學者)로 자는 백순(伯淳)이고 호는 명도(明道)이다.

224) 명도 정호의 아우로 자는 정숙(正叔)이고 호는 이천(伊川)으로 성리학(性理學)의 대가(大家)이다.

에 전하는 효부 여주이씨 관련 내용이다.

…㉠덕고자제(德皐子弟) 참판공(參判公)은/사자사서(四子四婿) 현달(顯達)하니/병조판서(兵曹判書) 증직(贈職)이오/한집문호(門戶) 뚜렷하네/참판조서(參判趙婿) 효사(孝死)하고/선전외손(宣傳外孫) 절사(節死)하니/부자쌍절(父子雙節) 장하시니/조명정려(朝命旌閭) 경사롭고

㉡부인이씨(夫人李氏) 현효(賢孝)하여/사고효양(事姑孝養) 가법(家法)되네/구십일세 시모정씨(媤母鄭氏) 복어(鰒魚)생각 하시거늘/우물가에 축천(祝天)하니/홀연복어(忽然鰒魚) 출정(出井)이라/이 우물을 이름지어/오늘까지 복정(鰒井)인데

㉢경상감사(慶尙監司) 유척기(兪拓基)는/불식복어(不食鰒魚) 순제(巡題)하고/회제문어(會題問於) 재리(載李)라니/그 글뜻이 무엇인고/순제내용(巡題內容) 들어보면/정씨시모(鄭氏媤母) 복어회(鰒魚膾)를/자부(子婦)에게 분급(分給)하니/본래복어(本來鰒魚) 못먹소다/시모(媤母)속임 추회(追悔)하니/고자부효(姑慈婦孝) 알 일이오

㉣군자(君子)께서 감동(感動)하야/무예종사(武藝從事) 치우시고/시례덕행(詩禮德行) 닦으시니/조남명(曺南冥)이 감복(感服)하고/국기충렬(國器忠烈)이 갈명(碣銘)은/삼릉진사(三陵進士) 성찬(盛讚)일세…

한자병기(漢字倂記)에 일구(一句)가 4.4.4.4의 가사체(歌辭體)로 되어 있다. ㉡과 ㉢이 '孝婦와 全鰒·鰒井' 관련 내용이다. 이 작품은 산문(散文)과는 달리 운률(韻律)이 있고 호흡에 맞는 자수률(字數律)로 되어 있기 때문에 여러 사람이 빙 둘러앉아 한구씩 배당받아 등장인물의 행적을 떠올리면서 리듬감을 살려 낭독하면 암송과 내용 이해에 효과적(效果的)인 형식(形式)이다.

복정(鰒井)은 담안마을 재령이씨 종택(宗宅)에 현존(現存)하고 있다.

절부 화순최씨(節婦 和順崔氏) 기행
- ① 아버지 어머니는 어디에 돌아가시렵니까?

부모하귀 父母何歸

◎◎◎ 김천시 구성면 상원리(金泉市 龜城面 上院里) 53번지 방초정(芳草亭) 오른쪽에 있는 절부 화순최씨(節婦和順崔氏, 1576~1592) 정려각(旌閭閣)의 정려비문(旌閭碑文)은 김우순(金愚淳)이 1772년에 찬했다. 화순최씨에 관한 기록은 여러 곳에 전하지만 3가지로 요약된다. (1)최씨와 가족 모두 못에 투신했다 (2)최씨만 못에 투신했다 (3)최씨와 몸종 석이(石伊)가 못에 투신했고, 최씨담(崔氏潭)에서 '충노석이지비(忠奴石伊之碑)'가 출토(出土)되었다 등이다. (1)(2)(3)[225] 중 (1)과 구체적인 증빙물이 있는 (3)을 중심으로 해서 절부사(節婦事)를 재구성했다.

충노석이지비(忠奴石伊之碑)

화순최씨는 경상도 관찰사(慶尙道觀察使) 율(崔)의 딸인데 17살에 부호군(副護軍) 방초 이정복(芳草 李廷馥, 1575~1637)에게 시집갔다. 혼례(婚禮) 후 신행(新行:신랑집에 가는 것) 중 임진왜란을 당하여 부모를 따라 지례(知禮) 능지산(陵旨山) 속으로 피신했다. 그러나 왜놈이 갑자기 들이닥치며 핍박(逼迫)하자 최씨는 모친께 말씀드렸다.

---

225) (1)은『경상도읍지』④『지례현읍지(知禮縣邑誌)』(영인본, 아세아문화사, 1987)와『조선읍지』(태학사, 1983) 및『연안이씨 부사공파 세보(延安李氏 副使公派 世譜)』이고, (2)는『경상도읍지』①『지례현읍지』(아세아문화사, 1982)이며, (3)은『김천시사(金泉市史)』(하권, 1999)에 실린 절부화순최씨 정려각 내용이다.

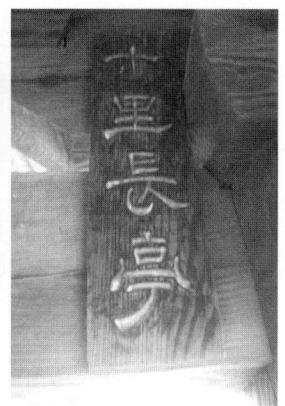

방초정과 십경시

"저는 이미 죽기로 결심했는데 아버지 어머니께서는 어떻게 돌아가 시렵니까?"

최씨는 눈물을 흘리며 깨끗한 옷으로 갈아입고 못에 몸을 던졌다. 이에 몸종 석이도 주인을 따라 못에 빠져 죽었다. 뒷사람들이 그 못을 최씨담(崔氏潭)이라고 했다.

인조(仁祖)는 1632년에 어필(御筆) '전부부호군이정복처증숙부인화순 최씨지려(節婦副護軍李廷馥妻贈淑夫人和順崔氏之閭旌)'를 내렸고, 이에 정문 (旌門)을 세웠다.

1975년 방초정 앞에 있는 못을 보수하면서 못에 묻혀 있었던 '충노석 이지비(忠奴石伊之碑)'가 나와 이를 정려각 앞에 세웠다.

방초정은 방초 이정복이 건립했고 앞에 조성한 연못 안에는 두 개의 섬이 마주보고 있는데 이는 화순최씨와 석이의 형상물이라고 한다.

절부 화순최씨(節婦 和順崔氏) 기행

- ② 못다한 부부연(夫婦緣)은 최씨담(崔氏潭)으로 승화되고

◎◎◎ 숙부인 절부 화순최씨의 남편인 방초 이정복은 유학(儒學)에 심오(深奧)하고 효우(孝友)가 극진했다. 임진왜란 때 능지산으로 피난갔다가 선조의 의주 파천(義州 播遷) 소식을 듣고 호종(扈從)길이 막히자 북향(北向)하여 7년 동안 호곡(號哭)했다.

방초정(경북 유형문화제 제46호)은 1625년에 이정복이 창건(創建)했다. 1689년(숙종15) 그의 손자 이해(李垓)가 훼손된 것을 중건했고, 1727년에 다시 보수하였으나 이듬해 무신란(戊申亂)으로 파손되고 1736년에 대홍수로 유실된 것을 1787년(정조11)에 『가례증해(家禮增解)』를 저술한 경호 이의조(鏡湖 李宜朝, 1727~1805)가 중건하였다.

정자는 이층 누각으로 되어 2층에 문을 달아 이를 걷어 올리면 넓은 마루가 되고 문을 내려서 달으면 방이 된다. 1층에는 아궁이가 있어서 군불을 지펴 겨울에도 사용할 수가 있으며 마루 주위에는 난간을 둘렀다.

절부화순최씨정려비

최씨담

방초정 앞 연못은 최씨담(崔氏潭)이다. 최씨담은 남편 이정복이 처의 정절(貞節)을 기리기 위해 조성한 연못이다. 일반적으로 연못은 중앙에 하나의 섬으로 되어 있으나 최씨담은 섬을 2개로 배치했다. 이는 최씨와 최씨와 함께 투신한 몸종의 형상물이라 하기도 하고, 방초 이정복이 해로(偕老)하지 못한 처를 그리워하는 애틋한 사연이 숨어 있다고도 한다.

방초 이정복은 방초정에 오를 때마다 바로 눈앞 최씨담을 보면서 무엇을 생각했을까? 다하지 못한 최씨와 이정복의 부부연(夫婦緣)은 그 맺힌 통한(痛恨)을 최씨담으로 승화(昇華)시켜 방초정과 이웃해 못다한 정분(情分)을 속삭였을 터이다. 그리고 방초정 십경시를 읊었을 것이다. 방초정 십경시(十景詩) 중 한 편인 「수도모설(修道暮雪)」이다.

산은 수도산이 깊고 눈은 추위를 더하는데	山深修道雪添寒
자욱한 배꽃이 멀리 들어와 보이는구나	千樹梨花入遠看
영문에 노래 한 곡 지어 부르니	唱作郢門歌一曲
양춘의 따사로운 기운이 스스로 둥글구나	陽春和氣自成團

정려각 앞에는 주인 따라 투신한 여종 석이를 기리는 '충비석이지비 (忠婢石伊之碑)'가 정려각을 묵묵히 지키고 있었다.

전주 효녀 감응설화(感應說話)

─ ① 전주 한벽당(寒碧堂)의 소(沼)에 처녀를 제물(祭物)로 바치다

●●● 옛날 전주(全州) 한벽당(寒碧堂) 벼랑 아래에는 몇 길이 넘는 소(沼)가 있었다. 소에는 커다란 괴물(怪物)이 살고 있었다. 해마다 단오절(端午節)에 처녀(處女) 한 명을 이곳에 던져 제사(祭祀)를 지내지 않으면 언제 괴물에게 화를 입을지 몰라 고을사람들은 전전긍긍(戰戰兢兢)하고 가슴을 죄며 살아야 했다. 괴물은 신출귀몰(神出鬼沒)하여 밤이면 무사(武士)로 변하여 말을 타고 견훤산성(甄萱山城 : 중바위산성)의 험한 바위를 단숨에 오르곤 했다. 사람들은 그놈을 잡아 죽이려고 뒤를 쫓아도 아무도 볼 수 없고 따를 수도 없었다.

때마침 연로(年老)한 아버지를 모시고 있는 효심(孝心)이 지극(至極)한 처녀(處女)가 있었다. 아버지가 중병(重病)으로 자리에 누웠으나 가냘픈 소녀의 힘으로는 아버지의 약값 마련은커녕 끼니를 이어가기도 어려운 형편이었다.

처녀는 생각하다 못해 사또를 찾아가 '몸값으로 아버지의 병을 낫게 하여 여생(餘生)을 편안히 사실 수 있게 해주신다면, 소(沼)의 제물(祭物)이 되겠습니다.'고 말하고는 단옷날이 가까워지자, 매일 성황사(城隍祠)에 올라가 빌었다.

"제발 아버지 병환이 나아 편히 사실 수 있도록 해주십시오." 마침내 단오 전날 밤, 처녀는 목욕재계(沐浴齋戒)하고 마지막 축수(祝手)를 위해 성황사로 올라갔다. 눈을 감고 손을 모아 한참 빌고 있는데 어슴푸레 성황대왕의 말소리가 들렸다.

"너의 지극한 효심(孝心)은 집에 좋은 일이 있도록 했으니, 안심하고 돌아가서 아버지를 잘 구완토록 하라."

전북 전주시 소재 한벽당(寒碧堂)

전주 효녀 감응설화(感應說話)

- ② 천년(千年) 묵은 지네가 염갱(鹽羹)에 간이 되어 떠오르다

◯◯◯ 단오(端午) 전날 밤, 사또도 마음이 편치 않았다. 해마다 무고(無辜)한 처녀를 제물로 바친다는 것은 커다란 악습(惡習)이었지만, 그 괴물을 잡아 없애려 해도 소용없는 노릇이니 어떻게 하면 좋을지 대책(對策)이 서지 않았다. 그러나 사또는 천지신명(天地神明)께 '제발 괴물을 퇴치(退治)할 방법(方法)을 찾아주시어 다시는 이런 재앙(災殃)이 없도록 해주십사.'고 빌고 또 빌었다.

간절(懇切)히 빌던 사또가 지쳐 깜박 잠이 들었다. 그런데 비몽사몽간(非夢似夢間)에 웬 백발노인(白髮老人)이 사또 앞에 나타나더니 말했다.

"한벽당(寒碧堂) 밑 소(沼)에 소금가마니를 묻어 성(城)을 쌓으면 고을 안이 평안(平安)해질 것이오."

사또는 노인을 붙잡고 더 자세히 말하고 싶었으나 노인은 말을 마치자마자 온데간데없이 사라져 버렸다.

사또는 놀라 벌떡 일어났다. 노인의 현몽(現夢)이 너무나 생생하고 신기(神奇)했다. 사또는 즉시 관아(官衙)의 벼슬아치들을 비상소집(非常召集)해서 소금창고를 열어 소금을 있는 대로 짊어지고 가서 한벽당 소에 묻게 했다. 그런 뒤, 한벽당 소에서는 밤새도록 물살이 요동쳤다. 사람들이 아침에 가보았더니 길이가 열 발이 넘는 천년 묵은 지네 한 마리가 염갱(鹽羹 : 소금국)에 잔뜩 간이 되어 죽어 떠올랐다.

그 뒤 전주고을에선 다시는 처녀를 제물로 바치는 일이 없어졌다. 사람들은 '처녀의 지극효성(至極孝誠)에 신(神)이 감응(感應)한 일이다.' 고 칭송(稱頌)이 끊이지 않았다. (『전주지(全州誌)』)

관기제도 존폐론(存廢論) - 그렇다면 후(詡)와 눌(訥)은 어디서 낳는고?

연즉후눌하종이생 **然則詡訥何從而生**

◯◯◯ 허백당 성현(虛白堂 成俔, 1439~1504)이 찬(撰)한 『용재총화(慵齋叢話)』[226]에 실려 있다.

문경공(文景公) 허조(許稠, 1369~1439)는 성품이 조심스럽고 깔끔하여 집안을 다스리는 데 엄하고 법도(法度)가 있었다. 자제(子弟)들은 모두 『소학(小學)』의 예절(禮節)로써 가르쳤다. 별 것 아닌 조그만 행동이라도 모두 스스로 삼갔다. 그래서 사람들은 말했다.

"허공은 평생(平生) 남녀 간의 일은 몰랐을 게야."

허조는 웃으며 말했다.

"그렇다면 내 두 아이 후(詡, ?~1453)와 눌(訥, ?~?)은 어디서 낳는고?"

당시 각 고을에 소속된 기생(妓生 : 官妓)들을 없애버리자는 청이 있었다. 임금은 조정대신(朝廷大臣)들에게 묻도록 명하자, 모두 없애자는 쪽이었다. 그러나 오직 허조에게만 물어보지 않았지만, 모두 허조는 기생을 없애자고 맹렬(猛烈)히 주장하리라 생각하였다. 허조는 이 문세에 대하여 듣고 임금께 아뢰었다.

"누가 이런 계책을 세웠사옵니까? 남녀 간의 일은 사람의 큰 욕망(慾望)이라 금할 수 없사옵니다. 고을에 딸린 기생은 관가(官家)의 물건이라 그것을 취하여도 무방(無妨)하옵니다. 하오나 만약 이를 금하시면 사신(使臣)으로 나가는 젊은 조정의 선비들이 모두 옳지 못한 방법으로 여염집 여인들을 탈취(奪取)할 것이오니, 이렇게 되면 많은 영웅호걸(英雄豪傑)들이 죄를 짓게 될 것이옵니다. 신의 생각으로는 없애지 않음이

---

226) 우리나라 수필문학(隨筆文學)의 백미(白眉)로 꼽힘.

마땅하다고 여기옵니다."

마침내 허조의 의견을 좇아 관기(官妓)를 없애지 않고 그대로 두었다.

선전관(宣傳官) 연회도(宴會圖) 서울대학교박물관 소장

송도기생 황진이 기행 – ① 병부교 아래에서 빨래하다

완포어병부교하 浣布於兵部橋下

◎◎◎ 죽천 이덕형(竹泉 李德泂, 1566~1645)은 시재어사(試才御史)[227]로 송도에 파견되었다. 80 고령(高齡)의 이야기꾼이 그에게 송도에 전하는 신이(神異)한 이야기를 들려주었다. 『송도기이(松都記異, 1631)』는 죽천이 송도유수(松都留守)로 재직할 때, 시재어사 때 들었던 내용을 회상(回想)해서 글로 옮긴 설화집이다. 이 책에 실린 황진이설화(黃眞伊說話)이다.

진이(眞伊)는 송도(松都)의 이름난 기생(妓生)이다. 그녀의 어머니 현금(玄琴)은 얼굴이 매우 아름다웠다. 나이 18살에 병부교(兵部橋) 아래에서 빨래하고 있었다. 그때 다리 위에 형용(形容)이 단아(端雅)하고 의관(衣冠)이 화려(華麗)한 사람이 현금을 눈여겨보면서 웃기도 하고 손짓하기도 했으므로 현금은 마음이 움직였다.

그러다가 그 사람은 갑자기 보이지 않았다. 저녁 때가 되자 빨래하던 여자들이 모두 흩어졌다. 그런데 아까 그 사람이 갑자기 다리 위에 나타나 기둥에 기대어 길게 노래를 불렀다. 노래를 다 부른 뒤 현금에게 물을 달라고 했다. 현금이 표주박에 물을 가득 떠서 그에게 주었더니, 물을 반쯤 마시더니 싱긋이 웃으며 말했다.

"너도 시험 삼아 마셔 보아라."

현금이 표주박을 받아 물을 마시고 보니 술이었다. 현금은 놀라고 이상히 여겨 그를 좋아해 마침내 진이를 낳았다. 진이는 용모(容貌)와 재주가 뛰어나고 노래 또한 잘했다. 사람들은 그녀를 선녀(仙女)라 불렀다.

---

227) 재예(才藝)가 있는 자를 시험하여 뽑는 일을 감시하는 어사.

황진이의 탄생(誕生)은 황진사(黃進士)와 진현금(陳玄琴)이 펼친 '교하 음수인연(橋下飲水因緣)'의 산물(産物)이었다.

송도기생 황진이 기행 - ② 절색이라, 나의 일이 낭패로다
절색오사거의 絶色吾事去矣

◎◎◎ 송공(宋公)이 송도유수(松都留守)로 처음 부임할 적에 마침 절일(節日)[228]이었다. 관료(官僚)들은 관아(官衙)에 술자리를 베풀었다. 진랑(眞娘 : 황진이)이 와서 뵈었는데, 태도는 상냥하고 가냘프며 행동은 단아(端雅)했다.

송공은 풍류인(風流人)으로 풍류장(風流場)에서 늙은 사람이었다. 송공은 황진이를 한 번 보자 범상(凡常)치 않은 여자임을 알고 좌우를 돌아보면서, '이름은 헛되이 얻지 않았도다.'라 말하고 그녀를 환대(歡待)했다.

송공은 첩(妾)이 있었는데 그녀도 관서(關西)의 명물(名物)이었다. 문틈으로 황진이를 본 그녀는 '과연 절색(絶色)이로군! 나의 일이 낭패로다.' 하고는 문을 박차고 크게 외치면서 머리를 풀고 발을 벗은 채 뛰쳐나온 것이 여러 번이었다. 종들이 붙들고 말렸으나 그녀를 만류할 수 없었으므로 송공은 놀라 일어나고 자리에 있던 손님들은 모두 물러갔다.

송공이 모친을 위해 수연(壽宴)을 베풀었을 때, 서울의 예쁜 기생들을 불러 모은 자리에 고관(高官)과 이웃 고을원들이 앉아 있었다. 분칠한

228) 명절(名節)로 치는 날.

여인과 비단 옷 입은 사람들이 자리에 가득했다. 진랑(眞娘)은 화장하지 않은 담담한 차림으로 자리에 나왔는데, 천연한 태도가 국색(國色)으로 사람을 움직였다. 밤이 다하도록 계속되는 잔치 자리에서 진랑을 칭찬치 않은 이가 없었다. 그러나 송공은 한 번도 진랑에게 얼굴을 보내지 않았다. 주렴(珠簾) 안 첩이 엿보고 전일(前日)처럼 난동을 부릴까 우려해서였다.

송도기생 황진이 기행 - ③ 진랑은 이술(異術)을 가져서 그러했는가

진랑협이술연야 眞娘挾異術然耶

◉◉◉ 악공(樂工) 엄수(嚴守)는 나이 70살인데 가야금의 명수(名手)고, 음률(音律)을 잘 터득했다. 처음 진랑(眞娘 : 황진이)을 보더니 '선녀(仙女)'라고 감탄했는데 진랑의 노래를 듣더니 놀라 벌떡 일어나 말했다.

"동부(洞府)[229]의 여운(餘韻)인데, 세상에 어찌 이런 곡조(曲調)가 있으랴."

중국 사신이 본부(本部)에 들어오자 원근(遠近)의 여자들이 구경 차 길 옆에 숲처럼 모여들었다. 사신의 우두머리가 황진이를 바라보다가 통사(通事)[230]에게 "그대 나라에 천하절색(天下絶色)이 있군요."라고 했다.

진랑은 성질이 고결(高潔)하여 번화하고 화려한 것을 일삼지 않았다. 비록 관부(官府)의 주석(酒席)이라도 빗질과 세수만 하고 나갈 뿐, 옷을 바꾸어 입지 않았다. 또 시정(市井)의 천예(賤隷)는 비록 천금을 준다 해

---

229) 신선이 사는 곳.
230) 사역원(司譯院) 소속의 역관(譯官).

도 돌아보지 않았으며, 선비들과 놀기를 즐기고 문자(文字 : 한문)를 해득(解得)하여 당시(唐詩) 보기를 좋아했다.

내[231]가 갑진년(甲辰年, 1604)에 송도에 어사(御史)[232]로 갔을 적에는 임진왜란을 막 겪은 뒤라서 남문 안에 사는 서리(書吏) 진복(陳福)의 집에 거처했다. 그 아비 또한 80살의 아전이었는데, 황진이와는 가까운 일가가 된다고 했다. 정신이 강건하여 진랑의 일을 어제 일처럼 말했다.

"진랑은 이술(異術)을 가져서 그러했는가?"라고 물었더니,"이술은 알 수 없지만 방안에서 때때로 이상한 향기가 나서 며칠간 없어지지 않았습니다."라고 했다.

송도기생 황진이 기행 - ④ 화담은 끝내 조금도 동요하지 않다
화담종불소요 花潭終不少橈

◎◎◎ 유몽인(柳夢寅, 1559~1623)의 『어우야담(於于野談, 1622)』에 전한다. 가정(嘉靖, 1522~1566) 초에 송경(松京 : 개성)에 명창(名唱) 진이(眞伊 : 황진이)는 뜻이 크고 기개가 있었으며 남자처럼 용감했다. 진이는 화담 서경덕(花潭 徐敬德, 1489~1546)이 벼슬하지 않고 고상한 행실로 학문의 정수를 이루었다는 소문을 들었다.

진이는 화담을 시험하기 위해 허리에 실띠를 묶고 대학(大學)[233]을 옆에 끼고 화담을 찾아가 절하면서 말했다.

"첩(妾)[234]이 듣기로는 예기(禮記)에 '남자는 가죽띠를 띠고 여자는

---

231) 『송도기이(松都記異)』의 저자 이덕형(李德泂).
232) 왕명으로 지방에 파견된 임시직.
233) 사서삼경(四書三經)의 하나.

실띠를 맨다.'고 했습니다. 첩도 학문에 뜻을 두고 실띠를 두르고 왔습니다."

화담이 웃으면서 진이를 가르쳤다.

진이는 밤을 틈타 화담에게 친근하게 굴며 마등(魔登)[235]이 아난(阿難)[236]을 어루만지면서 아난을 정복(征服)하기 위해 여러 차례 시도한 것처럼 했다. 그러나 화담은 끝내 조금도 동요하지 않았다.

아난은 석가모니의 종제(從弟)요 십대제자(十大弟子)이고 십육나한(十六羅漢)에 드는 인물이다. 미남(美男)이었기에 여자의 유혹이 여러 번 있었으나 지조(志操)가 견고(堅固)해서 수행(修行)을 완수했다. 석가의 상시자(常侍者)로 견문이 넓고 기억력이 좋아 불멸(佛滅) 후에 경권(經卷)의 대부분은 그의 기억에 의해 결집(結集)되었고, 여자에게 출가(出家)의 길을 열어주기도 했다.

송도기생 황진이 기행 – ⑤ 송도엔 3가지 빼어난 것이 있사옵니다

송도유삼절 松都有三絶

◈◈◈ 교산 허균(蛟山 許筠, 1569~1618)의 『파인식소록(巴人識小錄)』에 전한다. 황진이(黃眞伊)의 모(母)는 맹인(盲人)이다. 진이는 일대(一代)의 명기(名妓)로, 거문고 타는 솜씨가 좋았고 노래를 잘 불렀으며 뜻이 크고 기개가 있어서 남자와 같은 기상이 있었다. 일찍이 산수(山水)를 찾

---

234) 여자가 자기 몸을 낮추어 하는 말.

235) 마등지(魔登祇). 인도의 하층계급으로 길을 청소하는 등 비천한 직업을 가진 여인을 통칭(統稱)하는 말.

236) 아난존자(阿難尊者).

아 노닐다가 금강산(金剛山)에서 태백산(太白山)과 지리산(智異山)을 거쳐 금성(錦城)[237]에 이르렀다. 관아(官衙)에는 사신(使臣)맞이 잔치를 벌이느라 소리하는 기생들이 자리에 가득하였다.

황진이는 다 떨어진 옷에 이면(膩面)[238]으로 잔치자리에 올라가 앉아 문슬자약(捫虱自若)[239]하다가 노래를 부르며 거문고를 탔는데 조금도 부끄러운 기색이 없으니, 좌중 기생들은 이런 모습에 모두 기가 질려 버렸다.

황진이는 평생 화담 서경덕(花潭 徐敬德, 1489~1546)을 사모(思慕)하여 거문고와 술을 가지고 서경덕을 찾아가 즐거움을 다한 뒤에 가곤 했다. 그녀는 말했다.

송도삼절 중의 하나인 박연폭포

---

237) 전남 나주(羅州).

238) 때 묻은 얼굴.

239) 태연하게 이를 잡음.

"지족(知足) 노선사(老禪師)의 30년 면벽수도(面壁修道)도 내가 파계(破戒)시켰는데, 오직 화담 선생만은 여러 해 가까이 지냈으나 끝내 인륜(人倫)을 어지럽히지 않았으니, 이분이야말로 참다운 성인(聖人)이시다."

황진이는 서경덕에게 항상 말했다.

"송도(松都)에 세 가지 빼어난 것이 있사옵니다."

"그게 뭔가?"

"박연폭포(朴淵瀑布)와 선생님, 그리고 쉰네이옵니다."

서경덕은 그 말을 듣고 웃었다.

송도삼절(松都三絶)은 황진이의 자신만만한 자부심(自負心)의 소산(所産)이다.

송도기생 황진이 기행 - ⑥ 하인 한 명이 있는데, 매우 굶주렸습니다
유일복기심 有一僕飢甚

◎◎◎ 황진이(黃眞伊)는 금강산(金剛山)이 천하명산(天下名山)이라는 말을 듣고 유람코자 했으나 함께 할 사람이 없었다. 당시 재상 아들 이생원(李生員)은 호탕하고 소탈해서 명승지(名勝地) 유람(遊覽)을 함께 할 만하다 여겨 그에게 말했다.

"중국 사람은 '고려국에 태어나 금강산 보기를 원한다.'고 들었는데, 본국에 태어나 선산(仙山)의 진면목(眞面目)을 보지 못한대서야 되겠습니까? 제가 선랑(仙郎)을 받들었으니, 함께 신선놀음하기에 좋겠습니다. 산의(山衣)와 평복 차림으로 절경(絶景)을 찾아보면 즐겁지 않겠습니까?"

진이는 이생에게 하인(下人) 없이 베옷에 삿갓 차림으로 양식을 짊어지게 하였고, 송라원정(松蘿圓頂)[240]을 쓰고 베치마 짚신에 대나무를 짚고 따랐다. 금강산 깊숙한 곳 닿지 않음이 없었다. 여러 절에서 걸식했는데 진이는 간혹 승려에게 몸을 팔아 양식을 얻기도 했으나 이생은 탓하지 않았다.

두 사람은 기갈(飢渴)이 들고 초췌해져 지난날의 모습이 아니었다. 유생(儒生) 10여 명이 시냇가 소나무 숲에서 술잔치를 벌리고 있었다. 진이는 찾아가 절하니 유생이 술을 먹을 수 있는지 묻고 권하니, 사양치 않았으며 술잔을 잡고 노래했다. 맑은 소리가 수풀과 골짜기를 울렸다. 유생들이 매우 기특하게 여겨 술과 안주를 먹이니 진이가 말했다.

"사내종 한 명이 있는데, 매우 굶주렸습니다. 남은 술과 안주를 먹여도 되겠습니까?"

이생에게 술과 안주를 주었다. (『어우야담(於于野談)』)

재상 아들의 하인(下人) 호칭은 그녀의 정신적 예속인(隸屬人)이었기 때문으로 보인다.

송도기생 황진이 기행 – ⑦ 그대와 6년 동안 같이 살아야 되겠습니다
당여자육년동주 當與子六年同住

◎◎◎ 선전관(宣傳官)[241] 이사종(李士宗)은 노래를 잘 했다. 관리 임무를 띠고 송도(松都)에 갔다. 천수원(天壽院)[242] 시냇가에서 안장을 풀고 관(冠)을 벗어서 배 위에 얹고 드러누워 노래 두서너 곡을 크게 불렀다.

황진이는 말을 타고 가다 천수원에서 쉬다가 노래 소리를 들었다.

---

240) 소나무 겨우살이로 만든 모자.
241) 취타(吹打), 전령(傳令), 부신(符信) 등의 출납을 맡아보던 선전관청에 딸린 무관.
242) 원은 역(驛)과 역 사이에 있는 휴게소.

"이 노래는 정말 특이한 곡조로 속되지 않다. 서울에 사는 풍류객(風流客) 이사종이라는 자가 당대의 절창(絶唱)이라 들었는데 이 노래의 주인공은 틀림없이 이사종일 것이다."

황진이는 사람을 시켜 노래 소리의 주인공을 찾았더니 과연 이사종이었다. 진이는 이사종이 있는 곳으로 가서 이내 가까워졌고 이루 말할 수 없을 정도로 다정한 사이가 되었다. 진이는 자신의 집에 이사종과 며칠 머문 뒤 말했다.

"그대와 6년 동안 같이 살아야 되겠습니다."

황진이는 바로 이튿날 3년 동안의 살림 비용 등을 이사종 집으로 옮겼다. 그의 부모와 처자를 모시고 생활비용 모두 그녀가 부담했다. 직접 비구(臂韝)243)를 착용하고, 첩(妾)의 예를 다했다. 3년을 마치자 이사종은 황진이의 집에 와서 그녀가 한 것처럼 3년 생활비용 일체를 책임졌고 3년이 지나자, 황진이는 말했다.

"약속이 이루어졌고 기일이 다 되었습니다."

그리고는 서로 미련 없이 헤어졌다. (『어우야담』)

450여 년 전에 성사(成事)시킨 황진이의 계약결혼(契約結婚)이 새롭게 다가온다.

송도기생 황진이 기행 – ⑧ 매화는 피리소리에 향기롭구나

매화입적향 梅花入笛香

◐◑◒ 양곡 소세양(陽谷 蘇世讓, 1486~1562)은 젊은 시절에 항상 '여색에

---

243) 소매를 걷어매는 가죽으로 만든 띠.

빠지면 남자가 아니지.'라고 했다. 그는 황진이(黃眞伊)의 재주와 인물이 빼어남을 알고 친구들과 약속했다.

"내 이 계집과 30일만 지내고 즉시 헤어지겠네. 다시는 털끝만큼도 마음에 두지 않을 것이네. 만약 이를 어기면 나를 사람이 아니라 해도 좋네."

그는 송도에서 황진이를 만났는데, 과연 명기(名妓)였다. 소세양은 진이와 즐거움을 나누며 한 달 기한으로 머물렀다. 내일이면 그녀와 헤어질 날인데, 소세양은 황진이와 남루(南樓)에서 술잔치를 벌렸다. 황진이는 이별의 아쉬움도 없이 말했다.

"상공(相公)과 이별하는 마당에 한 마디 말이 없을 수 있겠사옵니까? 시 한 수를 바쳐도 되겠사옵니까?"

그리고는 「송별소판서세양(送別蘇判書世讓)」을 써서 주었다.

달빛아래 오동잎 남김없이 떨어지고	月下庭梧盡
서리 속 들국화는 노랗게 피었네	霜中野菊黃
누각은 하늘에 닿을 듯 높고	樓高天一尺
사람은 오가는 술잔에 취했도다	人醉酒千觴
유수는 거문고 가락에 맞춰 서늘하고	流水和琴冷
매화는 피리소리에 향기롭구나	梅花入笛香
내일 아침 이별한 뒤에	明朝相別後
그리운 정 푸른 물결처럼 퍼져나가리라	情意碧波長

소세양은 시를 읊고는 탄식하며 그곳에 며칠 더 머물렀다(任埅, 1640 ~1724의 『수촌만록(水村漫錄)』).

'나를 사람이 아니라 해도 좋다(吾爲非人也).'고 했던 장부의 철석간장(鐵石肝腸)도 '정의벽파장(情意碧波長)'에는 견디지 못했다.

송도기생 황진이 기행 - ⑨ 뒤돌아보다가 나귀에서 떨어지다

회고수낙려 回顧遂落驢

◎◎◎ 금계 서유영(錦溪 徐有英, 1801~1874)의 『금계필담(錦溪筆談, 1873)』에 전한다. 종실(宗室) 중에 벽계수(碧溪守)[244]는 황진이를 한 번 만나보려 했으나 뜻을 이루지 못하여 손곡 이달(蓀谷 李達, ?~?)에게 계책(計策)을 물었다.

"황진이는 천하의 풍류객(風流客)이 아니면 마음을 사기 어렵네. 공은 거문고를 잘 타니 동자(童子)에게 거문고를 가지고 따르게 하고 당나귀를 타고 황진이의 집 옆 누각에 올라 술을 마신 후 거문고 한 곡을 타면 황진이는 반드시 그대를 보려 할 것이네. 그대는 못 본 체하고 당나귀를 타고 가도록 하게. 그리하면 황진이는 공을 뒤쫓을 것인데, 절대로 취적교(吹笛橋)를 지날 때까지 뒤돌아보면 안 되네."

벽계수는 그의 말대로 누각에 올라 술을 마시고 거문고 한 곡을 탄 후 당나귀에 올라 떠나니, 과연 황진이가 뒤따라 와서 벽계수임을 알고는 노래했다.

청산리 벽계수야 쉬지 않고 감을 자랑마라　青山裏碧溪守 莫誇去未休
한 번 큰 바다에 이르면 다시 보기 어려우니　一到滄海 難再見
명월이 공산에 가득하니 놀다 가면 어떠하리　明月滿空山 臨去願一遊

벽계수는 취적교에 이르러 노래 소리에 취해 뒤돌아보다가 그만 당나귀에서 떨어졌다. 황진이는 웃으면서 "벽계수는 멋진 선비가 아닌 풍류객에 불과하구나."라고 말하고는 바로 가버렸다. 벽계수는 부끄러워 한탄해 마지않았다.

---

244) 벽계의 수령(守令)을 지냈다 해서 벽계수라 하나 성명 등 모름.

송도기생 황진이 기행 - ⑩ 달빛 아래 한 송이 요염(妖艶)한 꽃을 대하다

◎◎◎ 황진이(黃眞伊)는 한 때 이름이 있었다. 종실(宗室)인 벽계수(碧溪守)는 스스로 지조(志操)가 높고 행실(行實)이 있다고 하면서 여러 인사(人士)에게 항상 말했다.

"사람들은 한 번 황진이를 보면 하나같이 그녀에게 현혹(眩惑)되고 말았다. 내가 만일 황진이를 대하게 된다면 그녀에게 빠져들지 않을 뿐만 아니라 반드시 내 앞에서 바로 내쫓아버리고 말겠다."

황진이는 벽계수가 자신에 대해 한 말을 듣고 사람을 시켜 벽계수를 유인(誘引)했다. 때는 늦가을이었다. 벽계수는 나귀를 타고 와서 달밤에 만월대(滿月臺)에 오르니 흥이 도도(滔滔)하게 일어났다.

황진이는 소복(素服) 담장(淡粧)[245]으로 나와 벽계수를 맞이했다. 벽계수가 나귀를 타고 가려고 하자, 진이는 나귀의 고삐를 잡고 노래를 불렀다. '청산리 벽계수야 수이감을 자랑마라(靑山裏碧溪水 莫誇易去)…명월이 만공산(明月滿空山)하니…' 황진이는 노래에서 '명월'은 자신의 자(字)를 인용(引用)했고, '수(守)'는 '수(水)'로 대신했으니, 즉경(卽景)을 그대로 노래로 옮겼다.

벽계수는 달빛 아래 한 송이 요염한 꽃을 대하였고, 목소리는 꾀꼬리가 봄 수풀에서 지저귀고 봉황(鳳凰)이 구소(九宵 : 九天)에서 우는 것 같은 황홀경(怳惚境)에 빠져버려 저도 모르는 사이에 나귀에서 내리고 말았다. 황진이는 "왜 저를 쫓아내지 않으세요."라고 하니, 벽계수는 크게 부끄러워했다. (이능화(李能和), 1869~1943, 『조선해어화사(朝鮮解語花史)』)

---

245) 수수하고 엷게 한 화장.

송도기생 황진이 기행

– ⑪ 홍안(紅顔)은 어디 두고 백골(白骨)만 묻혔는가

✿✿✿ 황진이(黃眞伊)가 임종(臨終) 때 남겼다는 유언(遺言)과 이와 관련한 설화(說話)가 『어우야담(於于野談)』과 『숭양기구전(崧陽耆舊傳)』 등에 전한다.

황진이가 병들어 죽게 되자 집안사람들에게 말했다.

"나는 살아서 성질(性質)이 번잡(煩雜)하고 화려(華麗)한 것을 좋아했소. 죽은 후에 나를 산골짜기에 장사(葬事)지내지 말고 큰길 가에 장사지내주오."

지금도 송도(松都) 큰길 가에는 송도 명창(松都名唱) 진이의 묘가 있다. 백호 임제(白湖 林悌, 1549~1587)가 평안도사(平安都事)[246]가 되어 송도를 지나면서 그 묘에 축문(祝文)을 지어 제사(祭祀)지냈다가 끝내 조정(朝廷)의 비평(批評)을 당했다. (『어우야담(於于野談)』)

진이가 죽으려 할 때 가인(家人)에게 부탁(付託)했다.

"나 때문에 천하남자(天下男子)가 자신들을 자애(自愛)치 못했으니, 내가 죽거든 관(棺)을 쓰지 말고 시체를 동문 밖 사수(沙水)에 그냥 내쳐두어 개미와 벌레들이 내 살을 뜯어 먹게 함으로써 천하 여자들의 경계(警戒)를 삼게 해주오."

가인들이 그녀의 말대로 시체를 버려두었더니 한 남자가 거두어 장사지냈다. 지금 장단(長湍) 구정현(口井峴) 남쪽에 황진이의 무덤이 있다. (『숭양기구전(崧陽耆舊傳)』)

---

246) 각 도에 한 명씩 두어 지방 관리의 불법을 규찰(糾察)하고 과시(科試)를 맡아본 종5품 벼슬.

청초(靑草) 우거진 골에 자는가 누웠는가
홍안(紅顔)은 어디 두고 백골(白骨)만 묻혔는가
잔 잡아 권할 이 없으니 그를 슬허하노라.

호남아(好男兒) 백호 임제가 공무(公務) 출장길에 황진이 무덤을 찾아 읊었다는 시조(時調)이다. 만약 백호 임제와 황진이가 생전(生前)에 상면(相面)했다면, 우리 문학사(文學史)는 달리 쓰여졌을 것이라는 여담(餘談)이 있기도 하다. 임제는 벼슬에 환멸을 느껴 자주 유람하였는데 가는 곳마다 숱한 일화(逸話)를 남겼다.

부안기생 매창(梅窓) 기행
– ① 부안(扶安)과 명원 이매창지묘(名媛李梅窓之墓)의 의미

❁❁❁ 전라도 부안기생(扶安妓生) 매창(梅窓, 1573~1610)은 계유년(癸酉年) 부안 현리(縣吏)인 이탕종(李湯從)의 딸로 태어나 경술년(庚戌年)에 38세로 요절(夭折)했다. 계유생(癸酉生)이라 계생(癸生)인데 향금(香今)으로 고쳤다가, 천부적(天賦的)인 재질을 지녔다 해서 천향(天香)이라 했다. 매창(梅窓)은 아호(雅號)이고, 기생이 된 뒤 호를 섬초(蟾初), 이름을 계랑(桂娘), 계생(桂生)으로도 불렸다.

매창은 궁벽진 곳에서 화려하지 않고 이름나지도 않게 짧게 살다 갔다. 이는 송도(松都)라는 번화(繁華)한 곳에서 뭇 남성들과의 편력을 지니며 화려한 삶을 살다간 황진이(黃眞伊)와 대비(對比)되는 점이다.

부안 사람들은 거문고를 잘 탔고 시조(時調)와 한시(漢詩) 등 수백 편[247]을 남긴 매창을 기려 그녀 사후(死後) 45년 뒤(1655) 부풍시사(扶風詩社) 명의(名義)로 무덤에 비석을 세웠다. 지식인(知識人) 주도(主導)의 시회(詩會)에서 신분상 천민(賤民)에 시나시 않는 매창에게 베푼 파격적인 시혜(施惠)는 후대(後代)에까지 면면히 이어졌다.

『매창집(梅窓集)』이 간행(1668)되었고, 1917년에 '명원이매창지묘(名媛李梅窓之墓)'란 묘표(墓表)를 다시 세웠다. '시기(詩妓)'나 '여류시인(女流詩人)' 대신, '총명(聰明)한 여자로 이름났다.'는 '명원(名媛)'을 택했다. 매창 무덤이 있는 공동묘지를 '매창이뜸'이라 했고, 이를 공원화했으며 매창시비(梅窓詩碑) 건립과 『매창전집(梅窓全集)』 출간 등의 사업은 부안인들이 부풍시사의 맥을 잇고 있음이다.

---

247) 『매창집』 소재작품은 58수이다.

명원 이매창지묘(名媛李梅窓之墓)

부안기생 매창 기행 – ② 사승(寺僧)이 개암사에서 목판에 새기다
침재우개암사사승 鋟梓于開巖寺寺僧

◎◎◎ 1668년에 간행된『매창집(梅窓集)』은 현재 미국 하버드 대학 도서관 소장본(所藏本)과 국내에는 간송문고본(澗松文庫本)이 있다.『매창집』 발문(跋文)에서 매창의 탁월(卓越)한 시적 재능을 접할 수 있다.

… 만력 계유년(1573)에 태어나서 경술년(1610)에 죽었으니 나이 서른여덟이었다. 평생 노래 부르기와 시 읊기를 잘했으며, 당시 수백 편이 한때 사람들 입에 자주 오르내렸는데 지금은 거의 흩어져 없어졌다. 숭정 후 무신년(1668) 10월에 아전(衙前)들이 외우며 전하던 여러 형태의 시 58수를 얻어 사승이 개암사에서 목판에 새겼다.[248]

---

248) 萬曆癸酉生 庚戌死 得年三十八 平生善吟詠 有詩累百餘首膾炙一時 而今幾散失 崇禎後戊申十月日 得於吏輩之傳誦各體竝五十八首 鋟梓于開巖寺寺僧

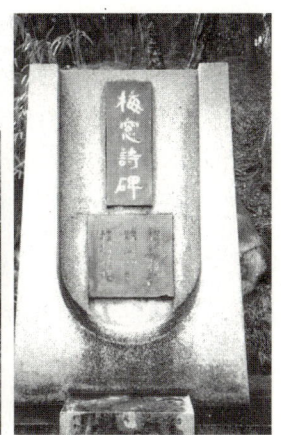

매창묘비   매창 시비

　매창은 여러 계층(階層)의 남자를 접할 수 있는 기생 신분(妓生身分)이
고, 타고난 재주가 출중(出衆)하여 가무(歌舞)와 거문고 솜씨가 뛰어났
을 뿐만 아니라 여자에게 쉽지 않은 시문(詩文)까지 능했기에 전라도
부안을 찾는 시인묵객(詩人墨客)들은 한 둘이 아니었으며 문집까지 간
행되었다.

　매창이 교류(交流)한 인사로는 촌은 유희경(村隱 劉希慶, 1545~1636)과
교산 허균(蛟山 許筠, 1569~1618) 및 묵재 이귀(默齋 李貴, 1557~1633) 등을
들 수 있다.

부안기생 매창 기행 - ③ 이 노래를 지어 부르며 수절하다

작차가이수절 作此歌而守節

　◎◎◎ 연정별리가(戀情別離歌)의 절창(絶唱)으로 꼽히는 매창(梅窓)의 시
조(時調)이다.

이화우(梨花雨) 흩날릴 제 울며 잡고 이별한 님
추풍낙엽(秋風落葉)에 저도 나를 생각는가
천리에 외로운 꿈만 오락가락 하도다.

이 시조는 김천택(金天澤)의 『청구영언(靑丘永言)』, 박효관(朴孝寬)의
『가곡원류(歌曲源流)』, 편자 미상(編者未詳)의 『남훈태평가(南薰太平歌)』
등에 전하는데 『가곡원류』에 관련 내용이 전한다.

부안 명기 계랑은 한시를 잘 지었으며 매창집이 출간되었다. 촌은 유희
경과 사랑하는 사이인데, 촌은이 서울로 돌아간 뒤 소식이 없었으나, 매창
은 이 노래를 지어 부르며 수절했다.[249]

시조 '이화우(梨花雨)'는 촌은 유희경(村隱 劉希慶)을 그리워하며 읊었
다. '유희경이 젊었을 때 부안으로 놀러 갔는데, 고을에 계생이란 이름
난 기생이 있었다. 계생은 그가 서울에서 뛰어난 시인이라는 말을 들었
기에 촌은에게 유희경과 백대붕(白大鵬)[250] 가운데 어느 분인지 물었다.
그와 백대붕의 이름이 먼 곳까지 알려졌기 때문이다. 촌은은 그때까지
기생을 가까이 하지 않았지만 이때 비로소 파계(破戒)했다. 그리고 서로
풍류(風流)로써 즐겼다. (『촌은집(村隱集)』)

매창이 천민출신(賤民出身) 촌은을 처음 만난 때는 임진왜란(壬辰倭亂)
직전(直前, 1591)으로 추정(推定)하는데 나이는 19세와 46세였다.

---

249) 桂娘扶安名妓 能詩 出梅窓集 與村隱劉希慶故人 村隱還京後 頓無音信 作此歌而守節
250) 노복(奴僕) 출신.

부안기생 매창 기행 − ④ 글 재주와 노래 솜씨 서울까지 울렸어라

시운가사동낙성 詩韻歌詞動洛城

❀❀❀ 매창(梅窓, 1573~1610)은 촌은 유희경(村隱 劉希慶, 1545~1636)을 그리워하는 시를 상당수 남겼고, 촌은도 매창을 향한 시가 11수나 된다. 촌은은 92세를 향수(享壽)했다. 촌은은 천민출신이지만 인품(人品)이 소박 청결(素朴 淸潔)하며 시적(詩的) 재능(才能)이 뛰어났고, 상례(喪禮)에 일가견(一家見)이 있어 국상시(國喪時)에는 그를 불러 집례(執禮)케 했다.

임진왜란(壬辰倭亂) 때 의병(義兵)으로 활약했고 면천(免賤)되어 통정대부(通政大夫) 등의 벼슬에 올랐으며, 사후(死後)에는 한성부판윤(漢城府判尹)에 추존(追尊)되었다. 경남 남해 용문사(龍門寺)에 『촌은집(村隱集)』(木版本)이 전하고, 『여항문학총서(閭巷文學叢書)』 등에 문집이 수록되어 있다.

부안지방에 전하는 매창 관련 전설(傳說)에 의하면 매창의 아버지 이탕종(李湯從)은 훈상(訓長)으로 연명(延命)했는데, 총명한 매창을 남복(男服)시켜 서당방(書堂房)을 데리고 다니며 글공부를 시켰고, 직접 글을 가르쳤다고 한다. 타고난 재능에 시재(詩才)를 겸비한 매창은 서울까지 그 명성이 알려졌다.

> 남국의 계랑 이름 일찍이 알려져 　　曾聞南國癸娘名
> 글재주와 노래솜씨 서울까지 울렸어라 　　詩韻歌詞動洛城
> 오늘에사 참 모습 대하고 보니 　　今日相看眞面目
> 선녀가 떨쳐입고 내려온 듯하여라 　　却疑神女下三淸

촌은은 1591년 부안에서 매창을 첫 상면(相面)하자 감격한 나머지 「증계랑(贈癸娘)」을 지었다.

부안기생 매창 기행 - ⑤ 그리움 사무쳐도 서로 보지 못하고

상사불상견 相思不相見

◎◎◎ 촌은 유희경(村隱 劉希慶)은 매창과 서로 만나 오랫동안 사랑을
교감(交感)할 처지가 아니었다. 국상(國喪) 때나 혹은 사대부가(士大夫家)
에서 상(喪)을 당하면 으레 촌은을 부르곤 했기에 당시 명망(名望)이 있
었던 '의관(醫官) 양예수(楊禮壽, ?~1597)가 뒷문으로 나가면 유희경이
앞문으로 들어온다.'는 말이 있었을 정도로 촌은은 예학(禮學)에 밝았
고, 가족이 있는 몸으로 내놓고 연인(戀人)과의 관계를 가질 형편이 아
니었다. 거기다 매창을 만난 이듬해 임진왜란이 일어나자, 촌은은 의병
(義兵)으로 활약했다.

그러나 촌은은 「증계랑(贈癸娘)」, 「기계랑(寄癸娘)」, 「회계랑(懷癸娘)」,
「희증계랑(戲贈癸娘)」, 「도중억계랑(途中憶癸娘)」, 「중봉계랑(重逢癸娘)」
등의 시에서 매창을 애칭(愛稱)인 '계랑(癸娘)'으로 부르면서 그리운 정
을 토로(吐露)했다.

그대 집은 낭주[부안]에 있고	癸娘在浪州
나의 집은 경구[서울]에 있어	我家住京口
그리움 사무쳐도 서로 보지 못하고	相思不相見
오동나무에 비 뿌릴 젠 애가 끊겨라	腸斷梧桐雨

『촌은집』에 전하는 「계랑을 생각하며(懷癸娘)」이다. 매창과 이별한

유희경이 그녀를 그리워하며 읊은 시이다.

　'단장(斷腸)'은 '간장이 끊어지는 슬픔[哀肝腸]'이다. '상사불상견(相思不相見)'이나 '단장(斷腸)' 등의 시어(詩語)는 뼈에 사무치는 그리움의 표출(表出)이다. 매창이 유희경을 그리워했듯이 촌은도 오매불망(寤寐不忘) 그녀를 잊지 못했다.

부안기생 매창 기행 – ⑥ 붉디붉은 입술은 만 사람의 향기라네
단순만구향 丹脣萬口香

　◇◇◇ 야담집(野談集) 『청야담수(青野談藪)』에 전한다. 이 책은 명류(名流)에서 방외인(方外人)[251]에 이르기까지 여러 책에서 201편을 잡다하게 필사(筆寫)했는데 국문 현토(懸吐)를 달아놓은 것이 특징이다. 작품 말미(末尾)에 원전(原典)을 봉사(奉事)[252] 홍만종 저(洪萬宗著) 『속고금소총(續古今笑叢)』이라 밝혀 놓았다.

　부안기생(扶安妓生) 계생(桂生 : 癸生, 매창)은 한시를 잘 짓고 노래와 악기 연주를 잘하여 서울로 뽑혀가자, 귀한 집 자제들이 그녀를 불러 앞다투어 그녀와 시를 주고받았다.

　선비 유도(柳塗)가 그녀를 찾았더니 호탕하다고 자부하는 최생(崔生)과 김생(金生)이 와 있었다. 계생은 주안상(酒案床)을 차려 술을 권하며 얼근히 취하기를 기다리는데 그들은 계생에게 눈길을 주며 집적거리려 했다.

---

251) 세속의 일에서 벗어난 인물.
252) 훈련원, 사역원(司譯院) 등의 종 8품 관직.

계생은 웃으면서 "각기 시를 읊어 분위기를 돋우어 보십시오. 예컨대 '옥 같이 흰 팔은 천 사람의 베개요[玉臂千人枕]/붉디붉은 입술은 만 사람의 향기라네[丹脣萬口香]/네 몸이 칼이 아니어든[爾身非劍刃]/어찌 문득 굳센 애간장을 끊나뇨[何遽斷剛腸].'라든가 '달 뜬 한밤중에 춤을 추니[足舞三更月]/이불 속에서 한줄기 바람이 이는구나[衾生一陣風]/이 무한한 묘미를[此時無限味]/두 사람만 알리라[惟有兩人同].'는 천한 종놈들이 주절거리는 시에 지나지 않습니다."

부안기생 매창 기행 – ⑦ 금비녀 매만지며 고개만 까딱하네
수롱금채사점두 手弄金釵乍點頭

◎◎◎ 매창(梅窓)이 "만약 전에 들어보지 못한 시를 읊어 제 마음에 들게 하시면 마땅히 오늘 하룻밤 즐거움을 함께 하겠습니다."라고 했다. 세 사람이 모두 "그렇게 하세."라고 했다. 김생(金生)은 김명원(金命元, 1534~1602)이 지은 칠언절구(七言絶句)를 읊었다.

깊은 밤 창밖에 이슬비 올 때	窓外三更細雨時
두 사람 마음은 두 사람만 알리라	兩人心事兩人知
새로운 정 다 나누기 전에 날이 밝아오니	新情未洽天將曉
비단 적삼 다시 잡고 뒷기약을 묻는다네	更把羅衫問後期

이어서 최생(崔生)은 일송 심희수(一松 沈喜壽, 1548~1622)가 지은 칠언절구를 읊었다.

사창 향해 님을 안고 희롱하니	抱向紗窓弄未休

반은 교태요 반은 부끄러움일세   半含嬌態半含羞
낮은 소리로 보고 싶었느냐 물으니   低聲暗問相思否
금비녀 매만지며 고개만 까딱하네   手弄金釵乍點頭

매창이 말했다.

"앞의 시는 너무 치졸(稚拙)하고, 나중 시는 앞의 시와는 달리 묘미(妙
味)가 있습니다. 그렇지만 모두 솜씨가 저급(低級)하여 들을 만한 것이
되지 못합니다. 율시(律詩)는 정밀(精密)한데 특히 칠언으로 된 근체시
(近體詩)는 운율(韻律)과 의취(意趣)를 맞추기가 어렵습니다. 저는 어렵고
정밀한 시를 취하겠습니다."

부안기생 매창 기행 – ⑧ 이별은 매번 많은데 만날 날이 적으니

상별매다상견소 相別每多相見少

◎◎◎ 김생(金生)은 마침내 정자당(鄭子堂)의 칠언율시(七言律詩)를 읊었
다.

갓 열다섯 살 아리땁고 얌전한 아가씨   年纔十五窈窕娘
장안 최고라고 명성이 자자하네   名滿長安第一坊
방탕한 사내의 은애심(恩愛心)은 바다처럼 깊고   蕩子恩情深似海
장부의 위엄 있는 명령은 추상 같이 엄하네   丈夫威令嚴如霜
난초 창에 해가 늘어 아침 화장이 급하고   蘭窓日晏朝粧急
송현[소나무고개]에 바람 거세 저녁길이 바쁘네   松峴風高夕履忙
이별은 매번 많은데 만날 날이 적으니   相別每多相見少
양대의 운우를 보며 양왕을 한하노라   陽臺雲雨腦裏王

최생은 "이 시가 비록 좋다 하나 더 좋은 시가 있다네." 하고는 제봉 고경명(霽峰 高敬命, 1533~1592)의 '물가에 말 세우고 친구 이별 더디네(立馬沙頭故遲遲).'라는 구절을 말하니, 매창이 "그 시는 비록 청명(淸明)한 달빛과 같은 운치(韻致)가 있으나 남을 감동시키기에는 아쉬움이 있습니다."라고 했다. (『청야담수(靑野談藪)』)

『문선(文選)』에 실린 송옥(宋玉)의 「고당부(高唐賦)」에 양왕이 송옥과 고당관(高唐館)에서 조운(朝雲)[253]이 양대[254]에 피어오르는 것을 보았다. 이에 송옥이 양왕에게 운우지정(雲雨之情)[255]의 고사(故事)를 이야기해주었다.

부안기생 매창 기행 – ⑨ 하룻밤 자는 값이 천금이라네

일소고가직금천 一宵高價直金千

◎◎◎ 매창은 유도(柳塗)를 돌아보며 말했다.

"공은 아직 시를 읊지 않으셨습니다."

"본래 글재주 없이 오입질 재주밖에 없네."

매창이 빙긋이 웃으니, 최생이 발끈했다.

"그대 비록 좋은 재주를 가졌으나, 오늘은 시를 읊기로 한 걸세."

김생은 "율시 한 편으로 다른 시들을 압도할 수 있네." 하고는 낭랑하게 읊었다.

---

253) 이상한 모양의 구름.
254) 무산(巫山)의 산봉우리.
255) 남녀가 성적인 관계를 가짐.

가을밤이 밝아오니 길다 하지 말고/서둘러 등불 앞에서 비단 치마를 벗게나/한 눈을 가늘게 뜨니 눈동자에서 기운이 쏟아지고/두 가슴이 붙자마자 향기로운 땀이 솟네〈중략〉/어여쁜 아가씨의 깊이를 아가씨께 물어보네.

유도가 말했다.
"그대들의 시는 진부(陳腐)하기 짝이 없네."
그리고는 매창에게 운자(韻字)를 부르게 하여 부르는 대로 지었다.

봄 찾는 호탕한 선비의 기개 드높아	探春豪士氣昻然
비취빛 이불 속, 좋은 인연 맺었네	翡翠衾中結好緣
〈중략〉	
처음엔 교태 띤 눈에 안개 서린 듯하더니	初看嬌眼渾如霧
또 보니 먼 하늘이 돈짝만하구나	更覺長天小似錢
그 속에 별난 재미는	這裡若論滋味別
하룻밤 자는 값이 천금이라네	一宵高價直金千

매창이 말했다.
"공께서는 미친 마음을 다 풀지 못하셨다구요. 술 한 잔 올리겠습니다. 그런데 '안개 서린 듯한 눈'과 '돈짝만한 하늘'은 그 값이 어찌 천금에 그치겠습니까? 아까 허다한 시를 읊으셨지만 냉수 한 잔 값어치도 되지 않습니다."
김생과 최생은 말없이 물러갔다.

밀양기생 추향이야기 – ① 추향은 전혀 슬픈 기색(氣色)이 없다

추향약무비색 秋香略無悲色

❀❀❀ 민주사회(民主社會)에서 일편단심(一片丹心)과 같은 말이 생명력(生命力)을 가질 수 있으려면, 이를 현대적(現代的)으로 해석하고 실생활(實生活)에 적용할 수 있어야 한다. 일편단심은 전심전력(專心專力)하여 오로지 한 곳에 몰두하는 치열(熾烈)한 정신력(精神力)이다. 〈밀양기(密陽妓) 추향 이야기〉에서 추향이 보여주는 일편단심은 한 남자를 위한 치열한 사랑과 죽음인데, 야담집(野談集) 『양은천미(揚隱闡微) : 자잘한 이야기의 드러냄(1907~1919)』에 「추향이 밀양부사 심씨를 죽을 때까지 사랑하다(추향애사심밀양 秋香愛死沈密陽)」란 제목으로 실려 있다.

조선조 영조 때, 이조참판 심악이 죄를 지어 사사(賜死)되었는데 그 형 심육(沈錥)은 밀양부사(密陽府使)로 나이가 많았다. 기생(妓生) 추향은 심육을 시중들었는데 심육은 추향을 첩으로 삼아 끔찍이 사랑하여 잠시도 곁을 떠나지 못하게 했다.

당시 조정에서 심악의 죄 때문에 심육을 잡아가 심문(審問)하고자 하는데 서울에 있는 심육의 친구가 먼저 그에게 이 사실을 통지했다. 심육은 금부도사(禁府都事)가 내려와 잡아가기를 기다리지 않고 먼저 행장(行裝)을 꾸려 상경(上京)하려니, 온 집안이 놀라 몸 둘 바를 몰랐다.

출발하는 날, 추향(秋香)은 전혀 슬픈 기색(氣色) 없이 내아(內衙)에서 이별을 아뢰었다. "사또를 모신 지 1년이 넘었으나 돈 한 푼과 곡식 한 알도 사사로이 받은 적이 없사옵니다. 이제 사또께서 귀경(歸京)하시매 첩은 기댈 곳이 없사오니 저에게 수백 냥을 주시면 생활을 경영할 수 있겠사옵니다."

밀양기생 추향이야기 - ② 홀연히 한 소년이 들어와 절하다

홀일소년입석배알 **忽一少年入拜謁**

❀❀❀ 밀양부사 심육은 추향과의 남다른 애정관계를 생각할 때, 재물 챙기기에만 급급(汲汲)한 추향을 보고 괴이하게 여겨 매우 불쾌했지만, 추향의 금전(金錢) 요구를 들어주었다. 관속(官屬)들도 다 그녀에게 침을 뱉으며 욕했다.

심육은 상경하자 유배명령(流配命令)이 내려져 바로 관북(關北)으로 귀양 갔다. 귀양살이 몇 년에 당시 심악의 옥사(獄事)가 해결되지 않아 앞으로 헤아리지 못할 화(禍)가 있으리라 여겨 심육은 조석(朝夕)으로 변고(變故)가 있지 않을까 기다리는 처지(處地)였다.

하루는 갑자기 문 밖에 고함소리와 말 울음소리가 들렸다. 심육의 생각에 관인(官人)이 잡으러 온 것인 줄 알고 심장(心臟)과 간담(肝膽)이 찢어지는 듯했다. 그런데 홀연히 한 소년이 자리에 들어와 절하며 말했다.

"공께서는 저를 모르시옵니까?"

"자네는 누군고?"

"저는 밀양기생(密陽妓生) 추향이옵니다. 공께서는 옛날 일을 기억하지 못하시옵니까?"

심육은 남장(男裝) 소년이 추향임을 알고 크게 놀라 얼른 손을 잡고는 눈물을 흘리면서 말했다.

"내가 북녘 황폐한 곳에 귀양 와서 죽음이 조석(朝夕)간에 달려 있는데 그대는 불원천리(不遠千里) 찾아왔으니 실로 뜻밖이네."

"첩은 공을 모실 때 많은 총애(寵愛)를 받았사옵니다. 공께서 서울로 가실 때, 저는 슬픈 기색(氣色)도 없이 전송(餞送)치 않으면서 재물만 요

구했사옵니다. 공께서는 저를 야박하고 도리에 어긋나며 비루하다고 여겼을 것이옵니다. 그러나 어찌 첩이 정례(情禮)와 의리(義理)를 모르겠사옵니까?"

밀양기생 추향이야기 – ③ 주색의 골에 빠져 죽는다
입주색지향 필장자운 入酒色之鄕 必將自殞

◎◎◎ "첩은 다만 오늘 이 날을 위해 염치없는 행동을 일부러 했사옵니다. 첩은 공이 떠난 뒤부터 의리(義理)를 지켜 혼자 살며 주신 돈으로 밑천은 두고 이식(利殖)을 취하여 수천 금을 모았사옵니다. 공께서는 백수(白首)로 얼마 남지 않은 연세(年歲)에 북쪽 거친 땅에 귀양살이를 하고 계시옵니다. 길거리에 들리는 말로는 장차 조정에서 어떻게 처분을 내릴지 잘 모른다고 하옵니다. 감히 공께 말씀 올리옵니다. 공께서는 천명(天命)을 순조롭게 받아 이곳에서 일찍 돌아가시어 일신(一身)을 자정(自靖)하심이 좋을 듯하옵니다. 그렇게 하시면 참혹(慘酷)한 재앙(災殃)을 면하는 길이 아니겠사옵니까? 첩은 여기에 약을 가져 와서 공께서 조사(早死)케 하려 하오니, 이를 받아들이시겠사옵니까?"

심육은 매우 기뻐하며 말했다.

"그대 말이 정말 옳구나. 약은 어디에 있는고?"

추향은 행장을 풀었다. 한 상자는 좋은 술 몇 말을 넣었고 또 한 상자는 어포와 육포였고, 다른 상자는 수의(壽衣) 일습(一襲)이었다. 그리고 금과 은 몇 덩이 봉한 것을 앞에 늘어놓았다.

"이것이 어찌 약이란 말인고?"

"공께서는 연세 많아 노후(老朽)하셨어도 약주(藥酒)를 즐기고 여자를 좋아하시옵니다. 이 맛난 술을 드시고 첩과 동거(同居)하시게 되면 주색(酒色)의 골에 빠져들어 노쇠(老衰)한 신체(身體)라 몇 달 나가지 않아 반드시 운명(殞命)하실 것이오니, 어찌 목숨 재촉의 좋은 약이 아니겠사옵니까? 공께서는 애석하게 여기지 마시옵소서."

밀양기생 추향이야기 – ④ 공의 넋 따라 관 앞에서 죽으리라

원수공혼구전망 願隨公魂柩前亡

◦◦◦ 심육은 태연히 응낙(應諾)하고, 그날부터 매일 술을 마시고 추향(秋香)과 동거하여 주색(酒色)에 빠지더니 한 달이 못되어 적소(謫所)에서 죽었다. 추향은 손수 염습하고 관곽(棺槨)을 갖추었다. 그리고 운구(運柩)가 서울로 향하는데 추향은 직접 발인제(發靷祭)를 준비하고 관 앞에 곡배(哭拜)하다가 마침내 관 곁에서 스스로 목을 찔러 죽었다.

아아, 슬프구나! 추향은 심육이 형륙(刑戮)을 면하게 하여 자손을 보전(保全)시켰고, 또 따라 순절(殉節)했으니 어찌 탁이(卓異)한 정절(貞節)이 아니겠는가? 관북(關北)의 인사들이 칭송(稱頌)하지 않은 이 없으며 추향의 지인지감(知人之鑑)[256]과 열행(烈行)을 지금도 칭찬한다.

증명이 되는 시가 있다.

흰 머리 조정장부 밀양군 지키면서	皓首朝紳守密陽
나이 늙어 어수처럼 추향을 아꼈네	經年魚水愛秋香
차마 늙은 영감 참화 당함을 보랴?	忍見老翁遭慘禍

---

256) 사람을 알아보는 감식력(識鑑力).

원컨대 공의 넋 따라 관 앞에서 죽으리라　　　**願隨公魂柩前亡**

(『양은천미(揚隱闡微)』)

'사지종용(死之從容)'은 비분강개나 흥분한 상태가 아닌 차분한 자세로 죽기 때문에 죽기 어려운 죽음이다. 춘향의 죽음은 바로 '사지종용'이다. 춘향은 기생(妓生)의 일반적인 속성과는 달리 진정으로 사랑하는 남자를 위해 기생의 테두리 내에서 치부(致富)하고 자유의지에 따라 선택한 이를 사랑하다가 연인(戀人)의 운구(運柩) 곁에서 생을 마감한 열부적(烈婦的)인 모습을 보였다.

밀양 아랑설화

○ 강화도(江華島) 손돌목 여울의 손돌풍(孫乭風) 유래

◎◎◎ 신원(伸寃) 또는 해원설화(解寃說話)는 쌓인 원한(怨恨)을 풀지 못하고 죽은 뒤 원귀(怨鬼)[257]가 되어 다른 사람의 힘을 빌려 원한을 풀게 되는 설화이다. 이를 원사원귀설화(寃死怨鬼說話)라고 한다. 우리나라 원사원귀설화는 남원형(男寃型)보다 여원형(女寃型)이 훨씬 많다.

남원형은 경기도(京畿道) 강화도(江華島)에 「손돌풍설화(孫石風說話)」가 전한다. 고려 때, 몽골군의 침략(侵略)으로 왕이 강화도로 피난(避難)했을 때, 뱃사공 손돌(孫乭)이 왕과 그 일행(一行)을 태우고 물을 건너게 되었다. 손돌은 안전(安全)한 물길을 택하여 초지(草芝)의 여울[258]로 배를 몰았다. 마음이 급한 왕은 손돌에게 여울로 배를 몰지 말라고 여러 번 주의했으나 손돌은 어명(御命)을 듣지 않았다. 왕은 '이 놈이 무슨 흉계(凶計)를 품은 게 틀림없다.'고 생각하고, 시신(侍臣)에게 분부하여 손돌의 목을 베도록 명했다.

이때 손돌은 왕에게 배 안에 있는 박을 물에 띄우고 그것을 따라가면 몽골군을 피해 험한 물길을 벗어날 수 있다 했다. 손돌이 죽고 난 뒤, 왕과 그 일행은 손돌의 말대로 물에 박을 띄워 무사(無事)히 위험한 목을 노를 저어 나왔다고 한다.

음력 10월 20일쯤에 심한 추위와 함께 큰 계절풍(季節風)이 있다. 이 추위를 '손돌이 추위'니 '손돌풍' 혹은 '손석풍(孫石風)'이라 부른다. 손돌이 억울하게 죽은 날이 10월 20일이었으므로, 손돌의 원혼(冤魂)이 가혹(苛酷)한 바람과 추위를 몰고 온다고 한다. 따라서 이날 어부(漁夫)들은

---

257) 원한을 품은 귀신.
258) 단수(湍水), 소용돌이치며 급히 흐르는 물.

바다에 나가지 않았고, 평민(平民)들은 겨울옷을 마련하는 풍습(風習)이 생겼다. 이 설화는 '손돌목'이라는 여울의 지명 유래담(地名由來談)이다.

밀양 아랑설화 – ① 딸과 유모가 사라져버리다

여아여유모 부지거처 女兒與乳母 不知去處

◎◎◎ 원사원귀설화(寃死怨鬼說話)[259] 중 여원형(女寃型)의 대표적인 설화류(說話類)는 경남(慶南) 밀양(密陽)에 전하는 아랑설화(阿娘說話)이다. 원사원귀소설류(寃死怨鬼小說類)는 「장화홍련전(薔花紅蓮傳)」을 들 수 있다. 아랑설화는 목숨보다 귀한 정조(貞操)를 지키려다가 원사(寃死)하여 원귀(怨鬼)가 되어 공청(公廳)이나 의기(義氣)있는 남자(男子) 앞에 나타나 신원(伸寃)하는 내용으로 되어 있다.

아랑유지비(阿娘遺址碑)

옛날 밀양부사(密陽府使)가 중년(中年)에 상처(喪妻)했는데, 그에겐 첩(妾)의 소생(所生) 딸이 있었다. 딸은 태어난 지 몇 개월 만에 모친(母親)을 잃고 유모(乳母) 손에 자랐으므로 딸은 유모를 어머니처럼 대했고, 부사는 딸을 유별나게 사랑했다. 어느 날 갑자기 딸과 유모가 사라졌는데 수소문해도 찾지 못하자, 부사는 광중(狂症)이 일어나더니 벼슬을 그만두고 서울로 돌아가 이내 죽고 말았다.

---

259) 억울하게 죽어 원한 품은 귀신이 된 설화.

그 후 밀양부사로 제수(除授) 받은 자는 부임한 첫날밤에 모두 죽었다. 조정(朝廷)에서는 조참령(朝參令)²⁶⁰⁾을 내려 문무관 등 모든 관리와 전직 (前職) 관리까지 집합시켜 밀양부사 지원자(志願者)를 모집하려 했다. 그 때 빈한(貧寒)하고 나이가 든 어떤 무관(武官)이 호구지책(糊口之策)으로 부사를 지원했으나 죽는 게 두려워 벌벌 떨고 있으니 아내가 말했다.

"이전(以前)에 부사의 죽음은 당사자(當事者)의 운명(運命)일 뿐입니다. 귀신(鬼神)이 어찌 사람을 죽일 수 있겠습니까? 제가 비록 여자이지만 그 일을 감당하겠으니 걱정하지 마십시오."

밀양 아랑설화 – ② 부인이 붉은 깃발을 든 혼령을 보고 원통함을 씻어주다

설유원부인식주기 雪幽冤夫人識朱旗

◉◉◉ 무관(武官)이 밀양부사로 부임하기 위해 읍계(邑界)에 도착하니 관속(官屬)들이 현신(現身)²⁶¹⁾했지만, 무관원을 오일경조(五日京兆)²⁶²⁾로 인식(認識)하여 공경(恭敬)하기는커녕 얼굴을 찡그리며 안사람과 동행 (同行)한 일을 두통(頭痛)거리로 여기는 기색(氣色)이었다. 관아(官衙)는 허물어지고 깨진 구들장 등 눈에 보이는 것들이 온통 정신을 어지럽게 했으며, 통인(通引)²⁶³⁾들은 부사에게 아뢰지 않고 퇴근해버렸다.

부인이 말했다.

---

260) 모든 문무관원(文武官員)이 매달 네 차례 검은 옷을 입고 근정전(勤政殿)이나 인정전(仁
   政殿)에 나아가 임금에게 문안(問安)드리고 정사를 아뢰는 일.
261) 신분이 낮은 사람이 높은 사람을 뵙는 일.
262) 한(漢)나라 장창이 경조윤(京兆尹)에 임명되었다가 5일만에 면직(免職)된 고사(故事)로,
   오래 계속하지 못함을 비유한 말.
263) 고을원의 잔심부름을 하는 사람.

밀양 아랑각 벽화 사진

"오늘 밤은 정말 두려울 것입니다. 서방님께서는 내아(內衙)에 거처하십시오. 제가 남장(男裝)하여 동헌(東軒)에 앉아 동정을 살피겠습니다."

삼경(三更)에 이르자 일진음풍(一陣陰風)이 몰아쳐 촛불이 꺼지고 한기(寒氣)가 뼈에 사무쳤다. 방문이 저절로 열리더니 온 몸에 피를 흘리고 머리를 산발(散髮)한 여인이 손에 주기(朱旗)[264]를 들고 방안으로 들어왔다. 부인은 놀라거나 당황하지 않고 말했다.

"풀지 못한 원한을 호소하러 왔으니, 내 마땅히 원수를 갚아주겠다. 다시는 나타나지 말고 조용히 기다려라."

이 말을 들은 혼령(魂靈)은 사라졌다.

날이 밝아 죽지 않은 부사를 본 군교(軍校), 아전(衙前), 관노(官奴), 통인배(通引輩)들은 신인(神人)이 하강(下降)했다고 여겨 크게 당황하여 달아났다. 부인의 조언(助言)에 따라 장교안(將校案)에서 주기(朱基)라는 성명을 가진 자를 찾아내어 주기를 잡아들여 문초했더니, 죄상(罪狀)을 토설(吐說)했다.

---

264) 바탕에 교룡(蛟龍)을 그리고 방울을 단 붉은 기.

밀양 아랑설화 – ③ 가슴에 칼이 꽂힌 채 온몸에 피를 흘리다

흉삽일검 유혈낭자 胸揷一劍 流血狼藉

◉◉◉ 아랑(阿娘)과 유모(乳母)를 죽인 주기(朱基)가 토설(吐說)한 내용이다. 사또딸의 미모에 반한 범인은 유모에게 뇌물(賂物)을 주어 내아(內衙) 후원 대나무 숲속 죽루(竹樓)에 처녀를 데리고 오게 했다. 그놈은 대나무숲에 숨었다가 두 여인이 죽루에서 달을 감상할 때, 뛰쳐나와 처녀를 껴안고 강제로 겁탈(劫奪)하려 했다. 처녀가 결사항거(決死抗拒)하자, 처녀를 찔러 죽이고 일이 발각될 것을 우려해 유모까지 죽여 시체를 암매장(暗埋葬)해버렸다. 부사는 사유를 갖추어 감영(監營)에 보고하고 주기(朱基)를 처단(處斷)했다.

아랑각 정문인 정순문(貞純門) 현판

『청구야담(靑邱野談, 1843)』에 「부인이 붉은 깃발을 든 혼령(魂靈)을 보고 원통함을 씻어주다[雪幽寃夫人識朱旗]」란 제목으로 실렸고, 『동야휘집(東野彙輯, 1868)』에는 「영남루에서 주기를 든 혼령이 원통함을 호소하다[南樓朱旗訴寃]」란 제목으로 실렸다. 『청구야담』 소재 설화와 비

숫한 줄거리이나, 부사 아내 대신 부사 친구인 이상사(李上舍)가 문제를 해결했고, 이상사는 뒤에 영남관찰사로 밀양 순찰 중 백일장(白日場)을 열고자 하는데 꿈에 처녀가 나타나 「영남루 밤에 이상사를 만나 전생에 쌓인 원통한 일을 울면서 말하다」[265]라는 시제(詩題)를 출제하라고 했다.

『성수패설(醒睡稗說)』[266]에는 「이상사를 만나 쌓인 원한을 말하다(逢李上舍說寃債)」란 제목으로 실렸는데, '가슴에 칼이 꽂힌 채 피를 흘리며 큰 돌을 안고 방으로 들어오다[267].'라고 구체적으로 혼령(魂靈)을 묘사했다.

밀양 아랑설화 – ④ 아랑이 어찌 영남루를 알았으리오?
아낭기식영남루 阿娘豈識嶺南樓

◉◉◉ 아랑설화(阿娘說話)는 「영남루 달밤에 이상사를 만나 전생의 원한을 말하다(영남루월야봉이상사 설전생원채 嶺南樓月夜逢李上舍 說前生寃債)」라는 제목으로 252자의 칠언장편시(七言長篇詩)가 전한다. 첫 귀부터 원혼(寃魂)의 비장미(悲壯美)가 넘쳐흐른다.

칼 흔적 푸른 강물에 갈아 없애려고	劍痕欲磨春江碧
한을 품은 물이 해마다 꽃 같은 피를 쏟나니	恨水年年花血瀉
자욱한 숲의 연기는 성곽 남촌으로 비를 끌고	林烟曳雨郭南村
댓바람은 당 북쪽 정자의 등잔에 나부낄 때	竹風吹燈堂北榭

---

265) 영남루야봉이상사 읍설전생원채(嶺南樓夜逢李上舍 泣說前生寃債)
266) 잠을 깨우는 이야기, 19세기 편찬 소화집(笑話集).
267) 흉삽일검 유혈낭자 포일대석입방(胸揷一劒 流血狼藉 抱一大石入房)

밀양 영남루

황혼에 패물을 차고 잠시 머뭇거리니	黃昏環佩乍延佇
인불과 반딧불 처량하게 오르내리는데	走燐飛螢悽上下
누각 위에 달이 뜨는 가련한 밤에	樓頭月上可憐宵
강가에서 처음으로 이상사를 만났노라	江上初逢李上舍
원혼은 처량하게 구천의 원한을 품고	冤魂悽帶九原羞
고달픈 말은 한밤중 횃대에 찬바람이 일었네	苦語寒生五更架
아랑이 어찌 영남루를 알았으리오?	阿娘豈識嶺南樓
천리에 일찍이 아버지를 따라 왔소	千里曾隨大人駕
깊은 규중에서 늘 내칙편을 읽었으며	深閨慣讀內則篇
곧은 옥처럼 꽃다운 자태 시집가기 전이었소	貞玉芳姿年未嫁
맑은 밤에 한번 어머니의 훈계 어기고	淸宵一違母氏訓
달구경이 유모의 속임인 줄 누가 알았겠소	玩月那知乳媼詐
부용당 위에서 난간에 기대고 있었더니	芙蓉堂上倚小檻
서쪽 뜰에 꽃이 흔들리고 사람 그림자 나타났소	花拂西園人影乍[268]

---

268) 한시의 번역은 정경주 역, 『영남루제영시문(嶺南樓題詠詩文)』(밀양문화원, 2002)을 참
조했다.

밀양 아랑설화 – ⑤ 내 원통함 하소연해도 사람들은 절로 놀라

아욕제원인자파 我欲啼寃人自怕

칼머리에 팔 끊어진 원혼 놀라 흩어지고	刀頭驚散斷臂魂
대뿌리에 속절없이 원한의 피로 화하여 묻히니	竹根空埋寃血化
가을바람에도 부모 계신 곳 돌아가지 못하고	西風未返父母國
붉은 원한 오로지 원님의 붓 빌리기만 생각했소	紫恨惟思丹筆借
대숲의 성근 비는 시퍼런 피를 띠어	篁林疎雨帶血青
내 원통함을 하소연해도 사람들이 절로 놀라	我欲啼寃人自怕
서쪽 교외로 몇 번이나 태수의 혼을 보냈으며	西郊幾送太守魂
동헌의 매화는 지는 것을 여러 번 보았소	東閣頻見殘梅謝
삼생에 서린 이승의 원통함을 흐느끼며 호소하고	三生泣訴此地寃
꽃구경하던 당초의 마음은 옥 손가락을 깨문다오	翫花初心玉指咋
서안의 등불 가물거리며 마음 환히 비추고	書燈耿耿照心白
귀신의 말 조잘거리며 피맺힌 하소연하는 밤	鬼語啾啾啼血夜
〈중략〉	
은밀하고 긴 귀신의 하소연 원통한 말 마치자	幽脩鬼訴說寃罷
달빛 희미한 뜰에 꽃 그림자 어른거리네	微月梅庭花影亞

이 시의 작자는 『동야휘집(東野彙輯)』에는 배익소(裵益紹)로, 『동시(東詩)』에는 홍화보(洪和輔)라 했다. 밀양 아랑각 입구 신문(神門 : 정문)에는 정순문(貞純門)[269]이라 편액했고, 사당 안에는 아랑영정과 아랑설화 관련 벽화 2폭[유모 꾐에 빠진 아랑이 영남루에서 달구경과 아랑 살해범 심문 장면]이 그려져 있으며, 아랑이 횡액(橫厄)을 당했다는 대숲에는 비가 세워져 있다.

---

269) 소전 손재형(素筌 孫在馨) 글씨.

울산 처용가 기행 – ① 빼앗아 간 것을 어찌하리

탈질량을하여위이고 奪叱良乙何如爲理古

　　◎◎◎ 1985년 12월 8일, 울산문화원(蔚山文化院)과 전국시가비건립동호회(全國詩歌碑建立同好會)가 공동 주최하여, 처용암(處容巖) 현장(울산광역시 황성동黃城洞 세죽부락)에서 처용가비(處容歌碑) 제막식(除幕式)을 가졌다. 처용이 우리 마음속에 구체적으로 와 닿을 수 있게 만든, 실로 뜻깊은 행사였다. 세죽(細竹)부락 동신사(洞神祠) 앞 선창가에 세워진 처용가비 앞면 음각 내용은, 『삼국유사(三國遺事)』에 실려 있는 향가(鄕歌) 14수 중 하나인 「처용가(處容歌)」이고 뒷면은 처용설화이다.

서울 달 밝은 밤에	東京明期月良
밤 늦도록 노닐다가	夜入伊游行如可
들어와 자리에 보니	入良沙寢矣見昆
가랑이 넷이로다	脚烏伊四是良羅
둘은 내 것(내 처의 것)이지만	二兮隱吾下於叱古
둘은 누구(어느 남자)의 것일까	二兮隱誰支下焉古
본래 내 것(나의 처)이었지만	本矣吾下是如馬於隱
빼앗아 간 것을 어찌하리	奪叱良乙何如爲理古

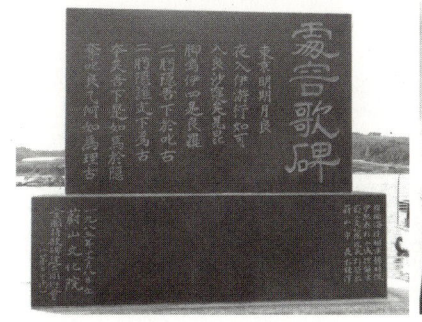

처용가비 앞면과 뒷면

『삼국유사(三國遺事)』 소재 처용설화를 요약했다.

신라 헌강왕(憲康王)이 순행(巡幸)타가 개운포(開雲浦)에서 운무(雲霧)를 만나 길을 잃었다. 일관(日官)의 말에 따라 동해용에게 절을 짓겠다고 하자, 운무가 걷혔다. 동해용(東海龍)은 일곱 자식을 데리

인각사(麟角寺)에 세워진 일연시비

고 나와 왕덕(王德)을 찬양했고, 헌강왕은 처용을 서울[경주慶州]로 데리고 와 미녀를 아내로 삼게 했다. 처용 처를 흠모(欽慕)한 역신(疫神)은 밤에 몰래 처용 처와 잠자리를 같이 하였다. 밖에서 돌아와 이를 본 처용은 노래하고 춤추며 물러났다. 처용의 도량(度量)에 감동한 역신은 처용에게 사죄하고 처용 형상만 보아도 범접(犯接)치 않겠다 했다. 이때부터 벽사진경(辟邪進慶)[270]을 위해 처용을 문에 그려 붙이게 되었다.

울산 처용가 기행 – ② 오석(烏石)에 새겨진 처용가비

◎◎◎ 1985년 12월 8일. 처용가비(處容歌碑) 제막식(除幕式)은 예정보다 2시간이 지난 오후 4시에 시작되었다. 경북 군위(軍威) 인각사(麟角寺)에서 있었던 일연선사비(一然禪師碑) 제막식이 지연되었기 때문이었다. 『삼국유사(三國遺事)』를 편찬한 일연선사비[271]가 오전에 제막되고, 오

---

270) 사악함을 물리치고 경사스런 일에 나아감.
271) 즐겁던 한 시절 자취 없이 가 버리고　　快適須臾意已閑

후에는 세죽(細竹)부락에서 『삼국유사』에 실려 있는 「처용가」의 비를 제막케 되었으니, 뜻 깊은 행사가 아닐 수 없었다. 오전엔 따뜻했던 날씨가 제막식을 전후하여 추워지기 시작했다. 냉기를 실은 세찬 바람이 한기(寒氣)를 느끼게 했다. 처용의 혼령(魂靈)이 시가비 제막식에 참석하느라고 조화를 부리는 것인가.

식순에 따라 경과보고와 축사 등이 이어졌는데, 한결같이 황성동 세죽부락 일대가 공업단지 부지로 편입됨에 따른 처용공원 조성의 필요성 역설과 이를 위한 공약 내용들이었다. 김동욱(金東旭) 전국시가비건립동호회 회장의 인사말씀 요지이다.

처용암은 보시다시피 바위 덩어리에 불과합니다. 그런데 처용암이 이렇게 유명한 것은, 우리나라 민속학(民俗學)이라고 하는 것이 바로 처용암 연구에서 시작되었다고 하는 점과 고려 중기에 발생한 처용가무(處容歌舞)의 춤이 현재까지 남아 있어서 전승(傳承)된다는 점이 이 고장을 찾게 되는 이유가 되겠습니다.

이 비는 충남 대천 오석(烏石)으로 되어 있어서, 천 년 동안 마멸되지 않습니다. 이제 비를 세운 것과 같이 천년 동안 보존합니다. 앞으로 수백 년 동안 여기가 공업 단지가 되어, 처용가비 앞 들이 매몰(埋沒)되더라도 이 처용가비는 천 년 이상 여기에 남아, 오늘의 이 뜻깊은 하나의 거사(擧事)가 우리 민족 문화와 더불어 길이 보존할 것을 의심하지 않습니다. 〈하략〉

배 타고 처용암 둘레를 관광키로 한 계획은 아쉽게도 악천후(惡天候)로 취소되었다.

시름에 묻힌 몸이 덧없이 늙었에라	暗從愁裏老蒼顔
한 끼 밥 짓는 동안 더 기다려 무엇하리	不須更待黃粱熟
인간사 꿈결인 줄 내 인제 알았노라	方悟勞生一夢間

울산 처용가 기행 - ③ 명당(明堂) 자리 산소(山所)

◎◎◎ 처용암(處容巖)을 바라본다. 전에 없던 처용가비(處容歌碑)가 처용암을 마주 대하여 태고(太古)와 현대(現代)가 어울려 다정(多情)한 밀어(蜜語)를 주고받는다. 울산(蔚山) 황성동(黃城洞) 세죽(細竹)부락 앞 바다 저 바위군(群)에서 일곱 용자(龍子) 중 하나인 처용(處容)이 솟아나왔다고 하는 때가 천여 년 전, 긴긴 연륜(年輪) 속에 끊임없이 화제(話題)의 인물로 부상(浮上)하여 온 처용이, 이제 다른 모습으로 새로운 생명력(生命力)을 가지고 우리 앞에 나타나 있다.

처용가비 제막식(除幕式) 때(1985.12.8) 처용암 유람은 악천후(惡天候)로 취소되었다. 그러나 처용암 상륙(上陸)은 1985년 12월 15일, 황성동장 김홍조(金洪祚) 씨와 윤대헌(尹大憲, 울산시 자연보호 지도위원) 씨의 적극적(積極的)인 협조로 실현(實現)되었다. 윤씨는 처용암 바위군(群) 중 한쪽이 떨어져나간 입석(立石)은 일제(日帝) 만행(蠻行) 때문인데, 그들은 해방이 되자 화풀이로 바위에 마구 총을 쏘았다고 했다.

처용암(處容巖) 근경

처용암에는 옛날부터 명당(明堂) 자리가 있었다. 이 마을에 소년(少年) 죽음이 많았고 6·25 때 전사자(戰死者)가 많아 이곳 명당자리를 파보았더니, 사람 시체(屍體)가 나왔다고 했다. 윤씨는 화장(火葬)한 뼈만 가지고 밤에 몰래 와서 묘를 쓰기 때문에 마을 사람들의 눈을 피할 수 있었다고 했다. 처용암의 명당자리에 묘를 쓰면 마을의 정기(精氣)를 빼앗아 가기 때문에 마을에 흉사(凶事)가 일어났다고 했다.

처용암에는 보기 드문 고목(古木)을 비롯한 식물들이 밀생(密生)했다. 특히 춘란(春蘭)이 많았는데, 윤씨는 "난초(蘭草) 장사하는 사람이 보면 다 빼가고 없십니더. 요새 사람 돈 벌라카면 눈에 불을 켜 가지고 달려 듭니더."라고

처용암 꼭대기에 있는 수령을 알 수 없는 고목

하며 열을 올렸다. 한 포기에 더하여 두 포기를 원산지(原産地)에 심는 정신이 필요하다고 생각했다.

울산 처용가 기행 - ④ 호국대룡(護國大龍)의 가호(加護)

◎◎◎ 처용암은 대룡암(大龍岩) 또는 부용암(浮龍岩)이라 하고, 울산시 일산동(日山洞) 등대산(燈臺山) 동쪽 끝에 있는 댕바위[대왕암大王岩]는 용암(龍岩)이라고도 한다. 대룡암과 용암 및 문무대왕 수중릉[일명 댕바위]은 상통점(相通點)이 있다.

개운포(開雲浦)는 군사항(軍事港)과 국제항(國際港)을 겸했고, 문무대왕

수중릉 일대는 왜구(倭寇)들의 노략질이 심했던 곳이다. 뱃길 안전을 위해 일산동 댕바위에서 용신제(龍神祭)를 지내왔다. 세 곳은 용신(龍神)과 밀접한 관련이 있고, 호국대룡(護國大龍)의 성격을 부여한 점이 비슷하다. 대룡암은「개운포 기풍제문(開雲浦祈風祭文)」과「대룡암 기풍제문(大龍岩祈風祭文)」등에 그 기록이 보인다.

선조(宣祖) 때 적함(敵艦) 수백 척이 몰려왔다. 서인충 등 의병장들은 적벽대전(赤壁大戰)에서 제갈공명(諸葛孔明)이 동짓달 19일에 동남풍(東南風)을 이용해 백만대군(百萬大軍)을 무찌른 것과 같이 목욕재계(沐浴齋戒)하고 대룡암에서 바람을 빌었다. 이튿날 야반(夜半)에 적선 50여 척이 포구(浦口)에 들어오려 할 때였다. 홀연히 시꺼먼 구름이 동쪽에서 떠 회오리바람을 일으켜 뇌성(雷聲)이 진동터니, 왜선 13척을 깨뜨렸고 잔선(殘船)은 연포(蓮浦)로 물러났다. (울산문화원 편,『내 고장의 傳統』, 1982)

'처용이 나왔다, 의병장 서인충이 왜선(倭船)을 격파했다, 명당자리가 있다, 일제가 처용암에 총질했다, 오랜 고목(古木)이 있다'와 같은 처용암에 얽힌 이야기들은 처용암을 영험(靈驗)이 있는 곳으로 인식하기에 충분했다. 그런 모든 영험들이 바로 호국대룡(護國大龍)의 가호(加護)가 아니고 무엇이랴! 신라인들은 용(龍)을 우리 민족의 구원자(救援者)요, 수호신(守護神)이라 믿었다. 용자(龍子)인 처용의 출현은 영원히 나라의 태평(太平)과 백성의 평안(平安)을 기원(祈願)하기 위함이었다.

울산 처용가 기행 – ⑤ 문화 유적지와 공단 조성

✿✿✿ 1985년 12월 15일, 배편으로 처용암을 도는데 처용암은 가지각색의 볼거리로 다가왔다. 동행했던 윤대헌(尹大憲) 씨는 학생들이 국영

수(國英數) 과외 공부할 때, 자신은 국사 선생
께 과외지도를 부탁했다고 했다. 내 고장 문
화 유적에 대한 관심과 애정이 대단했다. 황
성동(黃城洞)은 다섯 부락에 655가구, 3,051
명이 거주하고, 세죽부락은 99세대 429명이
살며 생업은 반농반업(半農半漁)이라 했다.
이 지역은 울산공업단지 조성 계획에 따라
1988년에 완전히 철거된다고 했다.

탈 제작 전문가 김현우(金玄祐)의 처용가면

울산문화원 이유수 부원장과 대화했다.
향토 사학자의 해박한 지식과 향토애에 매
료되었다.

(1) 학성(鶴城)은 울산의 별호(別號)이다.
헌강왕 학성 출유(出遊)는 울산에 행행(行幸)
했음이고, 학성공원은 신두산(神頭山) 자리
인데 왜놈이 성을 쌓았다. 왜성터에 광복회
총사령 박상진의사추모비(朴相鎭義士追慕碑)

울산남고 민속반의 처용가면

와 6 · 25 전몰장병 충혼비를 세운 뜻은 왜
놈이 깔고 앉았던 자리를 민족혼으로 눌린
다는 의미가 담겨있다.

(2) 개운포 주변엔 처용 관련 지명이 13개
나 있다. 처용암은 용신처(龍神處)로, 신라,
고려, 조선조 때까지 성역(聖域)으로 인식했
다. 망해사(望海寺)를 신방사(新房寺)라고도
한다. 선덕여왕 때 호국불교를 받아들여 호

악학궤범의 처용가면

국 용신을 위해 태화사(太和寺)를 창건하고 용신제를 지냈다. 용신을 위해 태화사를 세우고, 망해사를 지어서 복을 빌었으니, 구방(舊房 : 태화사)에 대한 신방(新房 : 망해사望海寺)이라고 풀이할 수 있다.

　(3) 처용무(處容舞)는 1982년부터 울산공업축제 때 헌강왕 가장행렬과 함께 공연되었다. 1985년 10월에 처용암에서 처용제를 지냈다. 세죽부락 일대가 철거되면, 그 자리에 처용공원과 광장을 마련해야 한다. 처용 유적지의 공원화는 처용암에 대한 인식이 높아져 내방객이 많게 되고, 처용 관련 행사 개최장으로 쓸 수 있다.

울산 처용가 기행

- ⑥ 관용(寬容)과 포용정신(包容精神)

◉◉◉ 학술적(學術的)으로 처용의 존재(存在)에 대한 규명(糾明)은 아직 분분한 상태이다. 처용을 화랑(花郎)이라 하기도 하고 호족(豪族)의 자제(子弟), 무당(巫堂), 용자(龍子), 혹은 바다를 건너온 이슬람 상인이라고도 한다. 그러나 그의 존재가 확실하든 그렇지 않든, 「처용가(處容歌)」에 나타난 그의 인품(人品)은 얼마나 너그러운가?

　처용이 역신(疫神)[272]에게 처(妻)를 빼앗겨 수모(受侮)를 겪는 상황은 분노와 격분의 극치에 다다르지 않을 수 없는 상황이다. 그런데, 처용은 오히려 관용(寬容)을 베풀었다. 역신은 처용의 인품에 감동하여 무릎을 꿇었다. 만일 처용이 역신을 처단(處斷)하고자 했다면, 도리어 화를 입었을 터이다. 처용을 단순히 전설(傳說) 속의 인물이 아닌 역사 속에 살아 숨 쉬는 인물(人物)로 받아들여, 우리 민족(民族)의 정신적(精神的)

272) 질병을 일으키는 잡신(雜神).

인 얼로 받들고자 하는 뜻이 바로 여기에 있다.

　개국신화(開國神話)인 「단군신화(檀君神話)」로부터 우리 민족성은 '인내(忍耐)'하는 것이었다. 고통스러운 제약을 끝까지 참고 견디어 인간으로 화(化)한 곰은, 견디기 힘든 순간에도 극기(克己)하고 인내(忍耐)함으로써 소망을 달성할 수 있었고, 우리 조상이 남긴 고소설(古小說) 어느 것이고 고난을 이겨내지 않고 행복에 이른 주인공은 찾아볼 수 없다. 처용의 관용과 포용 밑바탕에 흐르는 정신 또한 극기와 인내가 아니고 무엇이랴! 참을 수 없는 분노를 억제하고 자신의 감정을 참아내며 다만 노래하고 춤추면서 물러남에, 여유와 드넓은 도량(度量)을 엿볼 수 있다. '한없는 포용이 도리어 역신을 굴복시킨 역설적(逆說的)인 이치'를 어느 뉘라서 쉽사리 흉내 낼 수 있으랴. 처용의 도량(度量)은 이다지도 초인적(超人的)이기에 호국대룡(護國大龍)의 영험(靈驗)으로 승화(昇華)하여 면면히 이 나라를 지켜오고 있다.

울산 처용 문화제 때 처용무 공연 모습. 처용암에서

울산 처용가 기행 - ⑦ 시급(時急)한 동신사(洞神社) 복원

◎◎◎ 요란한 기계 소리가 위용을 떨치는 공업 도시 울산(蔚山)이기에 전통 문화에 대한 관심과 애정은 더욱 필요하다. 면면히 이어져 오는 민족얼을 망각한 채 공업화(工業化)에만 매달린다면, 그래서 잘 산다면, 그것은 겉치레에 불과한 삶일 뿐이다.

선조들은 처용 관련 지명(地名)과 이야기를 많이 산생(産生)시켰다. 처용암을 몇 차례 오가면서 뜨거운 향토애(鄕土愛)를 가슴에 안고 처용문화사업 추진을 위해 노력하는 몇몇 인사들을 대할 땐 고개가 숙여졌고, 처용공원화 청사진은 튼실했다.

황성동 세죽부락 처용가비 앞의 동신사(洞神社)

1985년 처용가비(處容歌碑) 제막식(除幕式) 이후 20여 년 세월이 흘렀다. 그 당시 의욕적으로 추진코자 했던 처용공원화 계획은 구두선(口頭禪)에 지나지 않은 채, 처용암 일대는 삭막하고 을씨년스럽기만 했다. 그 주위에 몇 평 공간을 마련했다고 해서 처용공원이 조성되었다고 볼 수 없다. 더욱 안타까운 사실은 세죽(細竹)부락의 철거는 피할 수 없었

지만, 세죽부락 태생(胎生)과 함께 했던 동신사(洞神祠)는 흔적조차 찾을
길 없었다. 이 부락 어민(漁民)들이 풍어(豊漁)와 무사 귀환(無事歸還)을
빌던 동신사(洞神祠)는 몇 년 전까지는 허물어질 대로 허물어졌지만 그
형체만이라도 볼 수 있었는데, 이제 깡그리 사라져버렸다.

　사방으로 육중한 은빛 탱크들이 내뿜는 빛에 압도된 듯 처용암은 그
저 기가 꺾인 상태로 고독(孤獨)을 씹고 있었다. 울산시에서는 해마다
거창하게 처용 문화제(處容文化祭)를 개최하지만, 처용 유적지를 푸대접
하면서 행사를 한다면, 그 의미를 제대로 찾을 수 있겠는가? 동신사는
하루 빨리 원형(原形)대로 복원되어야 한다. 그래야만 처용공원은 관용
(寬容)과 포용(包容)의 도량(度量)을 충전(充電)시킬 수 있는 유적지로 거
듭날 수 있으리라 본다.

울산 처용가 기행

－ ⑧ 바다를 바라보는 절, 망해사(望海寺)의 현주소(現住所)

　◉◉◉　헌강왕(憲康王) 5년(879)에 창건(創建)했다는 망해사(望海寺 : 울주
군 청양면 율리 영해부락 蔚州郡 靑良面 栗里 靈海部落)는 부산~울산 간 국도
(國道) 변(울산 방향은 건너편)에 절 입구 표석(標石)이 있다. 표석에서 산길
을 걸어 20여 분 거리에 있는 망해사는 가파르지 않는 길에 택시가 비
켜갈 수 있었다. 헌강왕이 울산 개운포(開雲浦)에 행행(幸行)[273]하였을 때
갑자기 운무(雲霧)가 앞을 가리니, 왕은 일관(日官)[274]의 말에 따라 영취

---

273) 임금의 행차.
274) 관상감(觀象監)의 벼슬로 길흉(吉凶)을 점쳐 길일(吉日) 등을 택하는 일을 맡았음.

산(靈鷲山) 기슭에 망해사를 짓도록 명하자, 운무가 걷히면서 처용암에서 용왕(龍王)이 처용(處容)을 데리고 나타나 사례(謝禮)했다.

처용가 망해사지부도(望海寺址石造浮屠)

대웅전(大雄殿)은 임진왜란(壬辰倭亂) 때 소실(燒失)했고, 현 건물은 1959년에 중건(重建)하였다. 대웅전 바깥 벽면에는 망해사 연기설화도(緣起說話圖)가 벽면을 채웠다. 대웅전 오른쪽 언덕 위에는 헌강왕 재위 때(875~885) 건조된 것으로 전해지는 '망해사지석조부도(望海寺址石造浮屠, 보물 제173호)' 2기가 서 있었다.

부도에서 내려다보니, 조용한 산사(山寺)에 아름답게 펼쳐진 한 폭의 풍경화(風景畵)가 눈 안으로 들어왔다. 처용암과 망해사의 위치는 너무 동떨어져 있어서 연관 짓기가 어려웠다. 처용암에서 산 넘고 물 건너 먼 거리에 망해사가 있으므로 왜 이곳에 망해사를 창건했는지 납득하기가 쉽지 않았는데, 멀리 산 너머로 바다가 보인다고 했다. 그러나 수평선을 더듬는 시야(視野) 멀리, 바다 대신 석유화학단지(石油化學團地)가 썩 들어섰다. 오늘 같이 쾌청(快晴)한 날에 바다 조망의 기회를 박탈당했으니, 은빛 탱크들의 장난임에 틀림없었다. 연륜(年輪)이 일천(日淺)한 거대 문명의 이기(利器) 앞에, 천여 년 세월 속 유적(遺蹟)의 의미가 빛을 잃어가고 있었다.

○ 울산의 별호(別號), 학성(鶴城)의 유적(遺蹟)들

◎◎◎ 신라 헌강왕(憲康王)이 학성(鶴城)에 순수(巡狩)했다고 『삼국사기(三國史記)』에 기록되어 있는 학성은 울산(蔚山)의 별호(別號)이다.

학성은 정유재란(丁酉再亂) 때, 가토 기요마사[加藤淸正]가 별성(別城)으로 쌓은 성곽(城郭)이다. 1597년 12월, 아군(我軍)과 명나라 원군(援軍)의 공격을 받아 성 밖에서 싸우던 왜군(倭軍)이 패하여 성내에 들어가 버티다가 구원군(救援軍)이 와서 간신히 함락을 면했고, 1598년 8월에 또 공격을 받자, 성을 불태우고 달아났다. 학성공원 안내판 내용의 요약인데, 왜성(倭城) 관련 내용뿐이다.

공원 안에 있는 '태화사지 십이지상부도(太和寺址 十二支像浮屠, 보물 제441호)'[275]는 석종형(石鐘形) 부도인데, 짐승

태화사지(太和寺址) 십이지상 부도

---

275) 태화사는 신라 선덕여왕 때 창건했으나 절은 없어지고 부도만 전한다.

머리에 사람 형상을 한 십이지상을 표면에 조각했다. 십이지상은 능묘(陵墓)와 석탑에서는 보이는데 고승 사리탑(高僧 舍利塔)에 조각 된 예는 드물어서 국내 유일(唯一)한 예술품이라고 한다.

또한 공원에는 「봄 편지」로 널리 알려진 동요작가 서덕출(徐德出, 1906~1940)의 「노래비」가 세워져 있었다.

연못가에 새로 핀
버들잎을 따서요
우표 한 장 붙여서
강남으로 보내면
작년에 간 제비가
푸른 편지 보고요
대한 봄이 그리워
다시 찾아옵니다.

귀에 익었던 노래를 읊조리며 거닐다 우람한 탑 앞에 섰다.

「대한 광복회 총사령 박상진의사 추모비(大韓光復會總司令朴尙鎭義士追慕碑, 1884~1921)였다. 키보다 훨씬 높은 대석(臺石) 위 흰빛 화강석에 비문(碑文)을 새겨서 읽을 수 없었다. 학성공원에 박의사 추모비와 6·25 전몰장병 총혼비(戰歿將兵忠魂碑)를 세운 뜻은 왜놈이 깔고 앉았던 자리를 민족혼(民族魂)으로 눌린다는

학성공원의 박상진(朴尙鎭) 의사 추모비

의미가 담겨 있다고 한 울산문화원 이유수 부원장의 말씀이 떠올랐다.

영광군 기행 - ① 불갑사 세심정의 물맛

○○○ 쌀, 누에고치, 소금, 눈[雪]으로 해서 사백(四白)의 고장으로 알려진 영광(靈光)이다. 영광은 사백 중 양잠업(養蠶業)은 사양(斜陽) 산업으로 거의 마감했다 하더라도 삼백(三白)의 영광(榮光)만은 그대로 간직하고 있는 고장이다.

불갑사(佛甲寺) 입구 부도밭에는 설제대사(雪醍大師)와 화엄종주설두당대사(華嚴宗主雪竇堂大師) 기념비가 크고 작은 6기의 부도 좌우에 세워져 있고, 그 아래쪽에는 속세인(俗世人) 정삼품통정대부김공상기송덕비(正三品通政大夫金公商基頌德碑)가 서 있었다. 수백 년 세월을 뛰어넘어 불갑(佛甲) 햇살이 그들에게 나를 인사시켰다.

불갑사[불각면 모악리] 세심정(洗心井) 물을 한 바가지 떠서 마셨다. 온갖 번뇌와 망상(妄想)을 씻기 위해 마신 물은 아니었지만, 한결 마음이 가볍고 깨끗해진 듯했다. 한국 사찰 어느 곳에서나 시원한 석간수(石間水)를 마실 수 있지만, 중국 사찰기행(寺刹紀行)에서는 전혀 맛볼 수 없는 일이다.

영광군 불갑사 전경

대웅전(大雄殿)과 일광당(一光堂)이 고풍스레 백제(百濟) 고찰(古刹)임을 말해 주었다. 374년 백제에 불교가 처음 전래(傳來)되었을 때 창건(創建)했다는 불갑사의 예술미(藝術美)는 대웅전 문살에서 찾아진다. 연꽃무늬, 국화무늬를 화려하게 조각하여 만든 대웅전 앞과 측면의 정교(精巧)한 문살은 보기만 해도 수려(秀麗)했다.

불갑사 대웅전의 삼존불(三尊佛)은 정면이 아닌 왼쪽 벽 북쪽에 모셔져 있다. 불교는 법성포(法聖浦) 앞 칠산바다로 배타고 들어와 전래(傳來)되었기에 부처님이 남쪽을 향한 좌정(坐定) 이유를 알만했다. 경북 영주(榮州) 부석사(浮石寺) 무량수전(無量壽殿)의 본존불(本尊佛)도 이 절과 같은 배치이다. 양사찰(兩寺刹)이 지형상 본존불을 그렇게 모셔야 했겠지만, 본존불 좌정 의미는 각기 다르다고 할 수 있다.

대웅전의 정교한 문살들

영광군 기행 - ③ 대신리 구절부순의처

정유재란 구절부순의처 丁酉再亂 九節婦殉義處

❀❀❀ 1998년 9월 26일. 영광 시외버스 주차장에서 법수읍 대신리행 버스를 탔다. 해안길의 감칠맛을 누리면서 한참 가다 보니 손님은 나 뿐이었다. 큰 차를 혼자 대절한 것 같아 미안했다. 대신리 묵방포(墨防浦) 앞에서 내렸다. 소요시간은 45분이었다.

묵방포 앞 칠산바다 언덕 위에는 구절부(九節婦)들의 순절비(殉節碑)가 있었다. 정유재란(丁酉再亂, 1597) 당시 왜적(倭賊)이 호남(湖南) 서남단(西南端) 일대를 손아귀에 넣는 등 왜란(倭亂)의 참화(慘禍)가 극에 달한 음력 9월에, 함평군 월야면 월악리(咸平郡 月也面 月岳里) 등에 거주했던 동래정씨(東萊鄭氏)와 진주정씨(晋州鄭氏) 문중(門中) 부녀자(婦女子)들은 왜적의 추격을 받자, 이곳 묵방포까지 피신(避身)했지만 왜적선(倭賊船)을 만나자, 정절을 지키기 위해 바다에 몸을 던져 순절했다. 해풍(海風)에 치맛자락 휘날리며 뛰어든 구절부의 순절(殉節) 현장(現場)이다.

구절부순의처(九節婦殉義處)라 새긴 비와 순의비각(殉義碑閣)은 바다를 바라보고 있었다. 부인들의 남편도 전쟁터에서 모두 전사(戰死)했다. 순의비각 너머 칠산 바다는 부인들의 넋을 안은 채 푸른 물결을 출렁이고 있었다. 정려비(旌閭碑)는 모두 8각형 석주(石柱)를 세운 위에 팔작지붕형으로 된 옥개석(屋蓋石)을 올렸다.

오른쪽 비는 「동래진주정씨팔열부도해순절소(萊晋州鄭氏八烈婦蹈海殉節所)」라 새겼고, 왼쪽 비는 진주정씨 정박 처의 정려비인데, 「열부박씨순절소(烈婦朴氏殉節所)」라 새겼다. 열부박씨비는 원래 영광군 죽동에 세워졌으나 한국전쟁 때 소실(燒失)되어 뒤늦게 이곳에 중건(1960년)했기 때문에, 정려비가 하나 아닌 두 개가 된 내력을 알았다. 구절부를 기리는 모열사(慕烈祠) 정문의 편액은 '도해문(蹈海門)'이었다. '바다에 몸을 던진 절부(節婦)들의 넋이 잠든 곳'에서 한 동안 숙연해졌다.

구절부순의비각(九節婦殉義碑閣)

영광군 기행 – ④ 노루목 원불교 발상지

원불교 발상성지 圓佛敎 發祥聖地

❀❀❀ 영광군 법수읍 길룡리(吉龍里) 장항(獐項 : 노루목)에는 원불교(圓佛敎) 성지(聖地)가 있다. 대신리 구절부순의처(九節婦殉義處)에서 원불교 성지로 가는 길은 교통편이 좋지 않고 비포장도로가 군데군데 있었다.

개법성지(開法聖地)인 이곳에는 원불교(圓佛敎) 창시자(創始者) 박중빈 (朴重彬, 1891~1943)의 생가(生家), 기도터인 삼밭재, 대각(大覺)을 이룬 노루목, 영산원불교대학교(靈山圓佛敎大學校) 등이 자리하고 있었다. 이 외에 마당바위, 선진포(仙津浦) 입정(入定)터[276], 제자들과 함께 바다를

---

276) 수행(修行)하기 위해 방 속에 들어앉음, 선정(禪定).

막아 이룬 정관평 방언답(畓), 9인 제자의 기도봉(祈禱峰), 보은강 연꽃 방죽 등이 있어서 전국의 원불교 교도(敎徒)뿐만 아니라 관광객들의 발길이 잦다고 한다.

복원한 생가는 키가 큰 감나무에 붉은 감들이 주렁주렁했지만, 적막(寂寞)하기만 하고 생기(生氣)를 느낄 수 없었다. 대각지(大覺地)는 공원화했는데 '만고일월(萬古日月)[277]'이라 새긴 비석이 높은 단 위에 우뚝 서 있었고, 그 뒷면에는 '원기 원년(圓紀 元年, 1916) 병진(丙辰) 3월 26일 이른 새벽 소태산 대종사(少太山大宗師) 이 터에서 대각(大覺)을 이루시다. 원기 56년(1972) 9월 1일'이라 새겨져 있었다. 티끌 같이 왔다가 사라지는 무수한 인간 무리 속에서 대오각성(大悟覺醒)했다는 터에 섰더니, 신도(信徒)가 아니라도 순간 자신을 뒤돌아보게 되었다.

원불교에서 일컫는 성지(聖地)는 소태산 대종사가 탄생하여 개교(開敎)한 영광(靈光)의 영산(靈山) 성지인 이곳과 교화(敎化)의 장(場)을 연 익산(益山)[278], 교리(敎理)를 초안(草案)하고 교강(敎講)을 발표한 전북 부안 변산(邊山) 등이 있다. (영광군, 『문화재도록(文化財圖錄)』 참조)

영광군 기행 – ⑤ 법성포 백제 불교 도래지(渡來地), 영광굴비의 고장

❀❀❀ 영광군 법성면 진내리 법성포(法聖浦)는 인도 승려 마라난타 존자(尊者)[279]가 중국 동진(東晋)에서 백제(百濟)로 들어와 불교를 전할 때(백제 침류왕 원년, 384) 처음 발을 디딘 곳으로 전한다. 법성포는 '성인(聖

---

277) 영원한 서광(瑞光)의 뜻
278) 전북 익산시 신룡동, 현재의 원불교 중앙총부.
279) 학문과 덕행이 뛰어난 부처의 제자를 높여 부르는 말.

人)이 불법(佛法)을 들여온 성스러운 포구(浦口)'라는 뜻이며, 영광 불갑산의 불갑사(佛甲寺)는 마라난타 존자가 처음 지은 불법도량(佛法道場)이라는 뜻으로 부처불(佛)과 으뜸갑(甲)을 썼다.

또한 법성포 진내리는 영광굴비의 본고장이다. 법성포 앞 칠산바다에서 잡은 산란 직전의 조기를 소금으로 간하여 말린 것이 바로 영광굴비이다. 동지나해역(東支那海域)에서 월동(越冬)한 조기떼가 산란하기 위해 연평도 근해(近海)까지 북상하다가 4~5월경 법성포 앞 칠산바다에 닿아 산란을 준비한다고 한다.

굴비의 내력은 고려 인종조(仁宗朝) 때 외척신(外戚臣)이었던 이자겸(李資謙, ?~1126)과 관련이 있다. '이

법성포 굴비 덕장의 석수어(石水魚)들

자겸의 난(亂)'은 고려사(高麗史)에서 국기(國基)를 뒤흔든 큰 사건이었고, 이로 인해 영광에 귀양 온 이자겸은 비굴(卑屈)하게 살지 않겠다는 의지의 표현으로 맛이 변하지 않은 영광굴비를 진상(進上)하면서 '비굴'의 글자를 바꾸어 '굴비'라 했다 한다.

토굴 속에서 한 마리씩 조기를 소금에 절여 3일간 돌로 눌러 놓았다가 물이 빠지면 열 마리를 한 두름으로 엮어 걸대에 걸어 7~14일 동안 해풍에 건조시킨다. 영굴굴비를 돌로 눌렀기 때문에 '석수어(石水魚)'라고도 한다. 그 명성(名聲)에 걸맞게 대형 굴비점이 줄 지어 서 있었다. 5마리에 80만 원하는 굴비는 누구의 밥상에 오르는지 모르지만, 날개

달린 듯 팔린다고 한다.

영광군 기행 – ⑥ 아담하고 세련미 갖춘 삼층석탑

◉◉◉　영광군 묘량면 신천리(新川里) 1226번지에 있는 이흥사지(利興寺址)를 찾았다. 이흥사는 『신증동국여지승람(新增東國輿地勝覽)』에 '전라도 영광군 불덕산에 있다.'[280]라는 기록만 보일 뿐, 창건연대(創建年代)나 사찰 규모에 대한 기록은 전하지 않는다. 이곳의 삼층석탑을 보기 위해 시외버스 주차장에서 연당행 버스를 탔다. 10여 분 뒤 차에서 내렸다. 신천리 삼층석탑(보물 제504호) 표지판에는 1.5km라고 적혀 있었다. 한참 걸어도 석탑은 나타나지 않고 중간에 갈림길이 나와 헤매다가 조그마한 고개 3개를 넘고서야 겨우 삼층석탑의 현장에 닿았다.

신천리 삼층석탑

---

280) 재전라도영광군불덕산(在全羅道靈光郡佛德山)

안내판에는 신라시대의 조탑 양식이 가미된 고려시대의 탑이라고 표기해놓았다. 아담하면서도 세련미를 갖춘 탑 앞으로 부도(浮屠) 4기가 줄 지어 서 있었다. 주인공을 알 수 없는 부도들이 더욱 가슴에 와 닿았다. 삼층석탑은 찻길에서 많이 벗어난 산속에 있었지만 외롭지 않아 보였다. 부도와 노닐 수 있어서가 아니라 민가(民家)가 한 채 있었고 비닐하우스에는 채소가 자라며, 작은 연못에는 청동오리까지 놀고 있었다. 농막이 있고 사람이 살고 있으니 이보다 더한 훈기가 어디 있겠는가?

마침 방범순찰(防犯巡察)을 나온 타이탄 차가 있었기에 편승(便乘)해서 다시 영광읍까지 나올 수 있었다. 염전면(鹽田面) 두우리행 버스는 신천리 석탑 보러 갔을 때 탔던 버스의 바로 그 운전 기사였다. 서로 반가운 미소를 보냈다. 염전(鹽田)에 소금이 많은 줄 알았는데 그렇지 않았다. 여름철 일조량(日照量)이 많을 때는 하루에 한 번씩 소금을 생산하지만, 봄과 가을에는 2~3일에 한번씩 생산하기 때문이었다.

영광군 염전면 염전

의마비(義馬碑) 설화 – ① 곡성 의로운 말의 무덤

의마총 義馬塚

◉◉◉ 의마총(義馬塚)은 흔치 않은데, 전남 곡성(谷城)과 경북 성주(星州)에 의로운 말 무덤 설화가 전한다. 곡성군 입면 송전리에 의마총(義馬塚)[281]이 있고, 의마총비(義馬塚碑)(1986년)는 곡성 옥과사(谷城 玉果祠) 유림(儒林)의 이름으로 세웠다.

임진왜란 때 선조(宣祖)가 의주(義州)로 파천(播遷)[282]할 때 조정 백관들이 말을 헌납(獻納)하여 파천을 도왔다. 월파 유팽로(月坡 柳彭老)는 성균관 학유(成均館 學諭)로 말을 헌납했기에 오갈 수 없어 남문 밖에서 잤는데, '공주(公州)에 신마(神馬)가 있다.'는 꿈을 꾸었다.

급히 공주에 도착하니 말을 몰고 오는 자가 있어서 예를 드리고 간절하게 원하니 그 사람이 말했다.

곡성 의마총비

---

281) 의로운 말무덤.
282) 임금이 도성(都城)을 떠나 딴 곳으로 피란함.

"집에 암말이 오 척 되는 새끼를 낳았습니다. 말이 자라 탔는데 하루에 겨우 오리를 갔고, 성질이 사나워 몰기가 어려웠습니다. 그래서 버려둔 지 여러 해 되었습니다. 오늘 아침에 말이 갑자기 길게 울면서 누구를 기다리는 듯했습니다. 그대는 바로 이 말의 주인입니다."

그는 신검(神劍)까지 주고 갔다.

공이 신검을 집고 말에 올라 채찍질하지 않아도 말은 해지기 전 순창(淳昌)에 도착했다. 공은 의병(義兵)을 일으켜 제봉 고경명(霽峰 高敬命)과 중봉 조헌(重峰 趙憲)과 금산(錦山)에서 싸웠으나 군사들이 모두 패하고 말도 창을 맞아 전신에 피를 흘려 비명을 지르며 뛰니 곁에서 제어(制御)할 자가 없었다.

말은 공의 머리를 찾아 물고 곧장 옥과(玉果)의 본가(本家)로 달려갔다. 부인이 말울음을 듣고 나가보니 말은 죽었고, 머리 하나가 땅에 있었는데 바로 남편이었다. 수의(壽衣)를 갖추어 염하여 빈소를 차리고 선영(先塋) 아래 장례를 치렀다.

말을 묻어 무덤을 만들어 그것을 수호하게 한지 400여 년이 되었다. 이에 옥과의 여러 선비가 비를 세워 나[변시연邊時淵]로 하여금 그 사실을 기록하게 했다.

의마비(義馬碑) 설화 - ② 대호를 만난 계백은 말 아래로 떨어지다
우대호계백추어마하 遇大虎戒白墜於馬下

◎◎◎ 『성주지(星州誌)』에 전하는 의마비(義馬碑)이다.

의마비는 성주목 관아(星州牧 官衙)에서 15리 거리에 있다. 답계역(踏

溪驛) 역졸(驛卒) 김계백(金戒白)은 유마(騮馬)[283]를 오륙년간 정성 들여 길렀다. 그는 영조 무진년(英祖 戊辰年, 1748) 8월 어느 날, 말을 타고 부상고개를 넘어 부상역(扶桑驛)[284]에 갔다. 일을 마치고 술에 취해 돌아오는 도중 험한 부상고개를 넘는데 갑자기 큰 호랑이를 만났다. 김계백은 취중(醉中)에 매우 놀라 말에서 떨어졌다.

호랑이는 계백을 덮쳐 물고자 했으나 말은 털을 치켜세우고 부르짖으면서 이빨로 호랑이를 물어 주인을 해치지 못하게 했다. 말은 호랑이와 한 편으로 싸우면서 한 편으로는 물러나 10여 리를 내려와 어떤 주막에 와서 넘어지더니 일어나지 못했다.

주막집 주인이 넘어진 말을 살폈더니 말은 이미 숨이 끊어졌다. 그러나 김계백은 상처 하나 없이 무사하였지만, 호랑이도 말과 함께 피투성이가 되어 죽고 말았다.

김계백은 주막집 앞에 입석(立石)하여 의마비(義馬碑)라 썼고 말의 무덤도 만들어 주었다. 이런 일이 있은 후, 그 주막을 대마점(大馬店)이라 부르게 되었다. 주막이 있는 곳은 마을이 되어 대마촌(大馬村)이라 했는데, 지금 성주군 초전면(草田面) 소재지(所在地)는 의마총비(義馬塚碑)가 있었던 곳이다.

---

283) 붉은 빛깔의 말이나 꼬리는 검은데 절따말이라고도 한다.
284) 지금의 경북 금릉군(金陵郡) 남면.

진천·용인 이야기 – 살아서는 진천에 살고, 죽어서는 용인에 간다
생거진천 사거용인 生居鎭川 死去龍仁

✿✿✿ '생거진천 사거용인(生居鎭川 死去龍仁)' 관련 3가지 이야기이다.

[1] 진천과 용인에 동명이인(同名異人) 추천석이라는 사람이 살았다. 진천의 추천석은 양순(良順)한 반면 용인의 추천석은 부자이면서 심술이 많아 동네 사람들을 못살게 굴었다. 염라대왕은 용인의 추천석을 괘심하게 여겨 사자(使者)에게 잡아오게 했는데 실수로 진천의 추천석을 잡아갔다. 뒤늦게 이를 알고 되돌려 보내려 했지만, 진천 추천석은 이미 장사를 지낸 뒤라 용인 추천석을 잡아들여 그 시체에 진천 추천석의 영혼을 넣어 환생(還生)시켰다.

[2] 어떤 여자가 용인으로 시집가서 아들 낳고 살다가 남편이 죽자 진천으로 개가(改嫁)하여 남부럽지 않게 살았다. 용인의 아들이 성장(成長)하여 진천에 계신 어머니를 모시고자 하니 진천 아들은 허락하지 않았다. 용인 아들이 관가(官家)에 소지(所

충북 진천 '생거진천(生居鎭川)' 표지석

志)²⁸⁵)를 올렸는데, 판결문(判決文)에 '너의 모친이 살아 계실 때는 진천에서 사시게 하고. 돌아가신 뒤엔 용인에서 모시도록 해라.'고 했다.

---

285) 소장(訴狀)이라고도 하는데 청원(請願)이 있을 때 관청에 서면(書面)으로 냄.

[3] 진천은 옛날부터 비옥(肥沃)한 넓은 평야에 산물(産物)이 풍성(豊盛)하여 인심이 좋아 살 만한 곳이기에 생거진천(生居鎭川)이라 했고, 용인은 산세(山勢)가 순후(順厚)하여 사대부가(士大夫家)의 묘소가 많기에 사거용인(死去龍仁)이라 하였다. (『내고장 전통 가꾸기』, 진천문화원)

[1]과 [2]는 효자설화(孝子說話)이고, [3]은 살기 좋은 진천 이야기이다.

국제신문 2007년 4월 7일 토요일 **바둑·외국어** | **21**

生居鎭川 死去龍仁

(생거진천 사거용인:살아서는 진천에 살고, 죽어서는 용인에 간다)

이산성의
한자여행

진천·용인 이야기

'생거진천 사거용인(生居鎭川 死居龍仁)' 관련 3가지 이야기이다.

①진천과 용인에 동명이인(同名異人) 추천석이란 사람이 살았다. 진천의 추천석은 양순(良順)한 반면 용인의 추천석은 부자이면서 심술이 많아 동네 사람들을 못살게 굴었다. 염라대왕은 용인의 추천석을 괘씸하게 여겨 사자(使者)에게 잡아오게 했는데 실수로 진천의 추천석을 잡아갔다. 뒤늦게 이를 알고 되돌려 보내려 했지만, 진천 추천석은 이미 장사를 지낸 뒤라 용인 추천석을 잡아들여 그 시체에 진천 추천석의 영혼을 넣어 환생(還生)시켰다.

②어떤 여자가 용인으로 시집가서 아들 낳고 살다가 남편이 죽자 진천으로 개가(改嫁)하여 남부럽지 않게 살았다. 용인의 아들이 성장(成長)하여 진천에 계신 어머니를 모시고자 하니 진천 아들은 허락하지 않았다. 용인 아들이 관가(官家)에 소지(所志:소장·訴狀)를 올렸는데, 판결문(判決文)에 '너의 모친이 살아 계실 때는 진천에서 사시게 하고, 돌아가신 뒤엔 용인에서 모시도록 해라'고 했다.

③진천은 옛날부터 비옥(肥沃)한 넓은 평야에 산물(産物)이 풍성(豊盛)하여 인심이 좋아 살 만한 곳이기에 생거진천(生居鎭川)이라 했고, 용인은 산세(山勢)가 순후(順厚)하여 사대부가(士大夫家)의 묘소가 많기에 사거용인(死去龍仁)이라 하였다('내고장 전통 가꾸기', 진천문화원 참조). ①과 ②는 효자설화(孝子說話)이고, ③은 살기 좋은 진천 이야기이다.

부산교대 국어교육과 교수

지옥순례(地獄巡禮)

○ 수명(壽命)이 아직 40년 남았으니 속히 돌려보내라

상유사십년 사속환송 尚有四十年 斯速還送

◎◎◎ 혼절(昏絶)했다 깨어난 사람이 저승을 다녀온 이야기이다. 판서(判書) 권적(權襉, 1675~1755)은 효성(孝誠)이 지극(至極)했다. 나이 마흔에 죽었으나 가슴에 한 줄기 온기(溫氣)로 염습치 못했는데, 하루 만에 문득 소생(蘇生)했다.

"내가 병중(病中)에 정신이 아득할 때 귀졸(鬼卒)이 불러 따라 갔는데 어딘지 알 수 없었다. 몇 리를 가다 관아(官衙) 같은 곳에 도착하여 뜰아래 엎드렸더니 왕자 복색(服色)을 한 자가 당(堂) 위에 앉아 있었다.

'연산(連山) 땅 권모를 잡아 왔습니다.'

'수원(水原)의 불효자(不孝子) 권가(權哥)를 잡아오라 하지 않았느냐? 이 사람 수명(壽命)은 여든이니 빨리 돌려보내라.'

귀졸은 명령대로 나를 문밖으로 밀어내었지만, 부모님께 절 한번 못하고 떠나게 되어 마음이 매우 아팠다. 길 가에서 아이가 놀고 있다가 나를 보자 기뻐하며 옷을 끌어 당겼다. 자세히 보았더니 바로 전날에 요절(夭折)한 내 아이였다. 다시 문 안으로 들어가 저승의 윗사람에게 애걸(哀乞)했다.

'이승에서 이곳에 오기가 쉽지 않는데 부모님을 뵙지 못하면 이 어찌 인정(人情)이겠습니까! 잠시 뵈옵게 허락해주십시오.'

'불가(不可)하니 빨리 나가거라.'고 호통 쳤다.

눈물을 흘리며 애걸했지만 소용없었고 아이 또한 '너는 자식 없는 팔자다.'고 하며 데려가지 못하게 했다. 아이는 울부짖었지만 귀졸이 쫓아버렸다. 부모님께 절 한번 못 드리고 아이를 이별하고 나오는데, 귀졸이 나를 밀어 땅으로 떨어져 정신이 멍해졌다 놀라 깼다."

사람들이 모두 기이하게 생각했다. 그는 나이 팔십에 후사(後嗣)가 없었으나, 효자문(孝子門)이 세워졌다. (『기문총화(記聞叢話)』)

지옥순례 - ① 산 사람을 억지로 염을 하다

늑생소렴 勒生小殮

●●● 장한종(張漢宗, 1768~?)이 편찬한 『어수신화(禦睡新話)』[286]에 전한다.

한 가난뱅이가 친구를 좋아하여 날마다 장교(長橋)[287]의 부자집에 가서 어정거렸다. 그 곳은 8,9인이 모여 가객(歌客)과 기생(妓生)에 술과 음식이 떨어질 날 없었다. 가난뱅이는 불청객(不請客)이니 모두 얕잡아 보고 조롱했지만, 꾹 참았다.

비가 오는 어느날이었다.

"자네 나이 50줄이니 돌아갈 날이 멀지 않았군. 자네와 잘 지내는 정의로 보아 부음(訃音)을 들으면 모두 달려가 문상(問喪)하고 치상(治喪)을 돕지 않겠는가? 그때 만약 누구 집에 연고(緣故)가 생길지 모르거든. 아예 지금 아무개는 초종범절(初終凡節) 비용을 대고 아무개는 입관(入棺)할 물건을 책임지고 아무개는 산역(山役) 경비를 부담하기로 하세. 그런데 관의 치수는 미리 견양(見樣)할 수 없으니 어찌한다?"

"나중 일이지만 자네들 마음 씀이 고맙네."

---

286) 졸음을 막는 새로운 이야기.
287) 서울 청계천의 광통교(廣通橋) 다음에 있던 다리.

"관목(棺木)은 단 몇 치 차이로도 맞지 않을 수 있네. 견양해보지 않고 그냥 긴 관목을 마련해둘 일이 아니야. 뜻밖에 송장이 길면 어떻게 할 건가?"

모두들 그렇게 여겨 가난뱅이를 붙잡아 억지로 눕혀서 수건(手巾)과 끈 등을 늘어놓고 마루에 홑이불을 편 뒤 가난뱅이를 들어다 그 위에 눕히고 밑에서부터 위까지 염을 하자, 그는 그만 숨이 막혔다. 저마다 입을 가리고 손가락질하며 깔깔거리느라 풀어줄 것을 잊었다가 그만 숨이 넘어가버렸다. 저들은 그가 아무 말이 없음을 수상(殊常)히 여겨 염을 풀고 들여다보았더니, 가난뱅이는 이미 죽어 있었다.

지옥순례 – ② 잡혀온 죄인이 어찌 까닭을 알겠소?

피착죄인 기지기소인지유 被捉罪人 豈知其所因之由

◉◉◉ 가난뱅이가 죽자, 아홉 사람은 기겁하여 수족(手足)을 주무르고 약물을 떠넣으면서 저마다 발뺌하느라 와자지껄했다. 가난뱅이는 정신이 돌아왔으나 죽은 척했다.

"이 사람은 노모(老母)와 처자가 있으니 기별해야지."

가난뱅이는 이 말에 정신이 번쩍 들어 숨을 들이키며 딸싹거리니 9인이 일제히 달려들어 손을 잡고 말했다.

"자네, 나를 알아보겠어?"

"금방 잠을 잤댔어?"

가난뱅이를 위로하며 방안은 희색(喜色)이 가득했다.

가난뱅이는 목 놓아 통곡하니 저들도 덩달아 울었다.

"이 빈털터리가 연명(延命)해온 건 자네들 은덕(恩德)일세. 언젠가 결초보은(結草報恩)하겠다는 마음이 있었네. 오늘 도리어 자네들에게 재앙(災殃)을 끼쳤으니, 차라리 죽었더니만 못하네."

가난뱅이는 금방 숨이 넘어가니, 저들은 다시 차를 떠 넣어 정신을 차리도록 했다.

가난뱅이는 훌쩍이며 말했다.

"풍도(酆都)[288]는 믿지 않았는데, 아까 순식간에 염라국(閻羅國)에 들어갔더니, 귀두(鬼頭)[289], 나찰(羅刹)[290]이 좌우에 섰고, 쇠갈퀴와 끓는 솥이 뜰에 벌려 있는데, 착고(著錮)[291]나 수갑, 형구들이 의금부(義禁府)[292]나 형조(刑曹)와 다르지 않았네. 높은 전각(殿閣)에 임금 같은 분이 앉아 나를 불러들여 '무슨 죄목으로 들어왔는가?' 묻기에 '잡혀온 죄인이 까닭을 알겠사옵니까?' 했다. 옆의 야차(夜叉)[293]가 '소인 등이 출장 중 귀문관(鬼門關)[294]에서 저놈이 우왕좌왕하고 있기에 잡아왔지만 그 까닭을 모르옵니다.'고 했다.

지옥순례 – ③ 어찌 만에 하난들 속죄할 수 있겠는가?

기가위속죄지만일재 豈可爲贖罪之萬一哉

◉◉◉ 전상(殿上)의 판관(判官)[295]이 나와 아뢰었다. '요새 부자들의 교

---

288) 지옥, 명부(冥府).

289) 도깨비 일종.

290) 지옥에서 사람을 못살게 군다는 귀신.

291) 발목에 채워 행동을 구속하는 형구.

292) 왕명을 받아 죄인을 문초하는 일을 맡아보는 관청.

293) 혐악한 귀신.

294) 저승문.

만하고 뽐냄이 갈수록 심하여 사람을 살리고 죽이는 일을 마음대로 합니다. 9명 부자들이 이 사람을 강제로 묶어 치사(致死)시켰습니다.' 염라대왕이 진노(震怒)하여 '귀졸 27명을 따로 뽑아 9명을 여설옥(黎舌獄)²⁹⁶⁾으로 잡아들여 쇠수갑, 돌착고를 채운 뒤, 철옹성장(鐵瓮城將)²⁹⁷⁾으로 하여금 삼라문(森羅門)²⁹⁸⁾에 보고토록 하라.'고 했다.

'소인은 저 사람들의 도움으로 살아왔습니다. 이번 일은 우연히 장난치다가 숨이 막혔지 죽임을 당한 게 아닙니다.'고 애걸 통곡했다. 염라대왕은 '아직 잡아들이지 말고 두고 보는 게 좋겠다.'고 하니, 좌우에서 '아닙니다. 아홉 놈 재산을 균분(均分)해 저 사람에게 주어도 속죄할 수 없습니다.' '그렇다면 아직 명을 거두게 하지 말고 야차(夜叉)와 역사(力士)들을 수일 후에 보내는 게 좋겠다.'

옆에 있던 집사(執事)가 '내 등을 공중으로 떠밀어버려 바람타고 내려와 당도했는데 자네들이 내 곁에서 지켜보고 있구먼. 반갑고 슬픈 마음에 자네들을 대할 면목이 없구먼.' 가난뱅이는 눈물을 줄줄 흘리며 말을 맺지 못했다.

9인은 무식해서 그럴듯한 지옥이야기에 마음이 흔들려 저마다 돈 포대를 보내와 가난뱅이는 부자가 되었다. 수일 후 가난뱅이는 장교(長橋)의 모임에 고별(告別)하고 시골로 이사했다. 부자들은 적선(積善)함이 없이 여전히 향락만 일삼다가 망해버렸다. (『어수신화(禦睡新話)』)

가난뱅이는 무능(無能)하지 않고 실은 영리하여 부자와의 대결에서 통쾌한 승리를 거두었다.

---

295) 염라국 재판관.
296) 혀를 뽑는 형벌을 가하는 지옥.
297) 쇠로 싸여진 지옥의 성을 지키는 장군.
298) 지옥.

지옥순례 - ④ 밤중에 흉복통으로 갑자기 죽다

야반 통흉복졸사 夜半 痛胸腹猝死

◈◈◈ 『교수잡사(攪睡襍史)』에 「빚독촉을 하다가 목욕을 당하다(독채견욕 督債見辱)」이란 제목으로 실려 있다. 이야기 속의 생원(生員)은 지방에 토착한 지주(地主)로 가난한 농민에게 도조(賭租)[299]를 받고 고리채(高利債)로 살아가는데 빈민(貧民)들은 온갖 시달림을 받았다. 상놈[常漢]의 거짓 지옥순례(地獄巡禮)에 넘어간 생원은 구두쇠였으나 사리(事理)에 어둡고 현실을 바로 인식하지 못했다.

옛날에 어떤 상놈이 지독하게 인색한 생원(生員)댁에 돈을 빌려 썼다. 생원은 온갖 모욕적인 방법으로 상놈에게 빚독촉했지만 상놈은 빚 갚을 방도가 없었다. 상놈은 한 꾀를 내어 아내에게 말했다.

"샌님이 하인을 보내 또 빚독촉하면 반드시 내 말대로만 하소."

상놈은 홑이불을 뒤집어쓰고 누웠고 아내는 아기를 안고 밖에서 머리를 산발하여 통곡했다. 생원댁 하인이 빚독촉 왔다가 놀라 물으니 부인이 말했다.

"남편은 어제 밤에 찬밥 한 덩이를 먹더니, 흉복통(胸腹痛)을 일으켜 갑자기 돌아가셨다오. 앞으로 애기와 살아갈 길이 깜깜합니다."

하인은 다만 여인에게 위로만 하고 돌아가 생원에게 이 사실을 알렸다. 생원은 혀를 끌끌 찰 뿐이었다.

5, 6일이 지나 상놈이 문득 생원댁을 찾아왔다. 생원이 한편 놀라고 한편 괴이하여 급히 물었다.

"죽었다고 들었는데 어떻게 살아왔느냐?"

---

299) 소작료.

"소인은 정말 밤중에 급사(急死)했다가 삼일 만에 소생(蘇生)했습니다."

"갱생(更生)하는 일이 있다고 들었지만, 지금 보게 되어 참으로 기이(奇異)하구나. 너는 정말 풍도(酆都)[300]를 보았느냐?"

"일일이 기억하는데 정말 이승과 다르지 않았습니다."

"자세히 이야기해보아라."

지옥순례 - ⑤ 혹시 대부인마님도 뵈었느냐?

대부인말루하 역혹봉견부 大夫人抹樓下 亦或逢見否

◦◦◦ "소인이 죽자마자 귀졸(鬼卒)이 붙잡아서 등을 밀어 몰고 갔습니다. 귀부(鬼府)[301]에 도착하니 산천, 인물, 주택들이 이 세상과 같았습니다. 소인이 압송(押送)된 곳에는 궁전(宮殿)이 굉장(宏壯)하고 좌우로 귀졸들이 늘어섰으며 전상(殿上)에는 염라대왕(閻羅大王)[302]이 홍의(紅衣)를 입고 앉아 있었습니다. 소인은 마당에 엎드려 있었는데 염라대왕이 명부(名簿)를 살펴보더니 말했습니다. '너는 잘못 잡혀 왔으니 당장 나가거라.' 소인이 귀졸과 나오는데 길 옆에서 어떤 사람이 소인의 손을 잡고 매우 기뻐해 보았더니 돌아가신 샌님이었습니다."

생원이 급히 물었다.

"네가 정말 내 선친(先親)을 뵈었다면, 형편이 어떠하시더냐?"

"샌님께서는 굶주린 기색에 남루한 옷으로 몸을 변변히 가리지 못하신 데다가 패랭이를 쓰셨기에 자세히 살펴보고서야 비로소 알았습니

---

300) 지옥, 명부(冥府).
301) 지옥, 명부.
302) 명계(冥界)를 지배하는 왕.

다. '집 없이 유리걸식하는 신세를 면하지 못해 이 지경에 이르렀다'고 하시면서 소인에게 댁 소식을 물으시길래 상세히 말씀드리고 피차간(彼此間)에 눈물을 금할 수 없었습니다. 소인은 처참(悽慘)한 심정으로 일전(一錢)을 술값이나 하라고 드렸습니다."

생원은 얼굴에 수심(愁心)이 가득했다.

"네가 정말 선친을 뵈었으면 혹시 대부인 마님 또한 뵈었느냐?"

"대부인마님을 뵈었지만 천만 황송한 일이라 감히 아뢸 수가 없습니다."

"지금 내가 너와 상대하고 다른 사람은 없으니 말이 네 입에서 나와서 내 귀로 들어갈 뿐이니 무어 말하기 어렵겠느냐?"

상놈은 황송하다는 말을 여러 번 하다가 끝내 말하지 못했다.

지옥순례 – ⑥ 대부인마님은 소인 아비와 사십니다

대부인말루하 동거여소인부 大夫人抹樓下 同居與小人父

✺✺✺ 상놈은 입을 다물었지만, 생원(生員)은 한결같이 상놈의 지옥순례(地獄巡禮) 내용을 알고자 안달복달했다.

"샌님이 이처럼 간절히 물으시니 말씀드리겠습니다. 소인이 귀졸(鬼卒)과 어떤 색주가(色酒家)에 들어갔더니 으리으리한 집에 술꾼들이 가득했는데, 술을 파는 분이 바로 대부인마님이어서 소인은 깜짝 놀랐습니다.

대부인마님은 신수(身手)가 매우 좋았고 의복, 집물(什物)은 형언(形言)키 어려울 정도로 훌륭했습니다. 소인이 매우 기뻐 인사를 올리며 댁 소식을 전했더니 대부인마님은 좋아하시면서 좋은 술과 음식을 주셔서 배불리 먹었습니다."

"그렇다면 선친은 무엇 때문에 그렇게 곤궁하시고, 대부인마님은 누구와 함께 사시던고?"

상놈은 또 황송해서 감히 말씀드리지 못하겠다고 하니, 생원은 숨 찬 목소리로 재촉했다.

"대부인마님은 샌님과 정의(情誼)가 좋지 못해 타인(他人)처럼 되어버렸고, 지금은 소인의 아비와 사시는데 부부간의 정의가 매우 두터워지셨으니, 이 어찌 뜻밖의 일이 아니겠습니까?"

생원은 사색(死色)이 되어 한동안 눈물을 흘리며 말이 없다가 상놈에게 조용히 말했다.

"이 일은 비록 네 처자(妻子)라도 알면 안 된다. 만약 누설(漏泄)하면 내가 어떻게 행세하겠는가?"

"소인이 어찌 감히 발설(發說)하겠습니까?"

"네가 진 빚은 특별히 탕감해주겠다. 이후로는 종종 왕래하여 잊지 않고 지냄이 어떻겠나?"

"어찌 감히 명령대로 거행치 않겠사옵니까?"

그 후로 상놈이 생원댁에 갈 때마다 생원은 후한 대접과 살림에 도움을 주곤 했다. 이 사실을 들은 사람들은 생원의 어리석음과 상놈[常漢]의 능청스러움을 비웃었다.

이야기꾼 오물음 기행- ① 식성이 오이와 나물을 즐겨 먹다

기식성기과숙채 其食性嗜瓜熟菜

◎◎◎ 『해동야서(海東野書, 1864)』에 전한다. 조선조 후기에 전문적(專門的)이고 직업적(職業的)인 이야기꾼으로 강독사(講讀師)[303]와 강담사(講談師)[304] 및 강창사(講唱師:판소리 광대.廣大)가 있었다. 이야기 속의 오물음(吳物音)은 일종의 강담사였다. 그는 고담(古談)을 잘하여 재상가나 부자집에 출입하곤 했던 인물이다. 청중(聽衆)인 재상과 부자들은 이야기꾼에게 일정액의 수고비를 주는 후원자 역할을 했다.

서울에 오(吳)가 성을 가진 사람이 있었다. 그는 고담(古談)을 잘하기로 유명하여 재상(宰相)들이나 부잣집에 가끔 드나들었다. 그는 식성(食性)이 오이와 나물을 즐겨 먹었다. 그래서 사람들은 그를 오물음(吳物音)이라 불렀다. '물음'은 나물을 익혀 물렁물렁한 것을 말하고, 오씨(吳氏)와 오이[瓜]는 음이 비슷하기 때문에 '오물음' 또는 '오이물음'이라 했다.

어느 날 어떤 종실(宗室)[305]이 오물음을 불러 이야기를 듣고자 했다. 이 종실은 재산이 엄청나게 많았지만, 천성(天性)이 지독하게 인색(吝嗇)하여 추호(秋毫)도 남에게 베풀 줄 몰랐다. 심지어 자식들이 장가들어도 재산(財産)이 아까워서 분재(分財)하는 것조차 못하는 위인(爲人)이었다. 사람들은 종실집 곳간에 재물(財物)이 들어가면 그것이 나왔다는 말을 들은 적이 없었다고 했다. 오물음은 종실한테 이야기를 들려주어보았자 이야기 값도 제대로 받지 못하리라 생각했다. 그래서 이 종실에 빗대어 한 꾀를 내어 고담을 지어 들려주었다.

---

303) 소설책을 읽어주는 전기수(傳奇叟).
304) 시정(市井)에 흘러다니는 이야기 등을 들려주는 사랑방 이야기꾼.
305) 임금의 친족(親族).

이야기꾼 오물음 기행 - ② 명정(銘旌)이 앞을 서니 상여소리 구슬프다

단기일발 만가처량 丹旗一發 輓歌凄凉

○○○ 장안(長安, 서울)에 갑부(甲富)로 소문난 이동지(李同知)[306]라는 사람이 살았는데 부귀장수(富貴長壽)하고 아들을 많이 낳아서 사람들이 늘 '상팔자'라 칭했습니다. 이동지는 원래 가난했으나 자수성가(自手成家)하여 부가옹(富家翁)이란 말을 듣게 되었는데, 그래서 그런지 인색(吝嗇)하기 짝이 없어 비록 자식 형제들에게도 닳아진 부채 한 자루 주는 법이 없었습니다. 성질 또한 괴팍해서 재물 말만 나오면 눈빛이 달라지고 얼굴이 일그러졌습니다.

이동지는 죽음이 임박(臨迫)해서 살아온 일을 곰곰히 생각하게 되었습니다. 세상만사(世上萬事)가 허사(虛事)인데도 오직 '재물재(財)'자(字) 한 자에 일평생(一平生) 종과 같이 얽매인 생활을 해왔다고 여겼습니다. 병석(病席)에서 생각해보고 또 생각해볼수록 인생일장춘몽(人生一場春夢)이라 생각되었지만, 어쩔 도리가 없는 일이었습니다. 자제들을 불러 유언(遺言)했습니다. "내 평생 고생고생하여 재물을 모아 부자가 되었으나, 지금 황천길을 떠나는 마당에 백 가지 천 가지로 생각해본들 한 개 물건도 가져갈 수 없구나. 지난날 재물에 인색했던 일이 후회막급(後悔莫及)이다. 명정(銘旌)[307]이 앞을 서니 상여소리 구슬프고, 공산(空山)에 낙엽지고 밤비 내리는 쓸쓸한 무덤 속에서 비록 한 푼 돈일들 쓸 수가 있겠는가?"

---

306) 동지중추부사(同知中樞府事)의 준말로 종2품 벼슬이지만, 직함(職銜)이 없는 노인의 존칭으로도 씀.

307) 다홍 바탕에 흰 글씨로 죽은 사람의 품계(品階), 관직(官職), 성명 등을 쓴 조기(弔旗).

이야기꾼 오물음 기행 – ③ 사람이 죽으려 할 때는 그 말이 착하다

인지장사 기언야선 人之將死 其言也善

✿✿✿ "내 죽어 염하여 입관(入棺)할 제 두 손에 악수(幄手)[308]를 끼우지 말고, 관 양편에 구멍을 뚫어 내 좌우 손을 구멍 밖으로 내어놓아라. 길거리 행인(行人)들이 해괴(駭怪)한 상여행렬에 대해 물으면, 내가 재물을 산 같이 두고 빈손으로 돌아간다고 말하여라."

이렇게 말한 이동지는 숨을 몰아쉬더니 바로 운명(殞命)하고 말았습니다. 이동지가 죽고 난 뒤에 자제들은 이를 감히 어길 수 없어서 유언대로 시행(施行)하게 되었습니다.

"소인(小人)이 아까 노상(路上)에서 우연(偶然)히 상행(喪行)을 만났는데, 두 손이 관 밖으로 나와 있기에 괴이(怪異)하게 여겨 사람들에게 물어보았더니, 바로 이동지의 유언 때문이었습니다. '인지장사 기언야선(人之將死 其言也善)'[309]이라 하더니, 과연(果然) 옳은 말입지요."

종실은 이야기를 듣고 보니 은연중(隱然中) 자기를 두고 한 이야기였다. 소롱(嘲弄)하는 뜻이 들어 있었지만, 내용은 이치(理致)에 타당(妥當)했다. 종실은 즉석(卽席)에서 자신의 생활을 깨우쳐 오물음의 손을 잡으면서 말했다.

"자네야말로 내가 어떻게 생을 마감해야 할지 잘 일러 주었네."

종실은 오물음에게 후하게 상을 주어 보냈다.

그 이튿날 아침, 종실은 재산을 여러 자식한테 분재(分財)하고 일가와 친구들에게도 보화(寶貨)를 분배했다. 그런 뒤 산정(山亭)에 들어가 거문고와 술을 즐기며 종신(終身)토록 금전(金錢) 상의 말은 입에 올리지 않았다.

---

308) 소렴(小殮)할 때 시체의 손을 싸는 형겊.
309) 사람이 죽으려 할 때는 그 말이 착하다는 의미. 논어(論語) 태백편(泰白篇) 참조.

한국인의 아명(兒名)·자호(字號)·시호(諡號) 문화
- ① 북두칠성의 정기(精氣)에 감응되어 태어나다
感應七星 감응칠성

❀❀❀ 전통적(傳統的)으로 한국인(韓國人)은 사후(死後)까지 5~6개의 이름을 가진다. ①아명(兒名)[310] ②관명(官名)[311] ③자(字)[312] ④호(號)[313] ⑤택호(宅號)[314] ⑥시호(諡號)[315] 등이 그것이다.

오죽헌 내 몽룡실

율곡 이이(栗谷 李珥, 1536~1584)의 아명은 현룡(見龍)이다. 사임당(師任堂) 신씨(申氏)의 꿈에 용이 나타났기에 현룡(見龍)이고, '용꿈을 꾼 방'은 몽룡실(夢龍室)인데 강릉(江陵) 오죽헌(烏竹軒)에 있다. 안중근(安重根, 1879~1910)은 북두칠성(北斗七星) 모양의 검은 점 일곱 개가 등에 나 있

---

310) 태어나 부모가 임시로 지어주는 아이 때 이름.

311) 관청에 등재된 공식명(公式名).

312) 성인(成人)이 되면 남자는 머리에 갓을 씌우는 관례(冠禮)와 여자는 비녀를 꽂는 계례(笄禮) 의식 때 자(字)를 명명(命名)함.

313) 수상수하(手上手下)를 막론하고 이름 대신 부름.

314) 결혼했을 때 부름.

315) 공신(功臣) 사후(死後)에 나라에서 내림.

어서 응칠(應七)이다. 북두칠성의 정기(精氣)에 감응(感應)되어 태어났다 (感應七星)는 의미이다.

아명이 관명이 되는 경우가 있다. 귀한 아들을 낳았다고 해서 '복덩이'로 부르다가, 호적(戶籍)에 복동(福童)으로 올려 김복동(金福童) 등이 된다. 아이 때는 천격(賤格)으로 이름을 지어야 오래 산다고 해서 '차돌이'로 지었다가 호적에 황차돌(黃且乭) 등으로 올리기도 했다. '큰돌[대석(大石)]'이 대석(大碩)으로 '작은돌[소석(小石)]'이 소석(小碩)이 될 때도 있다. '개똥이'란 계집애가 광해군(光海君) 때, 후궁(後宮)으로 들어가 총애(寵愛)를 받아, 사람들은 '개똥이 김상궁'이라 했고, 한자말로 '김개시(金介屎)'라고도 불렀다.

한국인의 아명(兒名)·자호(字號)·시호(諡號) 문화
- ②너는 대중(大衆)과 화합(和合)하여라

여해 汝諧

●●● 조선조 때 남자는 20세에 관례(冠禮)를 하고 자(字)를 부여받았다 [二十而冠]. 그러나 조혼풍습(早婚風習)으로 15세~20세로 바뀌었다. 본래 남자의 결혼 적령(適齡)은 30세[三十而有室]이고 여자는 20세[二十而嫁]였다.

남자의 머리는 두발(頭髮)을 땋아 뿔처럼 만들었기에 총각(總角)인데, 관례 때 총각을 풀어 상투머리를 하고 옷과 갓(冠)을 세 번 갈아입히는 삼가례(三加禮)316)를 한다.

---

316) 시가(始加)는 치포관(緇布冠), 재가는 정자관(程子冠), 삼가는 갓과 도포 착용.

시가(始加), 재가, 삼가례 마무리에 각각 장자(長者 : 어른)가 축사(祝辭)를 읽는다. 시가축사(始加祝辭) 내용이다.

"좋은 달 좋은 날에 처음으로 원복을 입히노니, 너의 어린 생각 버리고 순종하여 덕성을 이루고, 오래오래 복을 누리며 경복(景福 : 큰 복)을 받을지어다(吉月令日 始加元服 棄爾幼志 順而成德 壽考維祺 以介景福)."

삼가례(三加禮) 뒤 자설(字說)을 읽는다. 충무공 이순신(忠武公 李舜臣, 1545~1598)의 자는 여해(汝諧)인데, '너(汝)는 대중과 화합(諧)하여라.'의 뜻이다. 충무공은 전승(戰勝)의 삼 요소[317] 중 특히 인화(人和)를 잘하였기에 연전연승(連戰連勝)했다. 석주 권필(石洲 權韠, 1569~1612)은 자가 여장(汝章)이다. '신지(慎之)'는 '옥을 잡은 듯, 가득 찬 물을 받들 듯이 조심하라[318].'는 의미이다. 자(字)는 손아랫사람이나 친구 사이는 쓸 수 있지만, 윗사람[스승, 어른]의 자는 불러서는 안 된다.

한국인의 아명(兒名)·자호(字號)·시호(諡號) 문화
- ③나라가 힘을 떨치지 못함을 근심하다
우왕국지부진 憂王國之不振

◎◎◎ 전통적인 풍습으로 결혼 후에는 이름 대신 택호(宅號)를 부른다. '신기(新基 : 새터)'에서 시집온 여자는 '새터댁'이고, '목곡(木谷 : 나무실)은 '나무실댁'이고, '수곡(水谷 : 물실, 무실)'은 '무실댁', 지촌(枝村 : 가지마을, 갖말)'은 '갖말댁'이다.

아랫사람이 손윗사람을 호칭할 때는 '새터어른', '나무실어른', '갖말

---

317) 천시(天時), 지리(地理), 인화(人和).
318) 집옥봉영신지(執玉奉盈愼之)

어른', '청송어른' 등으로 부른다. 손윗사람이 아랫사람을 부를 때는 "나무실 조카 좀 보세.", "갓말 질부(姪婦) 이리 오게.", "청송종제(靑松從弟) 이야기 좀 하세." 등으로 한다.

별호(別號 : 雅號)는 자호(自號)하기도 하지만, 대개 스승이나 친구 등이 지어준다. 호는 위아래 상관없이 두루 부를 수 있다. 보통 주거를 따라 짓는데, 사자호(四字號 : 伽倻山人), 삼자호(三字號)[319]가 있지만, 일반적(一般的)으로 이자호(二字號)[320]를 많이 쓴다.

망우당 곽재우(忘憂堂 郭再祐, 1552~1617)의 자호설(自號說)이다. 그는 낙동강변(洛東江邊)에 망우정을 짓고 읊었다.

아래는 긴 강, 위로는 산	下有長江上有山
망우정 집이 그 사이에 있도다	忘憂亭舍在其間
시름 잊은 신선이 시름 잊고 누웠으니	忘憂仙子忘憂臥
명월청풍 마주하여 이 몸은 한가해	明月淸風相對閒

충익공 망우당 곽선생유허비(忠翼公忘憂堂郭先生遺墟碑)

---

319) 삼우당(三憂堂), 망우당(忘憂堂).
320) 남명(南冥), 퇴계(退溪), 율곡(栗谷), 연암(燕巖).

경남 의령. 홍의장군 망우당 곽재우를 기리는 충익사 전경

문익점(文益點, 1329~1398)의 '삼우당' 호는 '나라가 힘을 떨치지 못하고, 도학이 밝지 못하며, 학문이 서지 못함을 걱정한다[우왕국지부진 우도학지불명 우기도지불립憂王國之不振 憂道學之不明 憂己道之不立].'는 뜻이다.

한국인의 아명(兒名)·자호(字號)·시호(諡號) 문화
-④ 나라를 염려하여 집안일을 잊었으니 충이요
여국망가왈충 慮國忘家曰忠

◎◎◎ 시호(諡號)는 임금이 승하(昇遐)하거나 국가공신이 졸(卒)한 뒤 나라에서 내린다. 증시사(贈諡事)[321]에서는 칙명(勅命)을 받들어 교지(敎旨)[322]를 발행한다. 태조(太祖), 태종(太宗), 세종(世宗) 등은 임금의 시호이다. 시호를 지을 때는 『시법해(諡法解)』라는 문헌(文獻)에 의거하여 대상자(對象者)의 평생 행적을 참작하여 내린다.

몇 가지 예이다. '공적(功績)이 너무 커서 백성이 이름 짓기가 곤란하니, 신(神)이라 한다[民無能名曰神].' '한결 같은 덕성(德性)으로 게으르지

---

321) 시호 관련 일을 맡은 관청.
322) 임금이 문무관에게 내리는 사령(辭令).

않으니, 간(簡)이라 한다[一德不懈曰簡].' '덕을 높이고 의리(義理)를 무겁게 아니, 공(恭)이라 한다[尊德貴義曰恭].'

고균 김옥균(古筠 金玉均, 1851~1894) 등 개화당은 1884년 우정국(郵政局) 준공 축하연을 계기로 갑신정변(甲申政變)을 단행했으나 청군(淸軍)의 무력 공격에 삼일천하(三日天下)로 끝났고 김옥균은 중국 상해(上海)에서 자객에 의해 피살되었다. 그 뒤 김옥균은 사면복권(赦免復權)되어 융희 4년(隆熙, 1910)에 시호(諡號) 교지를 받았다. '품계(品

고균 김옥균(古筠 金玉均)

階)는 정일품 대광보국숭록대부(贈正一品大匡輔國崇祿大夫)와 관직(官職)은 규장각대제학(奎章閣大提學)을 증직(贈職)하고 가선대부호조참판이었던 김옥균(行嘉善大夫戶曹參判金玉均)에게 시호 충달공을 준다[贈諡忠達公者].' '나라를 염려하여 집안일을 잊었으니 충[慮國忘家曰忠]이요. 임금께 올린 상소문이 이치를 통달했으니 달[疏中通理曰達]이다.' (권정석(權正錫)『상식예절(常識禮節)』참조)

잘못 알고 있는 일본식 한자어 – 이조에 들어와 벼슬이 이어지다

입이조잠조부절 入李朝簪組不絶

✿✿✿ 전통적(傳統的)으로 사용해오고 있는 한자어 중 의미나 쓰임을
잘못 알아 일본식(日本式) 한자말이라 하여 사용자를 곱지 않은 눈길로
대할 때가 있다. 지나치게 일제잔재청산(日帝殘在淸算)을 내세워 고유의
한자어를 일본식이라고 매도(罵倒)해서는 곤란하다. 이씨조선(李氏朝鮮)
또는 이씨왕조는 일제가 조선왕조를 격하(格下)시키기 위해 쓴 용어라
해서 '이조'나 '이씨왕조'는 일제잔재어(日帝殘在語)로 인식하는 수가 있
다. 왕조에 왕족성(王族姓)을 붙이는 예는 고문헌에 자주 보인다.

① 고려에서 이조에 들어와 벼슬이 이어졌다[323].

② 임진왜란에 나라가 망하지 않았음은 각박한 정치를 펴지 않아 민심
이 이씨에게서 떨어져 나가지 않았기 때문이다[324].

③ 사대부가 입신 처신함은 꼭 조씨 송나라와 비슷하다[325].

④ 이우성 · 임형택 역편, 『이조한문단편집(李朝漢文短篇集)』, 일조각,
1973.

⑤ 단군조선(檀君朝鮮), 기자조선(箕子朝鮮), 위만조선(衛滿朝鮮) 등은 특
정인명(特定人名)을 국명(國名)으로 썼다.

⑥ 남조(南朝)의 송(宋)나라는 유유(劉裕)가 건국했기 때문에 유송(劉宋)
이다.

⑦ 이씨 당나라 이래로 사람들은 모란을 매우 사랑했다[326].

323) 묵재(默齋)는 박사희(朴士熹, 1508~1588)이다. 由麗入李朝 簪組不絶, 『默齋先生逸稿』
324) 壬辰之不亡 獨賴國無刻核之政 民心不絶於李氏耳, 김만중(金萬重, 1637~1692), 『서
포만필(西浦漫筆)』
325) 士大夫立身行己 全以趙宋, 박지원(朴趾源), 「태학유관록(太學留館錄)」
326) 自李唐來 世人甚愛牧丹, 주돈이(朱敦頤)의 「애련설(愛蓮說)」

찾아보기

사

350

이신성(李愼成)

부산교육대학교 국어교육과 교수(1981~현재)
중국 북경사범대학(北京師範大學) 연구교수(1995.3.~1996.2.)
중국 항주사범대학(杭州師範大學) 연구교수(2003.9.~2004.8.)
연붕·석음서당(蓮鵬·惜陰書堂)에서 고전강독회 주관(1996.9~현재)
東洋漢文學會 회장 역임(1998~2000)
한국어문교육학회 회장 역임(2001~2005)
韓國漢字漢文敎育學會 부회장(2005~현재)

•著書
『天倪錄 研究』(1994)
『중국기행 330일』(1997)
『우리 고전문학 교재의 이해』(1999)
『韓國古典散文研究』(2001)
『우리 江山 천리만리 보아도 끝이 없고』(2002)
『韓國古典文學敎材研究』(2004)
『韓國野談의 展開樣相과 그 意味』(2006)
『韓中 민간설화 비교연구』(共編, 2006)
『中韓 民間說話 比較研究』(共編, 중국어판, 2007)
『千金을 전하기보다 學德을 전하라』(2006)

•譯書
『버들잎에 띄운 사랑』(共譯, 1995)
『揚隱闡微』(共譯, 1999)
『졸음을 물리치는 가지각색의 이야기 攪睡襍史』(2003)
『다리가 여섯이면 더욱 빠르지 中國古代 笑話集』(共譯, 2007)

•責任監修
『유적따라 발길 멈추고』(2000)

연락처
611-736 부산광역시 연제구 교대로37 부산교육대학교 국어교육과
609-751 부산광역시 금정구 구서2동 롯데캐슬골드 202동 2003호
연구실 : 051)500-7216 자택 : 051)526-3909 휴대폰 : 010-8712-7216
E-mail : ss7216@bnue.ac.kr   ss7216@hanmail.net

우리 인물 유적지 이야기

왼손엔 미음그릇 오른손엔 회초리

초판 발행 _ 2008년 6월 16일

저 자_ 이신성
발행인_ 김흥국
펴낸곳_ 도서출판 **보고사** (제6-0429)
주 소_ 서울시 성북구 보문동7가 11번지 2층
　　　　전화 922-5120~1(편집) 922-2246(영업)
　　　　팩스 922-6990
　　　　메일 kanapub3@chol.com

정 가_ 15,000원
ISBN _ 978-89-8433-650-6(03700)